Einheit der Christen – Wunsch oder Wirklichkeit?

Johannes Oeldemann

Einheit der Christen – Wunsch oder Wirklichkeit?

Kleine Einführung in die Ökumene

Verlag Friedrich Pustet
Regensburg

Bibliografische Information der Deutschen Nationalbibliothek

Die Deutsche Nationalbibliothek verzeichnet diese Publikation
in der deutschen Nationalbibliografie; detaillierte bibliografische Daten
sind im Internet über http://dnb.d-nb.de abrufbar.

ISBN 978-3-7917-2206-1
© 2009 by Verlag Friedrich Pustet, Regensburg
Umschlaggestaltung: Martin Veicht, Regensburg
Umschlagmotive: Fotolia – The bell tower © Olena Boronchuk #12907601
Nikolaikirche Potsdam © Bernd Kröger #753782
St. Alexander Nevski Cathedral © Evgeny Dontsov #5311205
Satz: Vollnhals Fotosatz, Neustadt a. d. Donau
Druck und Bindung: Friedrich Pustet, Regensburg
Printed in Germany 2009

www.pustet.de

Inhalt

Übersichten

Vorwort

„Damit ihr Hoffnung habt" – so lautet das Motto des Zweiten Ökumenischen Kirchentags in München 2010. Die Hoffnung ist – neben dem Glauben und der Liebe – ein Grundmerkmal christlicher Existenz. Die Hoffnung auf die Auferstehung, auf das ewige Leben und auf das Kommen des Reiches Gottes – kurz: Hoffnung über den Tod hinaus – ist eines der Charakteristika, das den christlichen Glauben von anderen Weltreligionen abhebt. „Seid stets bereit, jedem Rede und Antwort zu stehen, der nach der Hoffnung fragt, die euch erfüllt", heißt es im dritten Kapitel des ersten Petrusbriefes, dem auch das Motto des Kirchentags entnommen ist. Gemeinsam Zeugnis von unserer Hoffnung zu geben, das ist das Ziel des Ökumenischen Kirchentags. Doch können wir guten Gewissens von Hoffnung sprechen, wenn wir uns die derzeitige Situation in der Ökumene anschauen? Überwiegen nicht vielfach die Klagen, dass es in der Ökumene nicht mehr recht vorangeht, ja dass sogar Rückschritte zu verzeichnen seien? Andererseits gibt es auch viele positive Erfahrungen in der Ökumene. Das gilt insbesondere für die ökumenische Zusammenarbeit vor Ort, beispielsweise bei den Weltgebetstagen der Frauen oder in der Telefonseelsorge. Das gilt aber auch für die Ergebnisse offizieller ökumenischer Gespräche, beispielsweise die Unterzeichnung der „Gemeinamen Erklärung zur Rechtfertigungslehre" in Augsburg 1999 oder der gegenseitigen Taufanerkennung in Magdeburg 2007. Das gilt schließlich auch für ökumenische Großereignisse wie den Ersten Ökumenischen Kirchentag in Berlin 2003, der ein beeindruckendes Zeugnis für das Streben nach ökumenischer Gemeinschaft war.

Wo also stehen wir heute in der Ökumene? Dieser Frage will das vorliegende Buch nachgehen. Es geht um eine Bestandsaufnahme, die sich nicht von Momentaufnahmen und Stimmungslagen, wie sie sich häufig in den Medien finden, gefangen nehmen lässt. Das Buch will die großen Linien in der ökumenischen Bewegung, im theologischen Dialog und in der ökumenischen Zusammenarbeit vor Ort nachzeichnen, um Entwicklungen aufzuzeigen, bereits Erreichtes in Erinnerung zu rufen und auf noch Ungelöstes hinzuweisen. Die Breite des Themas und die Begrenztheit des Umfangs bringen es mit sich, dass dabei nicht alle Details und alle Feinheiten der theologischen Argumentation berücksichtigt werden können. Das Buch richtet sich daher nicht in erster Linie an Fachtheologen, sondern an die Menschen in den Gemeinden, denen die Einheit der Christen am Herzen liegt und die sich über den aktuellen Stand der Ökumene informieren wollen.

Nach einer einführenden Begriffsklärung werden zunächst die biblischen Grundlagen des Bekenntnisses zur Einheit der Kirche skizziert und eine Übersicht über die Vielfalt der christlichen Kirchen und Konfessionen gegeben. Nach einem Überblick über die Geschichte der ökumenischen Bewegung schließen sich Ausführungen zu den bisherigen Ergebnissen der zwischenkirchlichen theologischen Dialoge sowie zu den gemeinsamen Herausforderungen im sozialethischen Bereich an. Abgerundet wird die Darstellung mit Überlegungen zu den Möglichkeiten ökumenischer Zusammenarbeit vor Ort und der Frage, was eigentlich das konkrete Ziel unserer ökumenischen Bemühungen ist. Der Fokus der Darstellung liegt dabei durchgehend auf der Frage nach dem Verständnis der – geglaubten, zerbrechenden, wachsenden, wiederentdeckten, bezeugten, gelebten, erstrebten und erhofften – Einheit der Christen. Die Leitfrage lautet demnach, wie die in der Heiligen Schrift als eine *Wirklichkeit* bezeugte Einheit der Christen und der spürbare *Wunsch* der Gläubigen nach einer erfahrbaren Einheit aller Christen in Einklang gebracht werden können. Das Buch wird hierfür kein Patentrezept liefern können, wohl aber einige Wegmarken aufzustellen versuchen, die auf dem weiteren Weg der Ökumene Orientierung geben können.

Die Idee zu diesem Buch entstand, nachdem ich für „Theologie im Fernkurs" (Würzburg) einen Lehrbrief zum Thema „Die eine Kirche und die vielen Konfessionen" verfasst hatte. Da dieser Lehrbrief nur von Teilnehmerinnen und Teilnehmern des Würzburger Fernkurses erworben werden kann, suchte ich nach einer Möglichkeit, das erarbeitete Material auch einer breiteren Öffentlichkeit zugänglich zu machen. Ich bin der Leitung von „Theologie im Fernkurs", namentlich Herrn Dr. Rainer Dvorak, sehr dankbar, dass sie ihre Zustimmung zur Veröffentlichung einer erweiterten Fassung meines Manuskripts in Buchform gegeben hat. Dem Pustet-Verlag in Regensburg, insbesondere Herrn Dr. Rudolf Zwank vom Lektorat Theologie, danke ich für die bereitwillige Aufnahme meines Manuskripts in das Verlagsprogramm. Schließlich danke ich meinen Kollegen am Johann-Adam-Möhler-Institut für Ökumenik in Paderborn für manche Anregungen, für kritische Nachfragen und für die wohlwollende Begleitung meines Publikationsvorhabens.

Ich hoffe, dass das vorliegende Buch für viele Menschen in unseren Gemeinden zu einer Anregung und Ermutigung wird, sich – weiterhin oder auch ganz neu – für das Anliegen der Ökumene einzusetzen, damit wir „*ein* Leib und *ein* Geist" werden, „wie euch durch eure Berufung auch *eine* gemeinsame Hoffnung gegeben ist" (Eph 4,4).

Johannes Oeldemann

1. Ökumene: was heißt das? –

Einführung und Begriffsbestimmung

Knapp 400 Jahre nach dem Beginn der Reformation in Deutschland ist die ökumenische Zusammenarbeit zwischen den Christen verschiedener Konfessionen in unserem Land vielfach zu einer Selbstverständlichkeit geworden. In den vergangenen 40 Jahren ist ein vielfältiges Netz ökumenischer Beziehungen entstanden, das von ökumenischen Kinderbibelwochen und Bibelgesprächskreisen über gemeinsame Pfarrfeste und die Kooperation im sozial-karitativen Bereich bis hin zu regelmäßigen ökumenischen Gottesdiensten im Laufe des Kirchenjahres reicht. In jüngster Zeit wird jedoch deutlich, dass diese im Grunde positive Entwicklung auch unerwünschte Nebeneffekte hat. Zum einen nimmt, vor allem bei jungen Menschen, das Wissen um die eigene Glaubensidentität immer weiter ab: Viele Gläubige können nicht mehr erklären, warum sie katholisch, evangelisch oder orthodox sind bzw. halten die Unterschiede für irrelevant. Diese Entwicklung hat auf der anderen Seite den Ruf nach einer stärkeren Profilierung der jeweiligen konfessionellen Identität laut werden lassen, die dann häufig in der Abgrenzung gegenüber anderen Konfessionen gesucht wird. Schließlich gibt es in unseren Gemeinden aber auch jene Christen, denen die Ökumene viel zu langsam voranschreitet: Sie fordern, dass das in den vergangenen Jahrzehnten gewachsene ökumenische Miteinander endlich auch seinen Ausdruck in der Ermöglichung gemeinsamer Eucharistie- und Abendmahlsfeiern finden müsse. So stehen wir in der Ökumene derzeit vor einer ambivalenten Situation: ökumenische Gleichgültigkeit trifft auf ökumenische Ungeduld und konfessionelle Selbstgenügsamkeit wird durch konfessionelles Profilierungsstreben verstärkt.

Bevor wir uns vor diesem Hintergrund der Frage zuwenden, wo wir heute in der Ökumene stehen, müssen wir uns zunächst einmal darüber klar werden, was wir überhaupt meinen, wenn wir von „Ökumene" sprechen. Das Wort „oikoumene" stammt aus dem Griechischen und bezeichnet „die ganze bewohnte Erde", womit ursprünglich der geographische Raum rund um das Mittelmeer gemeint war, der von der griechischen bzw. römischen Kultur geprägt war. Erst nach der Konstantinischen Wende, durch die das Christentum allmählich zur vorherrschenden Religion im Römischen Reich wurde, erhielt das Adjektiv „ökumenisch" auch die Bedeutung „zur (christlichen) Kirche gehörend". Mit dem Begriff „Ökumene" verband sich bald der Anspruch universaler Gültigkeit: Als „ökumenisch" wurde das bezeichnet, was in der gesamten Kirche galt. In diesem Sinne spricht man von den „Ökumenischen Konzilen" des ersten Jahrtausends.

In der zweiten Hälfte des zweiten Jahrtausends, als christliche Missionare sich in den Kolonialstaaten um die Verbreitung des christlichen Glaubens bemühten, erhielt der Begriff „Ökumene" eine neue Dimension: Vor allem in den protestantischen Missionen wurde unter „Ökumene" fortan all das verstanden, was über die Grenzen der eigenen Landeskirche hinaus reicht. Im protestantischen Bereich hat sich dieses geographische Verständnis der Ökumene bis heute erhalten: Wenn beispielsweise bei einem evangelischen Kirchentag oder Gemeindefest „Gäste aus der Ökumene" begrüßt werden, sind damit nicht nur Katholiken oder Orthodoxe gemeint, sondern auch der evangelische Pastor aus der Partnergemeinde in Brasilien.

Erst im 20. Jahrhundert erhält der Begriff „Ökumene" jene Bedeutung, die sich nicht auf das Überschreiten geographischer Grenzen, sondern auf das Überwinden konfessioneller Grenzen konzentriert. In diesem Sinne spricht man dann von der „Ökumenischen Bewegung", die zunächst in den aus der Reformation hervorgegangenen Kirchen entstand, und der sich dann – nach anfänglicher Ablehnung – auch die katholische Kirche mit dem Zweiten Vatikanischen Konzil öffnete. In dem vom Konzil verabschiedeten Ökumenismus-Dekret werden unter dem Begriff „ökumenisch" jene „Tätigkeiten und Unternehmungen verstanden, die ... darauf ausgerichtet werden, die Einheit der Christen zu fördern"[1]. In diesem Sinne wird der Begriff „Ökumene" auch im Folgenden verwendet: Er bezeichnet all jene kirchlichen Aktivitäten, die zur Einheit der Christen beitragen.

Um Missverständnisse zu vermeiden, muss der Begriff „Ökumene", wie er in diesem Buch verstanden wird, abgegrenzt werden von einem „weiten" Ökumene-Begriff („größere Ökumene" oder „abrahamitische Ökumene"), wie er heute vor allem im christlich-jüdischen Dialog, teilweise aber auch im christlich-islamischen Dialog in Gebrauch ist, um auf die gemeinsamen Wurzeln der drei großen monotheistischen Weltreligionen, des Christentums, des Judentums und des Islams, hinzuweisen. Hier muss auf eine genaue terminologische Differenzierung Wert gelegt werden: Die Gespräche mit Juden und Muslimen fallen unter die Kategorie „interreligiöses Gespräch", während der Begriff „ökumenischer Dialog" den innerchristlichen Einigungsbemühungen vorbehalten bleiben sollte. Dies bedeutet keine Geringschätzung der Bemühungen um einen Dialog mit Juden oder Muslimen, sondern soll verdeutlichen, dass alle innerchristlichen ökumenischen Verständigungsbemühungen auf einer weitaus breiteren Basis aufbauen können als jedes interreligiöse Gespräch: Mit allen anderen Christen bekennen wir uns zum Dreieinen Gott, erkennen Jesus Christus als den Sohn Gottes an, taufen unsere Gläubigen auf den Namen des Vaters, des Sohnes und des Heiligen Geistes, orientieren uns in unserem Glauben an der Bibel des Alten und Neuen Testaments, die wir als Heilige Schrift verehren, und bekennen gemeinsam die grundlegenden Glaubenswahrheiten, wie sie in den Glaubensbekenntnissen der ersten christlichen Konzile formuliert sind. Damit ist eine Ausgangsbasis für den Dialog gegeben, die sich grundsätzlich von derjenigen aller interreligiösen Gespräche unterscheidet. Schließlich fällt unter den Begriff „Ökumene" auch nicht die Auseinandersetzung mit jenen christlichen Sekten und Sondergruppierungen, die sich zwar auf Jesus Christus berufen, jedoch entweder zentrale Glaubenswahrheiten des Christentums leugnen (wie beispiels-

weise die Zeugen Jehovas) oder ihr – oft elitär verstandenes –
Glaubenswissen aus anderen Offenbarungsquellen als der Heiligen Schrift schöpfen (wie zum Beispiel die Mormonen aus den
im „Buch Mormon" aufgezeichneten Offenbarungen ihres
Gründers Joseph Smith).

Warum aber ist die innerchristliche Ökumene, also das
Bemühen um die Wiederherstellung der Einheit der Christen,
eine für die Kirche so wichtige und zentrale Aufgabe? Weil die
Einheit der Kirche zu ihren Wesensmerkmalen gehört: Im Glaubensbekenntnis bekennen wir die „eine, heilige, katholische und
apostolische Kirche". Die Einheit ist das erste und grundlegendste Merkmal der Kirche, weil sie – mit den Worten des
Apostels Paulus – der „Leib Christi" ist. Die Einheit der Kirche
ist somit grundgelegt in ihrer Verbundenheit mit Jesus Christus.
Somit ist die Einheit der Kirche einerseits eine *Gabe* Gottes, die
begründet ist in dem gemeinsamen Glauben an Jesus Christus
und in der einen Taufe auf den Namen des Dreieinen Gottes; sie
ist aber zugleich auch eine *Aufgabe* für uns Menschen, denn die
in Christus grundgelegte Einheit der Kirche muss in gemeinsamen Formen des Glaubens und Lebens sichtbar und erfahrbar
werden. Der „ökumenische Imperativ", d. h. die Verpflichtung
sich um die Wiederherstellung der Einheit zu bemühen, gründet also im Wesen der Kirche und ist daher ein Auftrag, der sich
an alle richtet, die an Christus glauben.

Der Skandal der Trennung „widerspricht offensichtlich
dem Willen Christi, gereicht der Welt zum Ärgernis und fügt
der heiligsten Sache, der ganzen Schöpfung das Evangelium
zu predigen, Schaden zu", wie es im Vorwort zum Ökumenismus-Dekret heißt (UR 1). Dreißig Jahre nach dem Konzil hat
Papst Johannes Paul II. in seiner Ökumene-Enzyklika „Ut
unum sint" (1995) unterstrichen, dass sich die katholische Kirche mit dem Konzil „unumkehrbar dazu verpflichtet (hat), den
Weg der Suche nach der Ökumene einzuschlagen und damit
auf den Geist des Herrn zu hören, der uns lehrt, aufmerksam
die ,Zeichen der Zeit' zu lesen".[2] Darüber hinaus betont er,
dass die Ökumene „nicht bloß irgendein ,Anhängsel' ist, das

der traditionellen Tätigkeit der Kirche angefügt wird"; sie gehöre vielmehr „organisch zu ihrem Leben und zu ihrem Wirken und muss infolgedessen dieses Miteinander durchdringen" (UUS 20). Auch die Synode der Evangelischen Kirche in Deutschland (EKD) hat im November 2000 in einem Dokument zum Thema „Eins in Christus – Kirchen unterwegs zu mehr Gemeinschaft" die Bedeutung der Ökumene unterstrichen: „Wir brauchen Ökumene, um am jeweiligen Ort und in der einen Welt heute als Kirche zu leben. Die Suche nach sichtbarer Gemeinschaft im Glauben und im Gottesdienst, die Zusammenarbeit in der Mission und der gemeinsame Einsatz für Gerechtigkeit, Frieden und Bewahrung der Schöpfung sind die zentralen ökumenischen Aufgaben."[3] Papst Benedikt XVI. hat seinerseits schon in der ersten Ansprache nach seiner Wahl zum Papst am 20. April 2005 betont, dass er es als seine „vorrangige Verpflichtung" betrachtet, „mit allen Kräften an der Wiederherstellung der sichtbaren Einheit aller Jünger Christi zu arbeiten", und seine Bereitschaft bekundet, „alles in seiner Macht Stehende zu tun, um das grundlegende Anliegen der Ökumene zu fördern".[4]

Wenn diese offiziellen Bekenntnisse zur Ökumene hier zitiert werden, so soll damit die nachdrückliche Befürwortung des ökumenischen Engagements durch die Kirchenleitungen unterstrichen werden. Keineswegs sollte jedoch der Eindruck entstehen, die Ökumene sei eine Aufgabe, die vor allem dem Papst oder den Bischöfen anvertraut ist. Denn, um noch einmal das Ökumenismus-Dekret zu zitieren: „Die Sorge um die Wiederherstellung der Einheit geht die ganze Kirche an, sowohl die Gläubigen als auch die Hirten" (UR 5). In diesem Sinne will das vorliegende Buch dazu ermutigen und befähigen, die Einheit der Christen als einen Auftrag für jeden und jede von uns wahrzunehmen, diesen Auftrag persönlich anzunehmen und damit ein Stück Verantwortung für die Verwirklichung dieses Auftrags zu übernehmen.

Weiterführende Literatur

Enzyklika „Ut unum sint" von Papst Johannes Paul II. über den Einsatz für die Ökumene (1995), in: Verlautbarungen des Apostolischen Stuhls Nr. 121, Bonn 1995, 1–80.

Eins in Christus – Kirchen unterwegs zu mehr Gemeinschaft. Kundgebung der 9. Synode der Evangelischen Kirche in Deutschland (2000), in: EKD-Texte Nr. 69, Hannover 2001, 16–26.

2. Geglaubte Einheit –

Biblische Grundlagen

Im ersten Kapitel wurde bereits auf das Glaubensbekenntnis von Nizäa-Konstantinopel (381) verwiesen, das einer der ältesten Bekenntnistexte der Christenheit ist. Im evangelischen Gesangbuch steht es unter den „Bekenntnissen der Kirche" und im katholischen Gesangbuch wird es als „Großes Glaubensbekenntnis" bezeichnet (Gotteslob Nr. 356). In unseren Gottesdiensten wird es leider sehr selten, oft nur an besonderen Festtagen, verwendet. Dabei ist dieses Glaubensbekenntnis neben dem „Vater unser" einer der wenigen Texte, die in nahezu allen christlichen Kirchen – selbst jenen, von denen wir schon seit dem ersten Jahrtausend getrennt sind – gebetet werden. In diesem Grundtext der Christenheit bekennen wir neben unserem Glauben an Gott den Vater, den Sohn und den Heiligen Geist auch „die eine, heilige, katholische/christliche[5] und apostolische Kirche". Die Einheit der Kirche bildet also einen Bestandteil unseres Glaubensbekenntnisses. Sie gehört zu den vier Wesensmerkmalen der Kirche, die sie von anderen Gemeinschaftsformen unterscheidet. Warum das so ist, soll in diesem Kapitel im Rückgriff auf das Zeugnis der Heiligen Schrift untersucht werden.

Für die ersten Christen waren zwei Zeichenhandlungen von besonderer, identitätsstiftender Bedeutung: die Taufe und das „Herrenmahl". Die Taufe erfolgte zunächst „auf den Namen Jesu" (vgl. Apg 8,16; Röm 6,3), später dann in einer trinitarischen Formel „auf den Namen des Vaters und des Sohnes und des Heiligen Geistes" (vgl. Mt 28,19). Sie wurde verstanden als eine „eschatologische Zeichenhandlung" (J. Roloff), durch die der Getaufte in das neue, endzeitliche Volk Gottes aufgenommen wurde. Das „Brechen des Brotes" (vgl. Apg 2,46) und das gemeinsame Mahl waren die zweite Zeichenhandlung, die zum Unterscheidungsmerkmal der frühchristlichen Gemeinde

18

wurde. Paulus bezeichnet diese Feier, die als Gedächtnis des letzten Abendmahls Jesu begangen wird (vgl. 1 Kor 11,23–25), als „Herrenmahl" (1 Kor 11,20), bei dem die Gläubigen den Leib Christi empfangen und damit Anteil erhalten am Leib Christi (vgl. 1 Kor 10,16). Die Reflexion über die Bedeutung von Taufe und Eucharistie für die christliche Gemeinde bildet den Ausgangspunkt der paulinischen Ekklesiologie (= Lehre von der Kirche). Das Kirchenverständnis des Paulus kreist dementsprechend um zwei Pole: die Kirche als „Volk Gottes" und die Kirche als „Leib Christi".

Die Bezeichnung der Kirche als „Volk Gottes" betont die Kontinuität mit dem Volk Israel, das von Gott zu seinem Volk auserwählt wurde: „Ihr werdet mein Volk sein, und ich werde euer Gott sein" (Jer 30,22). Die Einheit des Volkes Israel liegt in seinem Bund mit Jahwe begründet. Die Abkehr weiter Teile des Volkes Israel führt später dazu, dass die Propheten nur noch den „heiligen Rest" Israels (vgl. Jes 10,20 f) als Volk Gottes bezeichnen. Diese Redeweise greift der Apostel Paulus im Römerbrief auf (vgl. Röm 11,5 f), wo er über das Verhältnis des „neuen" zum „alten" Volk Gottes reflektiert. Dabei zeigt er sich überzeugt, dass am Ende der Zeiten nicht nur der „heilige Rest", sondern „ganz Israel" gerettet wird (vgl. Röm 11,26). Paulus stützt sich dabei auf die Verheißung der Propheten, dass letztlich alle Völker zu Gott bekehrt werden, wie sie vor allem im Bild von der Völkerwallfahrt zum Berg Zion (vgl. Mi 4,1–5) zum Ausdruck kommt. Die Kirche „ersetzt" daher nicht das alte Volk Gottes, sondern führt als das neue Volk Gottes dessen Aufgabe, die „Sammlung aller Völker", fort. Die heilsgeschichtliche Kontinuität zwischen dem alten und dem neuen Volk Gottes, die Paulus vor allem im Römerbrief (Kapitel 9 – 11) hervorhebt, ist auch das Anliegen des Matthäus-Evangeliums, das bei der Schilderung des Lebens Jesu immer wieder auf die Erfüllung alttestamentlicher Verheißungen verweist. Die Einheit von Juden und Heiden im neuen Volk Gottes liegt begründet in der Versöhnungstat Christi (vgl. Eph 2,11–18). So ist die Einheit der Kirche begründet in Jesus Christus: „Durch ihn wird der ganze Bau zusammengehalten und wächst zu einem heiligen Tempel im Herrn" (Eph 2,21). Die Einheit des Volkes Gottes, der Kirche, ist somit eine Gabe Gottes, die allem menschlichen Tun vorausliegt und in der Heilstat Jesu Christi gründet. Aus diesem Grund spricht Paulus von der „Kirche Gottes" (1 Kor 15,9). Das griechische Wort „ekklesia", das in diesem Fall mit „Kirche" übersetzt wird, bezeichnet an anderer Stelle aber auch die „Kirche vor Ort", z. B. die „Gemeinden in Galatien" (Gal 1,2). Hier wird dasselbe griechische Wort („ekklesia") mit „Gemeinde" übersetzt. Daraus kann man schließen, dass die eine Kirche Gottes aus Sicht des Paulus in den einzelnen Ortsgemeinden gegenwärtig ist. Ihre Einheit gründet zutiefst darin, dass in ihnen die Kirche Gottes vor Ort sichtbar und erfahrbar wird.

Wie aber wird die in Christus grundgelegte Einheit der Kirche für die Gläubigen konkret erfahrbar? Diese Frage beantwortet Paulus mit dem zweiten Bild, von dem seine Ekklesiologie geprägt ist, der Kirche als „Leib Christi". Ausgangspunkt seiner Überlegungen ist dabei die Feier der Eucharistie. Sie vermittelt den Gläubigen „Teilhabe" an Jesus Christus: „Ist der Kelch des Segens, über den wir den Segen sprechen, nicht Teilhabe am Blut Christi? Ist das Brot, das wir brechen, nicht Teilhabe am Leib Christi?" (1 Kor 10,16). Durch die Teilhabe am eucharistischen Leib werden die Gläubigen zum „Leib Christi". Als Glieder des Leibes Christi sind sie nicht nur mit Christus, dem Haupt des Leibes, sondern auch untereinander verbunden (vgl. 1 Kor 12,12– 27). Die Teilhabe an der Eucharistie begründet also die Gemeinschaft der Glaubenden. Die enge Verbindung von Eucharistie und Einheit der Kirche wird auch hier durch das griechische Wort verdeutlicht, das Paulus in diesem Zusammenhang benutzt: Das Wort „koinonia" bezeichnet einerseits die „Teilhabe" am Leib Christi (1 Kor 10,16), andererseits die „Gemeinschaft" mit Jesus Christus (1 Kor 1,9). In beiden Fällen ist es Jesus Christus, der „koinonia" gewährt und begründet. Die Gemeinschaft der Glaubenden entsteht dadurch, dass er allen Gliedern seines Leibes „Teilhabe" gewährt. Den engen Zusammenhang zwischen dem eucharistischen und dem ekklesialen Leib Christi unter-

streicht Paulus vor allem in 1 Kor 10: Aus der Teilhabe am eucharistischen Leib Christi erwächst die Gemeinschaft der Glaubenden, die Kirche als Leib Christi: „Ein Brot ist es. Darum sind wir
viele ein Leib; denn wir alle haben teil an dem einen Brot" (1 Kor
10,17). Das aus der Feier der Eucharistie abgeleitete Bild von der
Kirche als Leib Christi wird von Paulus an anderer Stelle noch
weiter entfaltet. Er betrachtet die Kirche als einen Organismus,
der vom Zusammenwirken vieler Glieder in dem einen Leib
geprägt ist: „Denn wie der Leib eine Einheit ist, doch viele Glieder hat, alle Glieder des Leibes aber, obgleich es viele sind, einen
einzigen Leib bilden: so ist es auch mit Christus" (1 Kor 12,12).
Durch die Taufe werden die Gläubigen in diesen Leib Christi
aufgenommen (vgl. 1 Kor 12,13) und sind fortan unlösbar mit
ihm verbunden: „So sind wir, die vielen, ein Leib in Christus"
(Röm 12,5). Paulus unterstreicht nachdrücklich die Notwendigkeit des Zusammenwirkens aller Glieder an dem einen Leib und
mahnt so zur Einheit der Kirche. Die „unterschiedlichen Gaben,
je nach der uns verliehenen Gnade" (Röm 12,6), sollen von den
Gläubigen zur Stärkung der Kirche eingesetzt werden, „damit im
Leib kein Zwiespalt entstehe, sondern alle Glieder einträchtig
füreinander sorgen" (1 Kor 12,25). So verdeutlicht das Bild von
der Kirche als Leib Christi ein Doppeltes: die in der Eucharistie
begründete Einheit des Leibes Christi und die legitime Vielfalt
der Glieder dieses Leibes, die ihre unterschiedlichen Begabungen
– Paulus spricht in 1 Kor 12 ausdrücklich von „Charismen" (Gna-
dengaben) – in die eine Kirche Christi einbringen.

Die beiden „Brennpunkte" des paulinischen Kirchenverständnisses – Kirche als Volk Gottes und Kirche als Leib Christi
– werden in den später entstandenen Schriften des Neuen Testaments weiter und tiefer reflektiert. Unter den deuteropaulini-
schen Schriften – Briefen, die unter dem Namen des Apostels
Paulus veröffentlicht, aber von seinen Schülern geschrieben
wurden – befasst sich der Brief an die Epheser besonders intensiv mit dem Verständnis der Kirche. Am Beginn des vierten
Kapitels dieses Briefes findet sich ein nachdrücklicher Appell
zur Einheit: „Bemüht euch, die Einheit des Geistes zu wahren

durch den Frieden, der euch zusammenhält. Ein Leib und ein Geist, wie euch durch eure Berufung auch eine gemeinsame Hoffnung gegeben ist; ein Herr, ein Glaube, eine Taufe, ein Gott und Vater aller, der über allem und durch alles und in allem ist" (Eph 4,3–6). Was zunächst wie eine relativ lockere Aufzählung verschiedener Elemente wirkt, durch die die Einheit der Christen bestimmt ist, erweist sich bei genauerem Hinsehen als eine wohldurchdachte Komposition, in der alle wesentlichen Elemente des christlichen Glaubens zur Sprache kommen: der Glaube (an Jesus Christus) und die Hoffnung (auf die Auferstehung), die Taufe und die Eucharistie („ein Leib"), aber auch der dreieine Gott („ein Geist", „ein Herr", „ein Gott und Vater aller"). Alle sieben Einheitselemente, die der Epheserbrief an dieser Stelle benennt, deuten darauf hin, dass die Einheit der Kirche eine von Gott her begründete und auf Gott hin bezogene Einheit ist. Deutlich sind Anklänge an den liturgischen Gebrauch: Die Formulierung erinnert an das Gott preisende Bekenntnis im Rahmen der gottesdienstlichen Feier der Gemeinde. Aus dem Bekenntnis zur Einheit erwächst die Verpflichtung zur Bewahrung der Einheit. Auch wenn die Einheit der Kirche primär eine Gabe Gottes ist, wird sie zugleich zur Aufgabe für die Gläubigen: „Bemüht euch, die Einheit zu wahren!"

Die Sorge um die Einheit derer, die an Christus glauben, klingt besonders eindrücklich in dem sogenannten „Abschiedsgebet" Jesu an, das im 17. Kapitel des Johannes-Evangeliums überliefert ist: „Alle sollen eins sein: Wie du, Vater, in mir bist und ich in dir bin, sollen auch sie in uns sein, damit die Welt glaubt, dass du mich gesandt hast" (Joh 17,21). Diese Stelle wurde im 20. Jahrhundert zum programmatischen Leitwort der ökumenischen Bewegung, die daraus eine moralische Verpflichtung zum Engagement für die Einheit der Christen abgeleitet hat. Exegeten machen jedoch zurecht darauf aufmerksam, dass es vom Kontext der Textstelle her gar nicht um die „horizontale" Dimension, die Einheit des über den Erdkreis verstreuten Volkes Gottes, geht, sondern vielmehr die „Vertikale" im Blick ist, die Einheit der Gläubigen mit Gott. Die Einheit der Kirche ist nach dem Verständnis von Joh 17 keine quantitative Größe, bei der es um die Vereinigung einer möglichst großen Zahl von Gläubigen geht, sondern vielmehr ein qualitatives Merkmal, das in der Einheit der Jünger Jesu mit Gott gründet. Auch nach Joh 17 ist die Einheit der Kirche also primär eine Gabe Gottes, die den Christen geschenkt ist. Im Kontext des Abschiedsgebets Jesu wird diese Gabe zugleich zur Verheißung für alle, die in die Nachfolge Jesu eintreten: „Aber ich bitte nicht nur für diese hier, sondern auch für alle, die durch ihr Wort an mich glauben" (Joh 17,20). Die in Gott grundgelegte Einheit der Kirche ist auch den kommenden Generationen verheißen. Dass dabei auch schon in der ersten (oder zweiten) Generation der Christen an die Einheit unterschiedlicher Gruppierungen innerhalb der Kirche gedacht wurde, lässt ein Vers aus der Bildrede vom guten Hirten erahnen: „Ich habe noch andere Schafe, die nicht aus diesem Stall sind; auch sie muss ich führen, und sie werden auf meine Stimme hören; dann wird es nur eine Herde geben und einen Hirten" (Joh 10,16). Aus der Verheißung erwächst die Verpflichtung der Christen, sich um diese Einheit zu bemühen. Die Einheit der Kirche als eine Gabe Gottes wird zur Aufgabe all derer, die Christus als den Sohn Gottes bekennen.

Die Aufgabe, sich um die Einheit der Christen zu mühen, ist dabei kein Selbstzweck. Die Einheit der Kirche ist kein Ziel an sich, sondern ist vielmehr darauf gerichtet, dass „die Welt glaubt, dass du mich gesandt hast". Es geht also bei der Einheit der Kirche letztlich um die Glaubwürdigkeit unseres Zeugnisses vor der Welt. Nur das gemeinsame Zeugnis der Christen wird die Botschaft des Evangeliums glaubwürdig vermitteln. So ist die Einheit der Kirche Verheißung und Verpflichtung, Gabe und Aufgabe zugleich. Wenn wir uns das immer wieder vor Augen führen, dann wird die geglaubte Einheit auch zu einer gelebten Einheit werden.

Weiterführende Literatur

Jürgen Roloff, Die Kirche im Neuen Testament, Göttingen 1993 *[aus ev. Sicht]*.

Einheit als Gabe und Verpflichtung. Eine Studie des Deutschen Ökumenischen Studienausschusses (DÖSTA) zu Johannes 17 Vers 21, hg. v. Wolfgang A. Bienert, Frankfurt a. M. 2002 *[ökumenische Perspektive]*.

Thomas Söding, Ekklesia und Koinonia. Grundbegriffe paulinischer Ekklesiologie, in: Catholica. Vierteljahresschrift für ökumenische Theologie 57 (2003) 107–123 *[aus kath. Sicht]*.

Mircea Basarab, Das Wesen und die Einheit der Kirche im Neuen Testament, in: Die Kirche – ihre Verantwortung und ihre Einheit, hg. v. Dagmar Heller und Rolf Koppe, Frankfurt a. M. 2005, 230–250 *[aus orth. Sicht]*.

3. Zerbrechende Einheit –

Konfessionskundlicher Überblick

Wenn wir in Deutschland von Ökumene sprechen, dann verbinden die meisten Menschen damit die Bemühungen um eine Vertiefung der Gemeinschaft von katholischen und evangelischen Christen. Zumindest in den größeren Städten ist jedoch heute unübersehbar, dass es neben den beiden „großen Kirchen" in Deutschland auch noch viele „kleinere Kirchen" gibt, wie z. B. Orthodoxe, Anglikaner, Methodisten, Baptisten usw. Nur aus deutscher Perspektive kann man sie als „kleinere Kirchen" bezeichnen, denn auf weltweiter Ebene sind manche dieser Konfessionen zahlenmäßig größer als die Lutheraner, die das Erscheinungsbild des deutschen Protestantismus weitgehend prägen. Da heute fast alle christlichen Konfessionen auch in Deutschland vertreten sind, gibt das folgende Kapitel einen kurzen Überblick über alle Konfessionsfamilien. Der Überblick beschränkt sich auf wenige grundlegende – historisch prägende sowie aktuelle statistische – Daten; die Besonderheiten in der Glaubenslehre werden nur angedeutet und später, vor allem beim Überblick über die Ergebnisse der ökumenischen Dialoge (Kapitel 5), näher erläutert.

Wenn dieses Kapitel unter der Überschrift „Zerbrechende Einheit" steht, so bedeutet dies nicht, dass die gesamte Kirchengeschichte als eine Verfallsgeschichte betrachtet wird, in der ein in der Urkirche vorgeblich bestehendes Ideal allmählich verloren ging. Schon im Neuen Testament zeigt sich eine innerchristliche Vielfalt, bei der die Einheit der an Christus Glaubenden immer wieder gefährdet war, wie die Mahnungen des Apostels Paulus an die Gemeinde in Korinth (vgl. 1 Kor 1,10 – 4,16) oder der Streit zwischen den Gemeinden in Jerusalem und Antiochien über die Notwendigkeit der Beschneidung (vgl. Apg 15,1–35) belegen. Im Laufe der Kirchengeschichte kam es immer wieder zu ähnlichen Auseinandersetzungen über Fragen des Glaubens und Lebens der

Christen. Sie wurden teils nach dem Vorbild des „Apostelkonzils"
auf kirchlichen Synoden und Konzilen gelöst, teils führten sie zur
Abspaltung größerer oder kleinerer Gruppierungen. Manche der
von den Konzilen verurteilten Strömungen gingen im Laufe der
Geschichte unter, andere bestehen bis heute fort. Nur die Letzteren werden im konfessionskundlichen Überblick vorgestellt.

Die katholischen Kirchen

Weltweit stellen die Katholiken mit über einer Milliarde
Gläubigen die größte christliche Konfessionsfamilie dar. Norma-
lerweise sind wir es gewohnt, von „der katholischen Kirche" (im
Singular) zu sprechen, womit sich die Vorstellung von einer ein-
heitlich strukturierten Gemeinschaft mit einer einheitlichen
Liturgie und einem einzigen Oberhaupt, dem Papst, verbindet.
Wenn hier bewusst von katholischen Kirchen im Plural die Rede
ist, so soll damit keineswegs das Selbstverständnis der katholischen Kirche, dass in ihr die eine, heilige, katholische und apostolische Kirche real erfahrbar wird, infrage gestellt werden.
Vielmehr soll damit einerseits die für die Struktur der katholischen Kirche konstitutive Bedeutung der Diözesen hervorgehoben werden, denn „in ihnen und aus ihnen besteht die eine
und einzige katholische Kirche" (so die Kirchenkonstitution des
Zweiten Vatikanischen Konzils „Lumen gentium", Nr. 23).
Andererseits muss gerade in einem konfessionskundlichen Überblick daran erinnert werden, dass es auch katholische Kirchen
gibt, die einem anderen als dem „römischen" Ritus angehören:
die mit Rom unierten Ostkirchen (mehr dazu weiter unten).

Die *römisch-katholische Kirche* ist heute eine „Weltkirche",
der ca. 1,1 Milliarden Gläubige auf allen Kontinenten angehören.
Sie ist untergliedert in mehr als 3500 Diözesen, die jeweils von
einem Bischof geleitet werden. Verbindendes Element sind die
Glaubenslehre der katholischen Kirche und der römische bzw.
lateinische Ritus, der eine einheitliche Grundstruktur der Gottes-

dienste und sakramentalen Feiern gewährleistet, obwohl die Liturgiesprache heute in der Regel die Landessprache ist. Daneben gibt es eine große Vielfalt in den Formen der Verkündigung, der Glaubensvermittlung, des diakonisch-karitativen Engagements und der Präsenz in der Gesellschaft. Trotz dieser innerkirchlichen Vielfalt hat die römisch-katholische Kirche es verstanden, ihre Einheit weitestgehend zu bewahren. Eine besondere, einheitsstiftende Kraft kommt dabei der Verbundenheit mit dem Papst zu. Als Bischof von Rom steht er traditionell an der Spitze des Bischofskollegiums der katholischen Kirche und repräsentiert damit die Kirche in und gegenüber der Welt. Aus konfessionskundlicher Sicht stellt das Papsttum ein wichtiges, wenn nicht das entscheidende Merkmal katholischer Identität dar. Diese Konzentration auf den Papst wurde im 20. Jahrhundert durch die Globalisierung und die Fixierung der Medien auf wenige Führungspersönlichkeiten noch einmal verstärkt.

Auch wenn die Stimme des Papstes heute praktisch weltweit gehört werden kann, wird das konkrete Glaubensleben meist doch durch den Pfarrer vor Ort (weltweit gibt es mehr als 400 000 katholische Priester) bzw. den Ortsbischof (weltweit gibt es ca. 4900 katholische Bischöfe) geprägt. Eine wichtige Rolle spielen in der katholischen Kirche neben den Pfarreien und Diözesen auch die Ordensgemeinschaften: Weltweit gibt es ca. 130 000 Ordenspriester, ca. 55 000 Laienbrüder (männliche Ordensangehörige, die nicht die Priesterweihe empfangen haben) sowie ca. 750 000 Ordensschwestern. Auch Laien wirken in vielen katholischen Diözesen in der Seelsorge mit – größtenteils als ehrenamtliche Katechetinnen und Katecheten (weltweit fast 3 Millionen), in Deutschland auch als hauptamtliche Pastoral- oder Gemeindereferentinnen und -referenten.

In Deutschland leben knapp 26 Millionen Katholiken – etwa ein Drittel der deutschen Bevölkerung gehört damit der katholischen Kirche an. Sie gliedert sich in Deutschland in 27 Diözesen, die in sieben Kirchenprovinzen mit den Erzdiözesen Bamberg, Berlin, Freiburg, Hamburg, Köln, München-Freising und Paderborn zusammengeschlossen sind. Die größte Diözese ist mit ca. 2,1 Millionen Katholiken das Erzbistum Köln, die kleinste mit ca. 31 000 Gläubigen das Bistum Görlitz. Was den Anteil der Katholiken an der Bevölkerung betrifft, gibt es große regionale Unterschiede: Im Norden und Osten Deutschlands bilden die Katholiken eine Minderheit (ca. 7 % im Erzbistum Hamburg, ca. 3,5 % im Bistum Dresden-Meißen), während sie im Süden in der Regel die Mehrheit stellen (im Bistum Passau 87 %, im Bistum Regensburg 75 % der Gesamtbevölkerung). Dies deutet schon darauf hin, dass die Situation der katholischen Kirche selbst innerhalb Deutschlands sehr unterschiedlich ist, was zu unterschiedlichen Ausprägungen des gottesdienstlichen und gemeindlichen Lebens führt. Die Zahl der Pfarreien (ca. 12 000) und der Priester (ca. 15 000, davon ca. 13 000 Diözesanpriester und ca. 2000 Ordenspriester) ist in den letzten Jahren zurückgegangen, während die Zahl der – in der Regel verheirateten – Ständigen Diakone (ca. 2900), der Pastoralreferentinnen und -referenten (ca. 3000) sowie der Gemeindereferentinnen und -referenten (ca. 4500) leicht gestiegen ist. In allen deutschen Diözesen stehen derzeit umfassende Strukturreformen an, durch die auf die zurückgehende Zahl der Gläubigen, der Seelsorger, aber auch die sinkenden Finanzen reagiert werden soll.

Eine umgekehrte Entwicklung ist in den vergangenen beiden Jahrzehnten in den *mit Rom unierten Ostkirchen* zu beobachten. Hier ist die Zahl der Gläubigen wie auch der Priester fast überall gestiegen, zum Teil bedingt durch das Ende der kommunistischen Herrschaft in vielen Staaten Osteuropas, das diesen Kirchen wieder eine geregelte Seelsorge ermöglichte, zum Teil als Folge aktiver Missionstätigkeit, vor allem in Indien. Diese katholischen Ostkirchen sind im Laufe der Kirchengeschichte entstanden, weil sich entweder Rom um Unionsabschlüsse mit einzelnen orthodoxen Kirchen bemüht hatte, um auf diese Weise die zerbrochene Einheit zwischen den Kirchen in Ost und West wiederherzustellen, oder weil diese Kirchen von sich aus um eine Union mit Rom nachsuchten, von der sie sich eine Verbesserung ihrer gesellschaftlichen Stellung erhofften. Beim Abschluss der Union wurde diesen Kirchen in der Regel gestattet, ihren eigenen Ritus (z. B. den byzantinischen oder den syrischen) beizubehalten, sodass diese Kirchen ihre Gottesdienste bis heute in derselben Form feiern wie die orthodoxen Kirchen, aus denen sie hervorgegangen sind. Mit Billigung Roms befolgen diese Kirchen auch das östliche Kirchenrecht, das beispielsweise die Weihe verheirateter Männer zu Priestern erlaubt.

Auch wenn diese Kirchen damit ein positives Zeichen für die innerhalb der katholischen Kirche mögliche Vielfalt setzen, bilden sie in ökumenischer Hinsicht zugleich einen Stein des Anstoßes. Das liegt daran, dass in fast allen Fällen (eine Ausnahme bildet die Maronitische Kirche) sich jeweils nur ein Teil der Gläubigen der betreffenden Ortskirchen dem Römischen Stuhl anschloss, sodass die Unionsbemühungen letztlich nicht zur Wiederherstellung der Einheit, sondern zur Errichtung paralleler Kirchenstrukturen führten. Bis heute steht beinahe jeder orthodoxen oder orientalisch-orthodoxen Kirche auch eine mit Rom unierte Ostkirche gegenüber. Letztere sind oft erheblich kleiner als die orthodoxen Kirchen, die in der Regel die Kultur des Landes geprägt haben (z. B. in Rumänien, Armenien oder Ägypten), teilweise sind sie heute aber auch größer als ihre orthodoxen Schwesterkirchen (dies ist z. B. bei den Chaldäern im Irak oder bei der Syro-Malabarischen Kirche in Indien der Fall). Weltweit gibt es ca. 16 Millionen Katholiken, die einer dieser Kirchen angehören. Die zahlenmäßig größte der mit Rom unierten Ostkirchen ist heute die Ukrainische Griechisch-Katholische Kirche (ca. 4,5 Millionen Gläubige), die auch in Deutschland mit einem Bischof (mit Sitz in München) vertreten ist.

Die orthodoxen Kirchen

Die orthodoxen Christen sind in der Regel im Osten Europas, im Nahen und Mittleren Osten, in Nordafrika und Indien beheimatet. Bedingt durch die Migrationsströme des 20. Jahrhunderts leben heute aber auch ca. 1,5 Millionen orthodoxe

Christen in Deutschland. Die Trennung zwischen ihnen und den Christen im Abendland reicht bereits Jahrhunderte zurück. In den Geschichtsbüchern wird meist das Jahr 1054 als Datum des sogenannten „Morgenländischen Schismas", der Trennung zwischen Ost- und Westkirche angegeben. Doch diese Festlegung ist historisch nicht haltbar, da es auch schon zuvor lange Phasen gab, in denen die Kirchengemeinschaft zwischen Ost und West zerbrochen war, und es andererseits auch danach noch Zeugnisse für eine weiterhin praktizierte Kirchengemeinschaft von Christen in Ost und West gibt. So ist die Trennung zwischen den Kirchen in Ost und West nicht das Ergebnis eines singulären Ereignisses, sondern Folge eines jahrhundertelangen Entfremdungsprozesses, der durch verschiedene Faktoren (kirchen- und machtpolitische Interessen, sprachliche Barrieren, kulturelle Differenzen, theologische Streitfragen und nicht zuletzt durch Unterschiede in den liturgischen Riten und in der kirchlichen Disziplin) befördert wurde. Aufgrund der langen Trennung sind uns diese Kirchen heute einerseits fremd, andererseits üben sie auf viele Gläubige eine besondere Faszination aus, die sich wohl vor allem aus der besonderen Art der Liturgiefeier in den Kirchen des christlichen Ostens erklärt.

In konfessionskundlicher Hinsicht müssen wir bei den orthodoxen Kirchen drei Gruppierungen unterscheiden, die untereinander nicht in Kirchengemeinschaft stehen:

(1) *die Assyrische Kirche des Ostens*, die nur die ersten beiden Ökumenischen Konzile (Nizäa und Konstantinopel) anerkennt und bereits die Entscheidungen des Konzils von Ephesus (431) nicht mehr übernommen hat, weshalb sie auch als „vorephesinische Orthodoxie" bezeichnet wird. Die Gläubigen dieser Kirche (heute weltweit nur noch ca. 400 000) wurden lange Zeit als „Nestorianer" bezeichnet, weil das Konzil von Ephesus die Lehre des Nestorius verurteilt hatte. Aus diesem Grund flohen viele Anhänger des Nestorius in das östlich der Grenzen des Römischen Reiches gelegene Sassaniden-Reich (heute: Irak / Iran), in dem die Assyrische Kirche des Ostens ihre historischen Wur-

zeln hat. Heute weiß man, dass die Assyrische Kirche nie eine „nestorianische" Christologie vertreten hat, sodass Papst Johannes Paul II. und das Oberhaupt der Assyrischen Kirche des Ostens, Mar Dinkha IV., 1994 eine Gemeinsame Erklärung zur Christologie unterzeichnen konnten, die den Weg zu einer weiteren Annäherung zwischen Katholiken und Assyrern eröffnete.

(2) *die orientalisch-orthodoxen Kirchen,* die sich nach dem Konzil von Chalcedon (451) von der Reichskirche trennten und daher als „vorchalcedonische Orthodoxie" bezeichnet werden. Die Gegner der Beschlüsse des Konzils von Chalcedon, das die Verbindung von „zwei Naturen" (der göttlichen und der menschlichen) in Jesus Christus betont hatte, wurden über Jahrhunderte als „Monophysiten" (Anhänger der „Ein-Naturen-Lehre") verunglimpft, obwohl sie nie eine streng monophysitische Christologie gelehrt haben. Erst in der zweiten Hälfte des 20. Jahrhunderts wurde durch theologische Gespräche eine Verständigung in dieser Frage erreicht, die inzwischen ebenfalls durch Gemeinsame Christologische Erklärungen der Päpste Paul VI. und Johannes Paul II. mit den Oberhäuptern der orientalisch-orthodoxen Kirchen offiziell anerkannt wurde.

Zu den orientalisch-orthodoxen Kirchen zählen heute die *Koptische Orthodoxe Kirche* (vor allem in Ägypten beheimatet, mit weltweit ca. 10 Mill. Gläubigen), die *Syrische Orthodoxe Kirche* (ca. 1,3 Mill. Gläubige), die *Armenische Apostolische Kirche* (ca. 7 Mill. Gläubige), die *Malankarische Orthodoxe Syrische Kirche* (ca. 1 Mill. Gläubige in Indien), die *Äthiopische Orthodoxe Kirche* (ca. 30 Mill. Gläubige) und die *Orthodoxe Kirche von Eritrea* (ca. 2 Mill. Gläubige). In Armenien und Äthiopien haben die orientalisch-orthodoxen Kirchen bis heute einen volkskirchlichen Charakter bewahrt, d. h. sie prägen die Kultur des Landes, weil ein großer Teil der Bevölkerung dieser Kirche angehört. Alle anderen Kirchen der orientalischen Riten leben heute in einer Minderheitensituation, in der sie sich in einem andersgläubigen, vor allem islamischen Umfeld behaupten müssen. Diese Situation hat viele Gläubige veranlasst, aus ihrer angestammten Heimat zu emigrieren und eine neue Heimat in Westeuropa oder Amerika zu suchen. Auch in Deutschland haben sich zahlreiche Gläubige dieser Kirchen niedergelassen. Kopten, Syrer und Armenier haben in den 1990er-Jahren eigene Bischofssitze in Deutschland zur Betreuung ihrer hier lebenden Gläubigen – ca. 6000 Kopten, ca. 60 000 orthodoxe Syrer (= „Aramäer") und ca. 40 000 Armenier – errichtet: Der koptisch-orthodoxe Bischof von Deutschland hat seinen Sitz im Koptisch-Orthodoxen Kloster in Höxter-Brenkhausen, der syrisch-orthodoxe Bischof residiert in Warburg und der armenische Erzbischof hat seinen Sitz in Köln.

(3) *die Orthodoxe Kirche* im engeren Sinne des Wortes, d. h. alle orthodoxen Kirchen des byzantinischen Ritus, die in Gemeinschaft mit dem Patriarchat von Konstantinopel (früher: Byzanz, heute: Istanbul) stehen bzw. von dort aus missioniert wurden und daher den christlichen Glauben in seiner byzantinischen Ausprägung übernommen haben. Die Kirchen der „byzantinischen Orthodoxie" haben die oben erwähnten Beschlüsse des Konzils von Chalcedon rezipiert und werden in der Konfessionskunde daher auch als „chalcedonische Orthodoxie" bezeichnet. Da die orthodoxen Kirchen im Glauben übereinstimmen und darüber hinaus zur gleichen Ritusfamilie gehören, betrachten sie sich grundsätzlich als *eine* Kirche, wenn auch in unterschiedlichen nationalen Ausprägungen. Daher ist es in konfessionskundlicher Hinsicht zutreffend von *der* Orthodoxen Kirche (im Singular) zu sprechen, auch wenn man aufgrund der ganz unterschiedlichen historischen Entwicklungen geneigt ist, von *den* orthodoxen Kirchen (im Plural) zu sprechen.

Zur Orthodoxen Kirche des byzantinischen Ritus gehören heute die folgenden autokephalen, d. h. selbstständigen Kirchen (in der überlieferten und allgemein anerkannten Rangfolge): das *Ökumenische Patriarchat von Konstantinopel,* die *Griechisch-Orthodoxen Patriarchate von Alexandrien, Antiochien und Jerusalem,* die *Orthodoxen Patriarchate von Moskau und ganz Russland, von Serbien, Rumänien, Bulgarien und Georgien* sowie die *Orthodoxen Kirchen von Zypern, Griechenland, Polen, Albanien sowie Tschechien und der Slowakei.* Die zahlenmäßig größte Kirche ist heute die Russische Orthodoxe Kirche mit ca. 95 Millionen Gläubigen. Dennoch hat das Ökumenische Patriarchat von Konstantinopel bis heute einen Ehrenvorrang innerhalb der byzantinischen Orthodoxie inne, der ihm aufgrund der Bedeutung Konstantinopels im Byzantinischen Reich zugewachsen ist. Weltweit gibt es ca. 160 Millionen orthodoxe Christen, die jedoch nicht mehr ausschließlich in den „traditionell" orthodoxen Ländern Osteuropas und Kleinasiens leben, sondern inzwischen in der ganzen Welt beheimatet sind.

Zum Ökumenischen Patriarchat gehören beispielsweise nicht nur die wenigen orthodoxen Gläubigen in der Türkei, sondern auch alle orthodoxen Griechen in der weltweiten Diaspora. Aus diesem Grund gehört auch *die Griechisch-Orthodoxe Metropolie von Deutschland* zum Ökumenischen Patriarchat und nicht zur Orthodoxen Kirche von Griechenland, die sich erst im 19. Jahrhundert im Zuge der griechischen Unabhängigkeitsbewegung aus den Strukturen des Ökumenischen Patriarchats gelöst hat. Mit dem allmählichen Zerfall des Osmanischen Reiches bildete sich im 19. Jahrhundert eine ganze Reihe orthodoxer „Nationalkirchen" (in Serbien, Bulgarien, Rumänien, etc.), die zwar jede für sich schon auf eine lange Geschichte verweisen können, bei denen jedoch erst in der Neuzeit die Verbindung des orthodoxen Glaubens mit der nationalen Kultur besonders stark betont wurde. Dies ist der Hintergrund, warum es in Deutschland bis heute getrennte Bistümer für die orthodoxen Griechen, Russen, Serben und Rumänen gibt, obwohl die Orthodoxe Kirche sich grundsätzlich als eine Kirche versteht. Seit 1994 gibt es die „Kommission der Orthodoxen Kirche in Deutschland" (KOKiD), die der Kooperation zwischen den orthodoxen Diözesen in Deutschland dient.

Auf viele westliche Christen übt die Orthodoxe Kirche eine eigenartige Faszination aus: Die Ikonen und der byzantinische Kirchengesang werden oft bewundert, während der Ritus, d. h. die Art der Liturgiefeier, vielen Menschen fremd bleibt. Trotz dieser Fremdheit steht die orthodoxe Kirche der katholischen

Kirche in Fragen des Glaubens näher als jede andere christliche Kirche. Die heute einzig verbliebene Streitfrage zwischen Orthodoxen und Katholiken ist eigentlich „nur" die Rolle des Papsttums in der Kirche. In allen anderen Glaubensfragen besteht eine solch weitreichende Übereinstimmung, dass die Päpste nach dem Zweiten Vatikanischen Konzil von der orthodoxen Kirche durchweg als einer „Schwesterkirche" der katholischen Kirche gesprochen haben. Das verdeutlicht die große Nähe zu dieser Kirche, die allerdings noch einer entsprechenden Umsetzung in der ökumenischen Zusammenarbeit harrt.

Die Kirchen der Reformation

Bereits vor den Ereignissen in der ersten Hälfte des 16. Jahrhunderts, die in der heutigen Geschichtsschreibung allgemein als die „Reformation" bezeichnet werden, gab es innerhalb der abendländischen Kirche Reformbewegungen, die sich für eine Erneuerung der Kirche nach dem Vorbild des Evangeliums einsetzten. Diese Bewegungen führten teils zu einer Reform innerhalb der Kirche (z. B. Franz von Assisi und die Bettelorden), teils führten sie zum Bruch mit der Kirche (z. B. Jan Hus und die Hussiten). Von den Letzteren haben nur die *Waldenser* bis heute überlebt, die nach dem Kaufmann Valdès aus Lyon benannt sind, der sich um 1170/75 zu einem Leben in freiwilliger Armut entschied, verbunden mit Wanderpredigten zur Evangelisation des Volkes. Er fand rasch zahlreiche Anhänger, vor allem in Südfrankreich und Italien. Da die Waldenser den römischen Auflagen für ihre Predigttätigkeit nicht Folge leisteten, wurden sie 1184 von einer Synode in Verona unter Vorsitz von Papst Lucius III. exkommuniziert. Dennoch breitete sich die Bewegung in den folgenden Jahrzehnten über ganz Westeuropa aus, bevor sie im 14. Jahrhundert durch blutige Verfolgungen stark dezimiert wurde. 1532 fasste eine Synode der Waldenser den Beschluss, sich der Reformation anzuschließen. In der Folgezeit gewann der Genfer Calvinismus prägenden Einfluss auf die Waldenser, die heute eine kleine Kirche reformierter Prägung mit ca. 20 000 Mitgliedern in Italien und einer kleinen Diaspora in Lateinamerika sind.

Nachhaltige Auswirkungen auf die konfessionelle Situation in Deutschland hatte die zu Beginn des 16. Jahrhunderts von *Martin Luther* (1483–1546) angestoßene Wittenberger Reformbewegung. Auch Luther, der nach Studium und Priesterweihe in Erfurt ab 1512 als Professor für biblische Theologie in Wittenberg tätig war, strebte zunächst eine innerkirchliche Reform an und geriet erst später in Konflikt mit Rom, was schließlich zur Entstehung der *lutherischen Kirchen* führte. Auslöser waren zum einen sein persönliches Ringen mit der Frage, wie der Mensch vor Gott gerecht werden könne, zum anderen seine im Beichtstuhl gemachten Erfahrungen mit den Auswirkungen der Ablasspredigt, die den Menschen das Bild eines zürnenden und strafenden Gottes vermittelte. Seine aus der Heiligen Schrift, insbesondere aus den paulinischen Briefen gewonnene Erkenntnis, dass der Mensch das Heil nicht von sich aus – aufgrund seiner guten Werke – erlangen kann, sondern er allein aus Gnade (sola gratia) im Glauben (sola fide) an die Verdienste Jesu Christi (solus Christus) von Gott als gerechtfertigt anerkannt wird, steht hinter seiner Kritik an der damaligen Beicht- und Frömmigkeitspraxis.

Am 31. Oktober 1517 legte Luther seine 95 Thesen über den Ablass vor, die er jedoch wohl nicht – wie es die Legende beschreibt – an die Tür der Wittenberger Schlosskirche anschlug, sondern ganz unspektakulär seinem Ortsbischof und dem für die Ablasspredigt verantwortlichen Erzbischof Albrecht von Brandenburg zusandte. Der sich gerade entwickelnde Buchdruck trug dazu bei, dass Luthers Thesen sich dennoch rasch in ganz Deutschland verbreiteten, sodass es bald zu mehreren Disputationen (theologischen Streitgesprächen) über seine Thesen kam. Dabei lenkten Luthers Gegner das Gespräch auf die Autorität der Päpste und Konzile und veranlassten ihn dabei zu einigen kritischen Aussagen, die zur Bannandrohungsbulle von 1520 und – nach deren Verbrennung durch Luther – schließlich zur Exkommunikation und Reichsacht im Jahr 1521 führten. Die von seinem Landesfürsten zu seinem Schutz veranlasste „Entführung" Luthers auf die Wartburg, wo er inkognito lebte und in dieser Zeit das Neue Testament ins Deutsche übersetzte, entzog den weiteren Gang der Ereignisse dem Einfluss Luthers. Die Bauernkriege machten aus der innerkirchlichen Reformbewegung eine gesellschaftspolitische Protestbewegung, die nicht mehr allein durch theologische Verständigungsbemühungen, wie z. B. das von *Philipp Melanchthon* (1497–1590) auf dem Reichstag zu Augsburg (1530) vorgelegte „Augsburger Bekenntnis" (Confessio Augustana), befriedet werden konnte. So kam es schließlich mit dem Augsburger Religionsfrieden 1555 zur konfessionellen Teilung Deutschlands, durch die der jeweilige Landesfürst das Recht erhielt, das religiöse Bekenntnis seiner Untertanen zu bestimmen („cuius regio, eius religio"). Zum Teil erinnern die Namen der evangelischen Landeskirchen in Deutschland bis heute an die Fürstentümer, aus denen sie hervorgegangen sind (z. B. Hessen-Nassau oder Schaumburg-Lippe).

Zu den grundlegenden Bekenntnisschriften der Lutheraner gehören der „Kleine Katechismus" Luthers sowie Melanchthons „Augsburger Bekenntnis". Die identitätsstiftende Bedeutung der Bekenntnisschriften zeigt sich außerhalb Deutschlands oft in der Selbstbezeichnung der Kirchen. So gehören Lutheraner in Österreich der „Evangelischen Kirche A. B." (= Augsburgischen Bekenntnisses) an. Die lutherischen Kirchen weltweit haben sich 1947 zum „Lutherischen Weltbund" zusammengeschlossen. Ihm gehören heute 140 Mitgliedskirchen mit ca. 68 Millionen Gläubigen an. Von den gut 25 Millionen evangelischen Christen in Deutschland stammt der weitaus größte Teil aus der lutherischen Tradition.

Ein kleinerer Teil zählt jedoch zu den **Reformierten**, die auf die von *Huldreych Zwingli* (1484–1531) und *Johannes Calvin* (1509–1564) angeführte Reformbewegung in der Schweiz zurückgehen. Zwingli, der 1525 mit Hilfe des Stadtrates die Reformation in Zürich einführte, lehnte die traditionellen Frömmigkeitsformen noch radikaler als Luther ab: Er verbannte alles Sinnliche (Bilder,

Musik, Gesang) aus dem Gottesdienst, weil nur der Geist sich zu Gott erheben könne. Der Spiritualismus Zwinglis hatte auch Auswirkungen auf das Abendmahlsverständnis der Schweizer Reformatoren, die es als ein Erinnerungsmahl betrachteten und Brot und Wein rein symbolisch deuteten. Das unterschiedliche Abendmahlsverständnis verhinderte beim Marburger Religionsgespräch 1529 eine Einigung zwischen Zwingli und Luther, der seinerseits an der leiblichen Gegenwart Jesu Christi in den Gestalten von Brot und Wein festhielt.

Der ab 1536 in Genf tätige Johannes Calvin lenkte die schweizerische Reformation in geordnete Bahnen, indem er durch die Betonung einer strengen Kirchenzucht ein Gegengewicht zum zwinglianischen Spiritualismus schuf. Die von Calvin verfasste Gemeindeordnung sowie das von ihm mehrfach überarbeitete theologische Handbuch „Institutio Christianae Religionis" sind von bleibender Bedeutung für die „nach Gottes Wort reformierte" Kirche. Die Bezeichnung als „reformierte Kirche" wurde zum verbindenden Merkmal zwischen den Anhängern Calvins und Zwinglis, nachdem sich 1549 Calvin in der sogenannten „Züricher Eintrachtsformel" (Consensus Tigurinus) mit *Heinrich Bullinger* (1504–1575), dem Nachfolger Zwinglis in Zürich, über die Abendmahlslehre verständigt hatte.

Neben der Schweiz fasste das reformierte Bekenntnis in den folgenden Jahrzehnten vor allem in Süddeutschland, Frankreich, den Niederlanden und Schottland Fuß. Anders als in den lutherischen Kirchen, in denen die Katechismen Luthers und die „Confessio Augustana" ein alle Lutheraner weltweit verbindendes Bekenntnis darstellen, gibt es in den reformierten Kirchen eine Vielzahl von Bekenntnissen, die in der Regel nur Bedeutung auf nationaler Ebene haben: Neben dem von Calvin verfassten Genfer Katechismus (1541) entstand in Frankreich beispielsweise die „Confessio gallicana" (1559), während in Deutschland der „Heidelberger Katechismus" (1563) zur maßgeblichen Bekenntnisschrift der Reformierten wurde. In Deutschland gibt es ca. 2 Millionen Reformierte, die in zwei reformierten Landeskirchen sowie in reformierten Gemeinden innerhalb „unierter Landeskirchen" (mehr dazu weiter unten) leben. Dem Reformierten Weltbund gehören mehr als 200 Mitgliedskirchen mit insgesamt ca. 75 Millionen Gläubigen an.

Die nach dem Konzil von Trient (1545–63) einsetzende inner-katholische Reform – in der Geschichtsschreibung lange Zeit als „Gegenreformation" bezeichnet – führte zu einer immer stärkeren Konfessionalisierung und damit zu einer „katholischen" und „evangelischen" Glaubensidentität, die ihr Selbstverständnis viel-fach aus der Ablehnung bestimmter Glaubenslehren „der anderen" schöpfte. In Verbindung mit der territorialen Bindung des Bekenntnisstandes, durch die der Landesherr zugleich zum Schutzherrn der Kirche wurde, führte dies zu Beginn des 17. Jahrhunderts im 30-jährigen Krieg nochmals zu blutigen Auseinandersetzungen, die erst mit dem Westfälischen Frieden 1648 beendet werden konnten.

Innerhalb des deutschen Protestantismus entwickelten sich im Zuge der Konfessionalisierung unterschiedliche Strömungen, zu deren wichtigsten die „lutherische Orthodoxie" auf der einen Seite gehört, der es um eine streng an den Schriften Luthers orientierte Normierung der Lehre, Katechese und Verkündigung in den lutherischen Kirchen ging, und der „Pietismus" auf der anderen Seite, eine weit verzweigte Frömmigkeitsbewegung, der es weniger um die rechte Lehre als vielmehr um das geistliche Leben ging, das von den Pietisten in der Bibellektüre und durch das Glaubensgespräch in Kleingruppen gepflegt wurde. In der zweiten Hälfte des 17. und im 18. Jahrhundert gewann der von Johann Arndt und Philipp Jakob Spener geprägte Pietismus unter den evangelischen Christen in Deutschland zunehmend an Einfluss.

Die Epoche der Aufklärung führte zu einem erneuten Wandel des Erscheinungsbildes des deutschen Protestantismus. Vor allem durch die Schriften Friedrich Daniel Ernst Schleiermachers (1768–1834), dem Begründer des sogenannten „Kulturprotestantismus", fand das Erbe der Aufklärung Eingang in die evangelischen Kirchen Deutschlands. Schleiermacher gilt auch als

„geistiger Vater" der Kirchenunionen, bei denen Lutheraner und Reformierte in Deutschland im 19. Jahrhundert gemeinsame Kirchenstrukturen schufen. Wegweisende Funktion hatte dabei die „altpreußische Union", die im Jahr 1817 aus Anlass des 300-jährigen Reformationsjubiläums auf Betreiben des preußischen Königs Friedrich Wilhelm III. zustande kam. Die durch die Union geschaffenen *unierten Landeskirchen* besaßen eine gemeinsame Kirchenverwaltung für Lutheraner und Reformierte, während die Gemeinden weiterhin unterschiedlichen Bekenntnissen folgen durften.

Erst 1918 endete in Deutschland das sogenannte „landesherrliche Kirchenregiment", bei dem die Leitung der Kirche in der Verantwortung des Landesherrn lag. Seither werden die evangelischen Landeskirchen von einem von der Synode gewählten Landesbischof bzw. Präses geleitet. Während der nationalsozialistischen Herrschaft in Deutschland standen die dem Regime treuen „Deutschen Christen" der „Bekennenden Kirche" gegenüber, von der die nationalsozialistische Ideologie abgelehnt wurde. Seit 1948 gibt es einen Zusammenschluss aller evangelischen Landeskirchen in Deutschland: die *Evangelische Kirche in Deutschland (EKD)*. Sie wurde als „Bund" lutherischer, reformierter und unierter Landeskirchen gegründet, der anfangs bewusst nicht den Anspruch erhob, selbst Kirche zu sein. Seit dem Abschluss der „Leuenberger Konkordie" (1973), mit der die lutherischen und reformierten Kirchen in Europa die Differenzen der Reformationszeit überwinden und einander Kanzel- und Abendmahlsgemeinschaft gewähren konnten, wachsen auch die evangelischen Kirchen in Deutschland immer enger zusammen. Heute versteht sich die EKD selbst als Kirche und die Bemühungen um ein einheitliches Auftreten des deutschen Protestantismus nach innen und außen prägen die Debatten um das Selbstverständnis der deutschen evangelischen Kirchen. Die in der „Vereinigten Evangelisch-Lutherischen Kirche Deutschlands" (VELKD) zusammengeschlossenen lutherischen Landeskirchen versuchen dabei, ihr lutherisches Profil zu bewahren, während die in der „Union Evangelischer Kirchen" (UEK) vertretenen, meist „unierten" Landeskirchen die weitere Integration befürworten und in diesem Zusammenhang auch den Zusammenschluss bislang getrennter Landeskirchen – so z. B. im Jahr 2009 in der „Evangelischen Kirche in Mitteldeutschland" – fördern. In diesem Zusammenhang wird auch der Begriff Protestantismus, der auf die „Protestation" der evangelischen Stände beim Reichstag zu Speyer 1529 zurückgeht, im evangelischen Bereich heute nicht mehr unbedingt negativ empfunden, sondern positiv gefüllt (abgeleitet vom lateinischen „pro-testari") im Sinne des Zeugnisgebens für das Evangelium.

Die Anglikanische Kirchengemeinschaft

Die Kirche von England – die Mutterkirche der Anglikanischen Kirchengemeinschaft – versteht sich als eine Kirche, die einerseits in Kontinuität zur vorreformatorischen Kirche in England, andererseits aber auch in Verbindung mit der kontinentalen Reformation steht. Der englische König Heinrich VIII. (1509–47) sagte sich 1534 von Rom los, weil der Papst sich weigerte, seine Ehe mit Katharina von Aragon für nichtig zu erklären. Heinrich VIII. ließ sich zum „einzigen und obersten Haupt auf Erden der Kirche von England" erklären und förderte die Verbreitung der englischsprachigen Bibel sowie die Entwicklung einer eigenständigen, englischsprachigen Liturgie. 1549 wurde der römische Ritus in England abgeschafft und stattdessen das „Book of Common Prayer" eingeführt, das im Wesentlichen vom damaligen Erzbischof von Canterbury Thomas Cranmer (1489–1556) erarbeitet worden war. Unter Heinrichs Nachfolger Edward VI. (1547–53) wurde England zu einem Refugium für verfolgte Protestanten vom Festland. Damit drang auch stärker reformatorisches Gedankengut in die Kirche von England ein, das sich in den „39 Religionsartikeln" niederschlug, die 1571 vom Parlament verabschiedet wurden. Die „39 Artikel" und das „Book of Common Prayer" sind bis heute von grundlegender Bedeutung für die Identität des Anglikanismus. Während die „39 Artikel" sich sowohl an Luther und das Augsburger Bekenntnis anlehnen als auch calvinistisches Gedankengut aufgreifen, zeugt das „Book of Common Prayer" von dem Bemühen, wenigstens teilweise „katholische" Traditionen wie z. B. die Dreigliedrigkeit des kirchlichen Amtes (Bischof, Priester, Diakon) beizubehalten.

Diese Verbindung reformatorischer Glaubensinhalte und katholischer Formen führte dazu, dass es innerhalb der Kirche von England schon immer unterschiedliche Strömungen gab: Auf der einen Seite stehen die sich stärker an katholischen Traditionen orientierenden Anglikaner, die man früher zur „High Church" zählte und die sich selbst heute als „Anglo-Catholics" bezeichnen. Auf der anderen Seite stehen jene Anglikaner, die das reformatorische Erbe mit einem pietistischen Interesse an persönlicher Bekehrung und Heiligung verbinden und die man früher zur „Low Church" zählte, die sich selbst heute als „Evangelicals" bezeichnen. Trotz teilweise einander widersprechender Glaubensaussagen fühlen sich die Anhänger beider Richtungen, deren Grenzen oft fließend sind, alle als Anglikaner, sodass der Anglikanismus in sich so etwas wie eine innerkirchliche Ökumene herausgebildet hat. Dies ist einer der Gründe, warum sich die anglikanischen Kirchen auch von Anfang an stark für die ökumenische Bewegung engagiert haben.

Heute umfasst die Anglikanische Kirchengemeinschaft weltweit 28 Kirchenprovinzen, die alle aus der Kirche von England hervorgegangen sind und daher zumeist auf dem Gebiet des ehemaligen britischen Empire und seiner Kolonien liegen. Alle anglikanischen Kirchenprovinzen sind selbstständig, stehen jedoch in Gemeinschaft mit dem Erzbischof von Canterbury, der als Primas das symbolische Zentrum der anglikanischen Gemeinschaft bildet. Der gemeinsamen Beratung dienen die ca. alle 10 Jahre stattfindenden „Lambeth-Konferenzen", zu denen sich die Bischöfe der anglikanischen Kirchen im Lambeth-Palast, dem Amtssitz des Erzbischofs von Canterbury, versammeln. Die Beschlüsse dieser Konferenz haben für die einzelnen Kirchen jedoch nur empfehlenden Charakter. Im letzten Jahrzehnt haben sich die Einführung der Frauenordination und die Frage des Umgangs mit gleichgeschlechtlichen Partnerschaften zu einer Belastungsprobe für die Anglikanische Kirchengemeinschaft entwickelt, die zeitweise zu zerbrechen drohte.

Heute gehören der Anglikanischen Kirchengemeinschaft weltweit mehr als 70 Millionen Menschen in gut 450 Diözesen an. In Deutschland gibt es anglikanische Gemeinden meist nur an britischen Truppenstandorten.

Die evangelischen Freikirchen

Zu den „kleineren Kirchen" werden in Deutschland auch die evangelischen Freikirchen gezählt, obwohl einige von ihnen im weltweiten Maßstab genauso viele Mitglieder zählen wie Lutheraner und Reformierte. Als „Freikirchen" bezeichnet man diese Gemeinschaften, weil die Mitgliedschaft in ihnen auf dem Prinzip der Freiwilligkeit beruht, d. h. auf einer persönlichen und bewussten Entscheidung der Gläubigen für diese Gemeinschaft. Einige Freikirchen lehnen aus diesem Grund die Säuglingstaufe ab und taufen nur ältere Jugendliche bzw. Erwachsene, die zu einer bewussten Glaubensentscheidung fähig sind. Die Freikirche steht damit im Gegenüber zur „Volkskirche". Darüber hinaus sind einige Freikirchen auch im Gegenüber zur „Staatskirche" entstanden, weil beispielsweise neue geistliche Strömungen in den „etablierten Gemeinden" nicht akzeptiert wurden, sodass neue, unabhängige Gemeinden neben der staatskirchlich verfassten Kirche entstanden. Ein Merkmal, das alle Freikirchen verbindet, ist die große Autonomie der einzelnen Gemeinden (Kongregationalismus, von latein. „congregatio" – Gemeinde). Um die Vorstellung einer der Ortsgemeinde übergeordneten Instanz zu vermeiden, lehnen manche Freikirchen die Bezeichnung „Kirche" für sich selbst ab und bezeichnen sich stattdessen als „Gemeindebund". Die kongregationalistische Kirchenstruktur begünstigt zugleich das Entstehen neuer Gemeinden und Gemeindebünde, die sich aus alten Strukturen lösen, sobald sie mit bestimmten Entwicklungen – sei es in der Glaubenslehre, sei es in ethischen Fragen – nicht einverstanden sind.

Historisch sind die meisten Freikirchen entweder aus dem Täufertum oder aus der protestantischen Erweckungs- und Heiligungsbewegung hervorgegangen. Zu den täuferischen Gemeinschaften zählen die Mennoniten und die Baptisten. Die geschichtlichen Wurzeln der *Mennoniten* reichen zurück bis in die Täuferbewegung der Reformationszeit. Ihr Name leitet sich von dem friesischen Täufer Menno Simons (1496–1561) ab, der sich in seiner Zeit um die Einheit der in verschiedene Strömungen zersplitterten Täuferbewegung bemühte. Aufgrund staatlicher Verfolgung mussten viele Anhänger dieser Bewegung nach Russland sowie nach Nord- und Südamerika fliehen, woraus die weltweite mennonitische Gemeinschaft entstand, die heute ca. 1,1 Millionen Mitglieder (= getaufte Erwachsene) zählt. Die Mennoniten zählen zu den sogenannten „Friedenskirchen", weil ihre Mitglieder konsequent jede Art von Militärdienst ablehnen – übrigens einer der Gründe, warum sie oft von Staats wegen verfolgt wurden. In Deutschland gibt es rund 20 000 Mennoniten, die sich in vier verschiedenen Gemeindebünden organisiert haben, von denen die „Arbeitsgemeinschaft Mennonitischer Gemeinden in Deutschland" (AMG) der einzige ist, der in ökumenischen Strukturen mitarbeitet.

Zahlenmäßig stärker ist heute die Gemeinschaft der *Baptisten*, die nicht auf die Täuferbewegung der Reformationszeit zurückgeht, sondern im 17. Jahrhundert in England und Nordamerika in Abgrenzung von der anglikanischen Kirche entstand. Erst im 19. Jahrhundert kam es zur Gründung baptistischer Gemeinden auf dem europäischen Kontinent. In Deutschland war es vor allem der Hamburger Kaufmann Johann Gerhard Oncken (1800–1884), der die Gründung baptistischer Gemeinden vorantrieb. Der 1905 gegründete Baptistische Weltbund zählt heute weltweit ca. 37 Millionen Mitglieder, zu denen aber etwa ebenso viele (noch) nichtgetaufte „Sympathisanten" des Baptismus hinzuzuzählen sind. In Deutschland haben die 836 im „Bund Evangelisch-Freikirchlicher Gemeinden" (BEFG) zusammengeschlossenen Gemeinden ca. 85 000 Mitglieder. In den 1990er-Jahren sind viele Baptisten aus der ehemaligen Sowjetunion nach Deutschland gezogen, von denen sich jedoch nur ein Teil den Gemeinden des BEFG angeschlossen hat. Daneben gibt es eine ganze Reihe von Gemeinden der „Evangeliumschristen-Baptisten", die ihre russlanddeutsche Prägung zu bewahren versuchen und denen der deutsche Baptismus als zu liberal gilt.

Die *Methodisten* gehen zurück auf eine zu Beginn des 18. Jahrhunderts von den Brüdern John und Charles Wesley begründete Erweckungsbewegung innerhalb der Kirche von England, die durch die Lektüre der Heiligen Schrift und Frömmigkeitsübungen die Gläubigen zu einer persönlichen Glaubenserfahrung führen wollte. Das dabei zugrunde gelegte „methodische" Vorgehen brachte den Anhängern dieser Bewegung schon bald den Spottnamen „Methodisten" ein. Methodistische Gemeinden entstanden zunächst in England und Nordamerika, erst im 19. Jahrhundert kam der Methodismus durch Rückwanderer aus Amerika auch nach Deutschland. Heute gehören der Evangelisch-methodistischen Kirche (EmK) in Deutschland, die als einzige Freikirche von einem Bischof bzw. von einer Bischöfin geleitet wird, ca. 61 000 Gläubige an. Weltweit gibt es ca. 70 Millionen Methodisten, die sich im „Weltrat Methodistischer Kirchen" zusammengeschlossen haben.

Auf die Erweckungsbewegung in Frankreich und der Schweiz gehen die *Freien evangelischen Gemeinden* zurück, deren erste 1854 in Wuppertal von Hermann Heinrich Grafe gegründet wurde. Schon 1874 schlossen sie sich zum „Bund Freier evangelischer Gemeinden" (FeG) zusammen, dem heute etwa 400 Gemeinden mit ca. 33 000 Mitgliedern angehören. Die Gemeinden des FeG stehen in der reformatorischen Tradition; ihr Glaube orientiert sich weitgehend an den Lehren Calvins, wobei er sich in der Praxis oft mit pietistischen Elementen verbindet.

Die historischen Wurzeln der *Pfingstgemeinden* liegen in der Heiligungsbewegung des 19. Jahrhunderts und der daraus entstandenen Pfingstbewegung zu Beginn des 20. Jahrhunderts. Kennzeichen dieser Bewegung ist ein charismatisch-enthusiastischer Glaube, der die Glossolalie (Zungenrede) als ein Zeichen des Erfülltseins mit dem Heiligen Geist ("Geisttaufe") versteht. Der "Bund Freikirchlicher Pfingstgemeinden" (BFP) in Deutschland umfasst heute gut 600 Gemeinden mit ca. 40 000 Mitgliedern, darunter auch einige fremdsprachige Gemeinden von Koreanern, Tamilen, Afrikanern und anderen.

Alle bislang genannten Freikirchen sind Mitglied der *"Vereinigung Evangelischer Freikirchen"* (VEF), zu der auch noch einige kleinere Gemeinschaften wie die Heilsarmee oder die "Kirche des Nazareners" zählen. Darüber hinaus gehören der VEF einige Gastmitglieder an, darunter die "Gemeinschaft der *Siebenten-Tags-Adventisten*", die mit ca. 36 000 Mitgliedern zu den größeren freikirchlichen Gemeinschaften in Deutschland zählt, und die "Evangelische Brüder-Unität", die vor allem unter dem Namen *"Herrnhuter Brüdergemeine"* bekannt ist und durch die Verbreitung der "Losungen" (biblische Worte für jeden Tag) weltweite Bekanntheit erlangt hat. Die meisten Freikirchen zeichnen sich heute durch ökumenische Offenheit aus, führen auf Weltebene Gespräche mit Vertretern anderer Kirchen und sind in Deutschland Mitglied der "Arbeitsgemeinschaft Christlicher Kirchen" (ACK).

Die altkonfessionellen Kirchen

Während die Freikirchen ihre Entstehung in der Regel der Tatsache verdanken, dass die von ihnen geforderten Reformen von der Volkskirche nicht akzeptiert wurden, entstanden die altkonfessionellen Kirchen unter umgekehrten Vorzeichen: Sie lehnten bestimmte Entwicklungen in der Mehrheitskirche, von der sie sich abgespalten haben, als "Neuerungen" ab, weil sie ihrer Auffassung nach ein unzulässiges Abweichen vom „alten" Bekenntnis darstellen. In Deutschland bildeten sich Kirchen dieses Typs vor allem im 19. Jahrhundert.

Die *Altlutheraner* entstanden zu Beginn des 19. Jahrhunderts, weil sie die von staatlicher Seite betriebenen Kirchenunionen zwischen Lutheranern und Reformierten ablehnten und die in diesem Zusammenhang aufkommende Idee eines „Kulturprotestantismus" als ein unzulässiges Abweichen von der Bekenntnisgrundlage ansahen. Die Altlutheraner hielten demgegenüber am lutherischen Bekenntnis fest, wie es im Konkordienbuch von 1580 zusammengestellt ist. Im 19. Jahrhundert waren die altlutherischen Gemeinden zunächst noch in zahlreiche Sprengel zersplittert; erst im 20. Jahrhundert setzten Bemühungen zur Vereinigung der deutschen Altlutheraner ein. Heute sind die altlutherischen Gemeinden in Deutschland in der „Selbstständigen Evangelisch-Lutherischen Kirche" (SELK) zusammengeschlossen, die von einem Bischof geleitet wird und ca. 37 000 Gläubige in rund 200 Gemeinden zählt.

Etwa in der Mitte des 19. Jahrhunderts entstanden die ersten Gemeinden der *Altreformierten*, die sich von der reformierten Kirche trennten, weil dort ihrer Auffassung nach das reformierte Bekenntnis durch die Übernahme von Ideen der Aufklärung und den Einfluss des Rationalismus und Liberalismus allmählich verfälscht wurde. Besonders intensiv waren die Auseinandersetzungen hierüber bei den Reformierten in den Niederlanden. Aus diesem Grund befinden sich die meisten deutschen altreformierten Gemeinden im nordwestdeutschen Raum. Heute umfasst die „Evangelisch-altreformierte Kirche in Niedersachen" ca. 7000 Gläubige in 14 Kirchengemeinden.

Gegen Ende des 19. Jahrhunderts entstand die *Alt-katholische Kirche*, die sich von der katholischen Kirche trennte, weil sie die vom Ersten Vatikanischen Konzil (1870/71) dogmatisierte Unfehlbarkeit des Papstes sowie den päpstlichen Jurisdiktions-

primat ablehnte. Ab 1873 kam es zum Aufbau eigener Kirchenstrukturen in Deutschland, 1875 folgte die Gründung der „Christ-
katholischen Kirche" in der Schweiz. Die vor allem in Deutschland,
der Schweiz und den Niederlanden beheimateten Alt-Katholiken schlossen sich 1889 in der „Utrechter Union" zu einer Kirchengemeinschaft zusammen und gründeten eine Internationale
Alt-katholische Bischofskonferenz. Weltweit gibt es heute
ca. 250 000 Alt-Katholiken; dem „Katholischen Bistum der Alt-
Katholiken in Deutschland" gehören ca. 26 000 Gläubige an. Alle
drei altkonfessionellen Kirchen sind heute Mitglied der Arbeitsgemeinschaft Christlicher Kirchen und zeigen sich aufgeschlossen für das ökumenische Gespräch.

Pfingstlerisch-charismatische Gemeinschaften

Zu den gegenwärtig am schnellsten wachsenden christlichen Gemeinschaften zählen die pfingstlerisch-charismatischen
Gemeinschaften. Zum gesamten Spektrum dieser Gemeinschaften zählen heute weltweit ca. 500 Millionen Gläubige und Sympathisanten. Sie stellen damit nach der katholischen Kirche die
zweitgrößte Gruppierung innerhalb der weltweiten Christenheit
dar, lassen sich aber nur schwer in eine bestimmte konfessions-
kundliche Kategorie einordnen. So gibt es neben den aus der
Pfingstbewegung zu Beginn des 20. Jahrhunderts hervorgegangenen „klassischen Pfingstkirchen", die heute zu den evangelischen Freikirchen gezählt werden, auch die „charismatische
Erneuerung" in den großen Volkskirchen und schließlich ein
weites Spektrum konfessionsunabhängiger Gemeinden, die sich
selbst häufig als „überkonfessionell" verstehen.

Verbindendes Element dieser pfingstlerisch-charismatischen Gemeinschaften ist eine enthusiastische Frömmigkeit, die
empfänglich ist für Visionen, Heilungen und Prophetie. Die Aufnahme in eine pfingstlerische Gemeinschaft ist in der Regel verbunden mit einer pfingstlichen Initiationserfahrung („Geisttaufe"), bei der die Gläubigen mit dem Heiligen Geist erfüllt

werden. Kennzeichnend für die Gottesdienste der pfingstlerischen Gemeinschaften ist die Zungenrede („Glossolalie"), bei der der Sprechende oder Singende als Werkzeug des Heiligen Geistes angesehen wird. Die Praxis der pfingstlerischen Gemeinschaften entspricht vielfach den Bedürfnissen der modernen Erlebnisgesellschaft, sodass das pfingstlerisch-charismatische Christentum in gewisser Weise als eine „Trendreligion" bezeichnet werden kann. Inwieweit diese Bewegung jedoch zu einem dauerhaften religiösen Aufbruch führen wird, ist momentan noch kaum absehbar.

Weiterführende Literatur

Reinhard Frieling / Erich Geldbach / Reinhard Thöle, Konfessionskunde, Stuttgart 1999 *[aus ev. Sicht]*.

Vereinigung Evangelischer Freikirchen (Hg.), Freikirchenhandbuch, Wuppertal 2004.

Johann-Adam-Möhler-Institut (Hg.), Kleine Konfessionskunde, 4. Auflage, Paderborn 2005 *[aus kath. Sicht]*.

Wolfgang Thönissen (Hg.), Lexikon der Ökumene und Konfessionskunde, Freiburg i. Br. 2007.

Johannes Oeldemann, Die Kirchen des christlichen Ostens. Orthodoxe, orientalische und mit Rom unierte Ostkirchen, Regensburg [2]2008.

Informationen im Internet

Einen Überblick über alle weltweiten Konfessionsfamilien bietet die Website des Ökumenischen Rates der Kirchen:
www.oikoumene.org / de / mitgliedskirchen / kirchenfamilien.html

Informationen über die Kirchen in Deutschland finden sich auf folgenden Websites:

katholisch: www.dbk.de; www.katholisch.de

evangelisch: www.ekd.de; www.velkd.de

orthodox: www.kokid.de; www.orthodoxie.net

freikirchlich: www.vef.info

4. Wachsende Einheit –

Geschichte der ökumenischen Bewegung

Die Bemühungen um die Wiederherstellung der kirchlichen Einheit sind beinahe so alt wie die Spaltungen in der Kirche. Jeder Bruch der kirchlichen Gemeinschaft zog schon bald das Bestreben nach sich, die zerbrochene Einheit wiederherzustellen. So gab es nach dem Zerbrechen der Gemeinschaft zwischen den Kirchen in Ost und West sogenannte „Unionskonzile" (Lyon 1274, Ferrara-Florenz 1438/39), denen es jedoch nicht gelang eine dauerhafte Kirchenunion zu etablieren. Auch nach der Reformation im Abendland gab es schon sehr bald „Religionsgespräche" (zwischen 1530 und 1555 in Augsburg, Worms und Regensburg), die jedoch ebenfalls zu keiner Einigung zwischen Reformatoren und „Altgläubigen" (= Katholiken) führten. Innerhalb des Protestantismus entstanden ab der Mitte des 19. Jahrhunderts mehrere Bewegungen, die sich bewusst für das Streben nach geistlicher Gemeinschaft über die bestehenden Konfessionsgrenzen hinweg einsetzten: der Christliche Verein Junger Männer (CVJM, gegr. 1844), die Evangelische Allianz (gegr. 1846) sowie der Christliche Studentenweltbund (gegr. 1895). Aus diesen Kreisen stammen eine ganze Reihe führender Persönlichkeiten der ökumenischen Bewegung, deren Entwicklung im Folgenden vorgestellt werden soll.

Ursprünge – Initiativen und Bewegungen vor 1945

Zu Beginn des 20. Jahrhunderts erhielten die Bemühungen um die Wiederherstellung der kirchlichen Einheit eine neue Dynamik, die dazu geführt hat, dass man im 20. Jahrhundert explizit von einer „ökumenischen Bewegung" spricht, obwohl es entsprechende Bemühungen auch schon in früheren Jahrhunderten gab. Dabei gab es vor allem drei wichtige Faktoren, die das Entstehen der ökumenischen Bewegung beförderten:

(1) Im Bereich der orthodoxen Kirchen führte das allmähliche Zerbrechen des Osmanischen Reiches dazu, dass das Ökumenische Patriarchat von Konstantinopel sich verstärkt um zwischenkirchliche Kontakte bemühte, die zunächst auf die Wiederherstellung der innerorthodoxen Einheit zielten, bald aber auch darüber hinaus griffen. Wichtige Impulse gaben hier die Enzykliken des Ökumenischen Patriarchats von 1902 an alle orthodoxen Kirchen und von 1920 an alle christlichen Kirchen weltweit. Im letzteren Schreiben schlägt das Ökumenische Patriarchat die Gründung eines „Bundes der christlichen Kirchen" nach dem Vorbild des Völkerbundes vor, um die Annäherung zwischen den Kirchen zu fördern.

(2) Innerhalb der westlichen Christenheit war es vor allem der Missionsgedanke, der zu einer entscheidenden Triebfeder der ökumenischen Bewegung wurde. Die Konkurrenz westlicher Missionsgesellschaften stellte die Glaubwürdigkeit des christlichen Zeugnisses in den Missionsgebieten in Frage, weshalb sich vor allem anglikanische und protestantische Missionare zunehmend um eine Koordination ihrer Tätigkeit und eine Annäherung im Glaubensverständnis bemühten. Eine wichtige Wegmarke war hierbei die Weltmissionskonferenz in Edinburgh 1910, die als Geburtsstunde der ökumenischen Bewegung im Westen gilt.

(3) Schließlich waren es die schrecklichen Erfahrungen des Ersten Weltkrieges und die vergeblichen Friedensaufrufe der Kirchen an die Krieg führenden Länder, die bei den Kirchenführern das Bewusstsein für die Notwendigkeit eines gemeinsamen Auftretens der Christen über Konfessions- und Ländergrenzen hinweg schufen.

In den beiden ersten Jahrzehnten des 20. Jahrhunderts waren es vor allem einzelne Persönlichkeiten, die für die ökumenische Zusammenarbeit zwischen den Kirchen eintraten und dieses Streben in ihren jeweiligen Kirchen zu verankern versuchten: der Methodist John R. Mott (1865–1955) und der Anglikaner

Joseph H. Oldham (1874–1969), die maßgeblich die Weltmissionskonferenz in Edinburgh 1910 prägten; der orthodoxe Erzbischof Germanos (Strenopoulos) von Thyateira (1872–1951), auf dessen Initiative die oben erwähnte Enzyklika des Ökumenischen Patriarchats von 1920 zurückgeht; schließlich der lutherische Erzbischof von Uppsala (Schweden), Nathan Söderblom (1866–1931), der wie Mott über seine Mitarbeit im CVJM erste ökumenische Kontakte geknüpft hatte und 1919 dem angesichts der Katastrophe des Ersten Weltkriegs gegründeten „Weltbund für Freundschaftsarbeit der Kirchen" ein Memorandum vorlegte, in dem er die Gründung eines „Ökumenischen Rates" der Kirchen anregte. Es ist bemerkenswert, dass von orthodoxer und lutherischer Seite beinahe zeitgleich vorgeschlagen wurde, einen Ökumenischen Rat der Kirchen einzurichten. Bis zu dessen Etablierung sollten jedoch noch fast drei Jahrzehnte vergehen.

In der Zwischenzeit gewann die ökumenische Bewegung in unterschiedlichen Gremien und Initiativen an Profil. Die Weltmissionskonferenz in Edinburgh hatte einen Fortsetzungsausschuss eingesetzt, der sich zunächst darum bemühte, nationale Missionskonferenzen einzuberufen und, nach kriegsbedingter Unterbrechung, 1921 mit dem „Internationalen Missionsrat" ein gemeinsames Organ für diejenigen schuf, die sich vor allem um der gemeinsamen Mission und Evangelisierung willen für die Ökumene engagierten. Ein zweiter „Strom" der ökumenischen Bewegung entstand mit der „Bewegung für Praktisches Christentum" (engl. „Life and Work"), deren Promotor vor allem Erzbischof Nathan Söderblom war. Diese Bewegung hatte sich zum Ziel gesetzt, gemeinsam an Projekten zu arbeiten, bei denen es keine dogmatischen Gründe gegen die Zusammenarbeit der Kirchen gab. Im August 1925 kam es zu einer Ersten Weltkonferenz für Praktisches Christentum in Stockholm, bei der die 661 Teilnehmer zwar einmütig den Krieg als ein Mittel der Politik verurteilten, sich aber zugleich grundlegende Differenzen, vor allem zwischen Lutheranern und Anglikanern, im Blick auf die theologische Begründung des politischen Auftrags und des sozialen Engagements der Kirchen in dieser Welt zeigten. Dennoch

wurde auch von der Stockholmer Konferenz ein Fortsetzungsausschuss eingerichtet, der sich um die Fortführung der begon-
nenen Arbeit bemühen sollte. „Die Lehre trennt, der Dienst eint"
– lautete das Schlagwort der Bewegung für Praktisches Christentum.

Neben der Missionsbewegung und der Bewegung für Praktisches Christentum, die sich beide auf die praktische Zusammenarbeit zwischen den Kirchen konzentrierten, bildete sich
nach dem Ersten Weltkrieg noch ein dritter „Strom" der ökumenischen Bewegung heraus, in dem sich vor allem jene Kirchenvertreter engagierten, denen es wichtig erschien, neben den
praktischen Fragen auch über die Differenzen in der Lehre der
Kirchen zu sprechen. Der anglikanische Bischof Charles Brent
(1862–1929) wurde zum Motor dieser „Bewegung für Glauben
und Kirchenverfassung" (engl. „Faith and Order"), die 1927 eine
erste Weltkonferenz in Lausanne organisierte. Mit 439 Teilnehmern war diese Konferenz kleiner als die Stockholmer Tagung,
dafür war das Spektrum der Kirchen, die sich an der Tagung
beteiligten, breiter: Praktisch alle christlichen Konfessionen mit
Ausnahme der katholischen Kirche waren vertreten. Inhaltlich
befassten sich die Delegierten vor allem mit dem Verständnis
der Kirche, ihrem Wesen, ihrer Einheit, dem gemeinsamen Glaubensbekenntnis, dem Verständnis der Sakramente und des geistlichen Amtes. Die Berichte der einzelnen Sektionen, in denen
diese Themen bearbeitet wurden, bieten eine Bestandsaufnahme
der Gemeinsamkeiten und der Differenzen im Bereich der kirchlichen Lehre, wobei der Versuch erkennbar ist, den Glauben an
Jesus Christus als die Mitte des Glaubens herauszustellen und
die Lehrdifferenzen von dort her zu beleuchten. Dennoch kam
man in Lausanne kaum über eine „komparative Ekklesiologie"
(einen Vergleich der Unterschiede in der Lehre von der Kirche)
hinaus. Auch die Bewegung für Glauben und Kirchenverfassung
setzte daher einen Fortsetzungsausschuss ein, um die Arbeit
fortzuführen.

Nach diesen ersten Weltkonferenzen reifte schon in den
1930er-Jahren allmählich die Erkenntnis, dass die verschiedenen

Ströme der ökumenischen Bewegung in einem engen Zusammenhang stehen: Die Zusammenarbeit in praktischen Fragen stößt rasch an ihre Grenzen, wenn sie nicht von einem gemeinsamen Glaubenszeugnis getragen ist, und die Bemühungen um eine Verständigung in den Fragen der kirchlichen Lehre werden unglaubwürdig, wenn sie nicht zugleich zu einem gemeinsamen Engagement der christlichen Kirchen führen. Da sich ohnehin viele Kirchenführer in beiden Bewegungen engagierten, fanden die zweiten Weltkonferenzen der Bewegungen für Praktisches Christentum und für Glauben und Kirchenverfassung in zeitlicher und räumlicher Nähe Ende Juli / Anfang August 1937 in Oxford und Edinburgh statt. Die Weltkonferenz für Praktisches Christentum in Oxford beriet über das Verhältnis von Kirche, Volk und Staat, während die Weltkonferenz für Glauben und Kirchenverfassung in Edinburgh sich vor allem mit dem theologischen Verständnis der Kirche und dessen Bedeutung für die sichtbare Gestalt derselben befasste. Am Ende dieser beiden Weltkonferenzen sprachen sich die Kirchenvertreter einmütig dafür aus, beide Bewegungen zu vereinen und einen „Ökumenischen Rat der Kirchen" zu gründen. Die praktische Vorbereitung wurde einem sogenannten „Vierzehner-Ausschuss" übertragen, dem je sieben Vertreter aus beiden Bewegungen angehörten. Der Ausbruch des Zweiten Weltkrieges führte zu einer Verzögerung dieses Vorhabens, sodass die Gründung des Ökumenischen Rates erst nach dem Ende des Krieges erfolgen konnte.

Nach der Machtergreifung Hitlers 1933 wurde es für Kirchenvertreter aus Deutschland zunehmend schwierig, sich an ökumenischen Konferenzen zu beteiligen, da die Nationalsozialisten allen transnationalen Initiativen misstrauisch gegenüberstanden. So wurde die Teilnahme von offiziellen Vertretern der evangelischen Kirchen in Deutschland an den Weltkirchenkonferenzen des Jahres 1937 durch ein Ausreiseverbot verhindert. Die Unterbindung der internationalen Kontakte trug vermutlich dazu bei, dass man nun verstärkt die ökumenische Zusammenarbeit innerhalb Deutschlands suchte. Bereits 1934 kam es in Berlin-Hermsdorf zu einer bemerkenswerten Begegnung, bei der erstmals seit der Reformationszeit 24 katholische und evangelische Theologen zu einer mehrtägigen Theologischen Konferenz zusammenkamen. Die Tagung fand unter dem Protektorat des katholischen Bischofs von Berlin, Nikolaus Bares (1871–1935), in den Räumen des Priesterseminars der Diözese Berlin statt. Auf evangelischer Seite lag die Leitung in den Händen Friedrich Heilers (1892–1967), der aus der hochkirchlichen Bewegung stammte und sich für das Konzept einer „evangelischen Katholizität" einsetzte. Ranghöchster Vertreter auf katholischer Seite war der Paderborner Dompropst Paul Simon (1892–1946), der später als „rechte Hand" des Paderborner Erzbischofs Lorenz Jaeger (1892–1975) entscheidende Impulse für die ökumenische Öffnung der katholischen Kirche in Deutschland geben sollte. Unter den Teilnehmern waren auffallend viele Vertreter der liturgischen Bewegung, die sich in ihren Kirchen für eine Erneuerung der Liturgie einsetzten: Karl Bernhard Ritter (1890–1968) und Wilhelm Stählin (1883–1975) auf evangelischer Seite, Romano Guardini (1895–1968) und Pius Parsch (1894–1954) auf katholischer Seite. Inhaltlich befassten sich die Teilnehmer mit dem Verständnis von Gnade aus evangelischer und katholischer Sicht. Auch wenn dabei noch deutliche Differenzen zutage traten, war die Konferenz ein klares Signal für eine neue Form zwischenkirchlicher Beziehungen, die nicht mehr rein apologetisch, sondern dialogisch orientiert waren.

Eine Fortsetzung der Gespräche auf nationaler Ebene war nicht möglich, da schon die Hermsdorfer Konferenz vom Sicherheitsdienst der SS ausspioniert worden war. Es kam jedoch in der Folgezeit zu zahlreichen evangelisch-katholischen Gesprächskreisen auf regionaler und lokaler Ebene, die später in der sogenannten „Una-Sancta-Bewegung" ein loses Netzwerk bildeten. Als Promotor dieser Bewegung gilt der katholische Priester Max Josef Metzger (1887–1944), der sein ökumenisches Engagement 1944 mit dem Leben bezahlen musste. Neben ihm gibt es eine ganze Reihe weiterer Blutzeugen, die aufgrund ihres christlichen Engagements vom nationalsozialistischen Regime zum Tode verurteilt wurden – darunter viele bekannte Namen wie die Geschwister Scholl († 1943) und Dietrich Bonhoeffer († 1945) auf evangelischer oder Maximilian Kolbe († 1941) und Alfred Delp († 1945) auf katholischer Seite, aber auch viele Unbekannte, die in den Konzentrationslagern für ihren Glauben Zeugnis ablegten. Im Nachhinein sollte sich auch hier die bereits während der frühchristlichen Verfolgungen im 2./3. Jahrhundert geprägte Formel „Das Blut der Märtyrer ist der Same für neue Christen" bewahrheiten: Nach dem Ende des Zweiten Weltkriegs kam es zu einem bemerkenswerten Aufschwung des kirchlichen Lebens, aber auch der ökumenischen Zusammenarbeit zwischen den Kirchen, deren Wurzeln sicher auch im gemeinsamen Widerstand gegen den Nationalsozialismus liegen.

Entfaltung – Die ökumenische Bewegung nach 1945

Kurz nach dem Ende des Zweiten Weltkriegs wurden die Pläne zur Gründung eines Ökumenischen Rates der Kirchen (ÖRK) wieder aufgenommen. Zur Gründungsversammlung des ÖRK kamen im August 1948 in Amsterdam vor allem Delegierte anglikanischer und protestantischer Kirchen. Die orthodoxen Kirchen waren nur schwach vertreten, da die kommunistischen Machthaber – wohl aus Furcht, die Kontrolle über die Kirchen in ihren Ländern zu verlieren – kurz zuvor eine Kirchenkonferenz in Moskau organisiert hatten, die sich gegen eine Mitarbeit im ÖRK ausgesprochen hatte. Daher konnten sich nur die Orthodoxen außerhalb des kommunistischen Machtbereichs an der Gründung des ÖRK beteiligen. Zudem bestanden auf orthodoxer Seite anfangs Bedenken, dass der ÖRK zu einer Art „Über-Kirche" werden könne, was dem Selbstverständnis der Orthodoxen Kirche zuwider liefe. Diese Vorbehalte konnten durch eine vom Zentralausschuss des ÖRK 1950 in Toronto verabschiedete Erklärung ausgeräumt werden, in der ausdrücklich festgehalten wird, dass die Mitgliedschaft im ÖRK nicht bedeute, die eigene Auffassung von der Kirche zu relativieren oder die anderen Mitgliedskirchen als Kirchen im vollen Sinne des Wortes anzuerkennen. Die Erklärung von Toronto ist bis heute die maßgebliche

Grundlage für das Selbstverständnis des ÖRK und sein Verhältnis zu den Mitgliedskirchen.

Nachdem sich durch den Tod Stalins die politischen Verhältnisse in Osteuropa gewandelt hatten, konnte auf der dritten Vollversammlung des ÖRK in Neu-Dehli 1961 auch die Russische Orthodoxe Kirche und mit ihr die meisten orthodoxen Kirchen Osteuropas dem ÖRK beitreten. Auf Wunsch der Orthodoxen wurde die sogenannte „Basis" des ÖRK um eine trinitarische Formulierung erweitert. Seither lautet die gemeinsame Basis des ÖRK, die von allen Mitgliedskirchen anerkannt werden muss: „Der Ökumenische Rat der Kirchen ist eine Gemeinschaft von Kirchen, die den Herrn Jesus Christus gemäß der Heiligen Schrift als Gott und Heiland bekennen, und darum gemeinsam zu erfüllen trachten, wozu sie berufen sind, zur Ehre Gottes des Vaters, des Sohnes und des Heiligen Geistes."

Der Ökumenische Rat der Kirchen war zunächst als Zusammenschluss der Bewegungen für Praktisches Christentum und für Glauben und Kirchenverfassung entstanden. 1961 schloss sich auch der Internationale Missionsrat, der die Arbeit der Missionsbewegung fortgeführt hatte, dem ÖRK an und wurde als Abteilung für Weltmission und Evangelisation in die Strukturen des ÖRK integriert. Im Zusammenhang mit dem Zweiten Vatikanischen Konzil kam es in den 1960er-Jahren auch zu einer Neubestimmung des Verhältnisses zwischen dem ÖRK und der katholischen Kirche: Der ÖRK entsandte Beobachter zum Konzil und der Präsident des Päpstlichen Einheitssekretariats, Augustin Kardinal Bea (1881–1968), besuchte das Generalsekretariat des ÖRK in Genf. 1965 wurde eine „Gemeinsame Arbeitsgruppe" des ÖRK und der katholischen Kirche eingerichtet, die bis heute ein wesentliches Bindeglied zwischen Genf und dem Vatikan bildet. Dennoch ist die katholische Kirche bis heute nicht Mitglied des ÖRK, weil eine solche Mitgliedschaft auf Weltebene ihrem Selbstverständnis als Repräsentantin der Universalkirche widersprechen würde. Einer Mitgliedschaft in regionalen oder nationalen Kirchenräten steht die katholische Kirche dagegen aufgeschlossen gegenüber.

Aus katholischer Sicht spielt bei der Wiederannäherung zwischen den getrennten Kirchen die Verständigung über Fragen des Glaubens und der kirchlichen Lehre eine zentrale Rolle. In der ökumenischen Bewegung waren Gespräche über diese Fragen vor allem in der Bewegung für Glauben und Kirchenverfassung beheimatet. Nach deren Integration in den Ökumenischen Rat der Kirchen gingen die theologischen Gespräche im Rahmen der „Kommission für Glauben und Kirchenverfassung" des ÖRK weiter. Obwohl die katholische Kirche nicht Mitglied des ÖRK ist, gehören seit 1968 auch katholische Theologen zu den offiziellen Mitgliedern dieser Kommission. Zu den wichtigsten Ergebnissen der Arbeit der Kommission für Glauben und Kirchenverfassung zählen die „Konvergenzerklärungen über Taufe, Eucharistie und Amt", die von der Kommission 1982 in Lima verabschiedet wurden und die daher meist als „Lima-Dokumente" bezeichnet werden, sowie die 1990 abgeschlossene Studie „Gemeinsam den einen Glauben bekennen", mit der die Kommission eine ökumenische Auslegung des allen christlichen Kirchen gemeinsamen Glaubensbekenntnisses von Nizäa-Konstantinopel (381) vorgelegt hat. Insbesondere die „Lima-Dokumente" riefen in den 1980er-Jahren ein breites Echo hervor: Sie zählen zu den am weitesten verbreiteten und am häufigsten übersetzten Dokumenten in der Geschichte der ökumenischen Bewegung. Allein die deutsche Übersetzung wurde in mehreren Auflagen mehr als 80 000-mal publiziert, was darauf hindeutet, dass diese Texte auch von den Gläubigen in den Gemeinden intensiv diskutiert wurden. Darüber hinaus sind die Mitgliedskirchen des ÖRK in bisher einmaliger Weise der Bitte der Kommission nachgekommen, „eine offizielle Stellungnahme zu diesem Text auf der höchsten hierfür zuständigen Ebene der Autorität" abzugeben. Die mehr als 180 beim ÖRK in Genf eingegangenen offiziellen Stellungnahmen von Kirchen sind inzwischen in sechs Bänden publiziert. Damit erfuhren die „Lima-Dokumente" den bislang umfassendsten Rezeptionsprozess, den je ein ökumenisches Dokument nach sich zog.

Auch wenn die „Lima-Dokumente" einen wichtigen Schritt auf dem Weg zur Wiederentdeckung gemeinsamer Glaubensgrundlagen darstellten, war das Ziel damit noch nicht erreicht. Denn zum einen handelte es sich auch aus Sicht der Kommission dabei „nur" um „Konvergenzerklärungen", die eine Annäherung in Glaubensfragen (Konvergenz), aber noch keine vollständige Übereinstimmung (Konsens) enthielten, zum anderen verdeutlichten die Stellungnahmen der Kirchen, dass diese zwar – die einen mehr, die anderen weniger – einer Reihe von Aussagen der „Lima-Dokumente" zustimmen konnten, jedoch beinahe alle Kirchen auch noch weitergehende und zum Teil divergierende Wünsche an den Text hatten. Die „Lima-Dokumente" stellen damit eine bemerkenswerte Etappe auf dem Weg des theologischen Dialogs dar, führten jedoch noch nicht zu einer abschließenden Verständigung über die drei darin behandelten Themen: Taufe, Eucharistie und Amt. Diese wurden auch in zahlreichen bilateralen Dialogen zwischen den Kirchen besprochen und vertieft. Auf deren Ergebnisse geht Kapitel 5 näher ein.

Seit der Gründung des ÖRK ist die Zahl der Mitgliedskirchen von anfangs 146 auf heute 349 angewachsen. Was auf den ersten Blick als Erfolg erscheint, ist bei genauerer Betrachtung vor allem eine Folge neuer Kirchengründungen im protestantischen Bereich. Durch die Aufnahme neu entstandener protestantischer Kirchen gerieten die orthodoxen Mitgliedskirchen zunehmend in eine Minderheitensituation. Dies führte zu Spannungen zwischen Orthodoxen und Protestanten innerhalb des ÖRK, die bei der achten Vollversammlung des ÖRK in Harare (Simbabwe) 1998 die Diskussionen prägten. Die Vollversammlung beschloss daher die Einrichtung einer „Sonderkommission zur orthodoxen Mitarbeit im ÖRK". Diese erarbeitete in den folgenden Jahren Vorschläge zur Restrukturierung der Arbeit des ÖRK, die von der jüngsten Vollversammlung in Porto Alegre (Brasilien) 2006 bestätigt wurden. Damit scheint nun eine Phase der Stabilisierung zu beginnen, die es dem ÖRK hoffentlich ermöglichen wird, wieder zu einem wichtigen Impulsgeber der ökumenischen Bewegung zu werden, wie er es in den ersten Jahrzehnten seines Bestehens war. Eine große Herausforderung für die Zukunft stellt dabei sicherlich die Zusammenarbeit mit den pfingstlerisch-charismatischen Gruppierungen dar, deren Mitgliederzahlen in den beiden letzten Jahrzehnten rasant gewachsen sind und die sich einer Einordnung in traditionelle konfessionelle Denkmuster bewusst entziehen. Einige Repräsentanten des ÖRK haben daher die Gründung eines „Globalen Christlichen Forums" angeregt, das als ein loses Netzwerk ohne feste Strukturen die Kontakte zwischen dem ÖRK und der katholischen Kirche sowie dem breiten Spektrum der pfingstlerisch-charismatischen Gemeinschaften pflegen soll. Eine erste Weltkonferenz dieses Forums fand im November 2007 in Limuru (bei Nairobi) in Kenia statt. Die weitere Entwicklung dieser Initiative ist allerdings noch nicht absehbar.

Da sich die Arbeit eines Weltrates der Kirchen notwendigerweise auf Zusammenkünfte von Delegierten beschränkt, sind die regionalen und nationalen Kirchenräte eine wichtige Ergänzung zur Arbeit des ÖRK. Bereits in der ersten Hälfte des 20. Jahrhunderts entstanden einige protestantische Kirchenbünde, aber auch ein nationaler Kirchenrat in den USA. Nach dem Zweiten Weltkrieg entstanden vermehrt nationale und kontinentale Kirchenräte, wie beispielsweise die „Konferenz Europäischer Kirchen", die 1959 in Nyborg gegründet wurde. In Deutschland gründeten Vertreter der EKD, der evangelischen Freikirchen sowie der Alt-katholischen Kirche im März 1948 die *„Arbeitsgemeinschaft Christlicher Kirchen"* (ACK). Die Bezeichnung „Ökumenischer Rat" wurde damals bewusst vermieden, um nicht den Eindruck zu erwecken, es handle sich um eine die Kirchen rechtlich bindende Organisation. Die Arbeit der ACK auf Bundesebene wird koordiniert von der „Ökumenischen Centrale", die schon 1946 in Frankfurt am Main eingerichtet wurde. 1974 traten auch die katholische Deutsche Bischofskonferenz und die Griechisch-Orthodoxe Metropolie von Deutschland der ACK bei. Die ACK will durch gegenseitige Information und Beratung das gemeinsame Zeugnis der christlichen Kirchen in Deutschland stärken und durch theologische Gespräche einen Beitrag zur Einheit der Kirchen leisten. Die theologischen Gespräche finden seit 1950 im Rahmen des „Deutschen Ökumenischen Studienausschusses" (DÖSTA) statt, während die gegenseitige Information und Beratung vor allem im Rahmen der Mitgliederversammlungen der ACK erfolgen. Darüber hinaus gibt es in ganz Deutschland regionale ACKs (meist auf der Ebene eines Bundeslandes) sowie zahlreiche lokale Arbeitsgemeinschaften Christlicher Kirchen, vor allem in größeren Städten, in denen neben katholischen und evangelischen Gemeinden auch freikirchliche und orthodoxe Gemeinden präsent sind. Auf dem Ersten Ökumenischen Kirchentag in Berlin 2003 haben Vertreter aller Mitgliedskirchen der ACK die „Charta Oecumenica" unterzeichnet, ein auf europäischer Ebene erarbeitetes Dokument, mit dem sich die Kirchen zur Vertiefung der ökumenischen Zusammenarbeit verpflichten. Jüngstes Ergebnis der ökumenischen Zusammenarbeit auf dieser multilateralen Ebene ist die Unterzeichnung einer Erklärung zur gegenseitigen Taufanerkennung durch 11 Mitgliedskirchen der ACK im April 2007 in Magdeburg.

Öffnung – Die katholische Kirche und die Ökumene

Bis zum Zweiten Vatikanischen Konzil hat die katholische Kirche die oben skizzierte Entwicklung der ökumenischen Bewegung aus einer kritischen Distanz betrachtet. Die offiziellen Stellungnahmen des Lehramts der katholischen Kirche zu den ersten ökumenischen Initiativen basierten auf der Überzeugung, dass die Einheit der Kirche nie verlorengegangen, sondern in der katholischen Kirche erhalten und bis heute bewahrt worden sei. Da die nichtkatholischen Christen (bzw. ihre Vorfahren) vom wahren Glauben abgefallen seien, könnten sie nur dadurch zur Einheit der Christen beitragen, dass sie in den Schoß der katholischen Kirche zurückkehrten. Eine solche Einstellung bezeichnet man als „Rückkehr-Ökumene" – eine Position, die zur damaligen Zeit nicht nur von der katholischen Kirche vertreten wurde. Auf der Grundlage dieser Überzeugung verbot Papst Pius XI. in seiner Enzyklika „Mortalium animos" (1928) Katholiken die Teilnahme an ökumenischen Versammlungen, weil es sich dabei um

Initiativen handelte, deren Ziel nicht die Wiedereingliederung der „getrennten Gemeinschaften" in den Schoß der katholischen Kirche war. Außerdem sah Rom in den theologischen Gesprächen eine Form des Dialogs, in dem „die von Gott geoffenbarte Wahrheit zum Gegenstand von Verhandlungen gemacht" werde, was nicht geduldet werden könne. Noch Papst Pius XII. forderte in seiner Enzyklika „Mystici Corporis" (1943) die nichtkatholischen Christen auf, „sich aus jener Lage zu befreien, in der sie ihres eigenen Heils nicht sicher sein können", und lud sie ein „in die katholische Einheit einzutreten". So verwundert es nicht, dass anlässlich der Gründungsversammlung des ÖRK eine römische Instruktion 1948 erneut das Verbot für Katholiken einschärfte, an derartigen Konferenzen teilzunehmen.

Wer vor diesem Hintergrund das Ökumenismus-Dekret des Zweiten Vatikanischen Konzils zur Hand nimmt und darin liest, dass die ökumenische Bewegung „unter der Einwirkung der Gnade des Heiligen Geistes" entstanden ist (UR 1), wird sich fragen, wie es innerhalb von nur zwei Jahrzehnten zu einem solchen Umschwung in der Einstellung der katholischen Kirche kommen konnte. Dieser Wandel lässt sich wohl nur dann erklären, wenn man nicht allein auf die offiziellen Erklärungen der Päpste schaut, sondern auch die Entwicklung der Kirche insgesamt in den Blick nimmt. Hier bereiteten sowohl die *Liturgische Bewegung* mit ihrem Zentrum in Maria Laach, die u. a. ein großes Interesse für das liturgische Erbe der östlichen Kirchen entwickelte, als auch die *Bibelbewegung*, die das Studium der Bibel bei Klerikern und Laien – u. a. durch die Gründung katholischer Bibelwerke – förderte und damit auf die Hochschätzung der Hl. Schrift im Protestantismus reagierte, den Boden für eine ökumenische Öffnung der katholischen Kirche. Trotz der oben zitierten kritischen Verlautbarungen standen auch die Päpste des frühen 20. Jahrhunderts dem ökumenischen Gedanken nicht grundsätzlich ablehnend gegenüber, sondern förderten einen „katholischen Ökumenismus", der sich allerdings vor allem auf Orthodoxe und Anglikaner konzentrierte. So wurde 1917 unter Papst Benedikt XV. (1914–1922) das Päpstliche Orientalische

Institut in Rom gegründet und auf Anregung seines Nachfolgers Pius XI. (1922–1939) richteten die Benediktinerklöster im belgischen Chevetogne und im bayerischen Niederaltaich byzantinische Abteilungen ein, in denen ein Teil der Mönche bis heute nach ostkirchlichem Ritus lebt und sich dem Studium dieser Tradition widmet. Bei den „Mechelner Gesprächen" bemühten sich in den 1920er-Jahren katholische Theologen unter der Leitung des Primas der katholischen Kirche in Belgien, des Mechelner Erzbischofs Kardinal Mercier (1851–1926), um eine Verständigung mit Vertretern der anglikanischen Kirche.

Darüber hinaus gab es an der sogenannten Basis eine Reihe von Bewegungen, die den *geistlichen Ökumenismus*, das Gebet um die Einheit der Christen förderten. Hier ist an erster Stelle die Gebetswoche für die Einheit der Christen zu nennen, die von dem amerikanischen Katholiken Paul Watson (1863–1940) initiiert wurde und sich – nach der offiziellen Approbation durch Papst Pius X. (1903–1914) im Jahr 1908 – in der Zwischenkriegszeit vor allem aufgrund des unermüdlichen Engagements des französischen Priesters Paul Couturier (1881–1953) in der katholischen Kirche und darüber hinaus durchsetzen konnte. In Deutschland trug die von Max Josef Metzger (1887–1944) gegründete *Una-Sancta-Bewegung* wesentlich zur Verbreitung des ökumenischen Gedankens bei. Nicht unterschätzen sollte man die Bedeutung der Erfahrungen in der Zeit des Zweiten Weltkriegs, in der der Widerstand gegen die nationalsozialistische Ideologie die Konfessionsgrenzen überschritt und katholische Priester und protestantische Pfarrer in den Lagern des NS-Regimes nicht nur gemeinsam unter der Verfolgung litten, sondern sich auch gegenseitig geistlichen Beistand leisteten. Schließlich hat die gegenseitige Unterstützung der Vertriebenen aus den deutschen Ostgebieten nach dem Ende des Krieges das Verständnis der Christen verschiedener Konfessionen füreinander befördert.

So stellt die positive Aufnahme der zunächst außerhalb der katholischen Kirche entstandenen ökumenischen Bewegung durch das *Zweite Vatikanische Konzil* zwar einen markanten Wendepunkt in der Positionierung des Lehramts der katholischen

Kirche dar. Sie greift jedoch eine innere Einstellung zur Ökumene auf, die in der katholischen Kirche in ihrer Gesamtheit schon seit einigen Jahrzehnten herangereift war. Insofern trifft es nicht zu, wenn manche Kirchenkritiker aus dem Wandel in der offiziellen Beurteilung der ökumenischen Bewegung einen „inneren Widerspruch" zwischen der vorkonziliaren und der nachkonziliaren Kirche konstruieren. Die Konzilsväter bezeichnen im Ökumenismus-Dekret „Unitatis Redintegratio" (= UR) die Wiederherstellung der Einheit aller Christen als „eine der Hauptaufgaben" des Konzils (UR 1) und fordern alle katholischen Gläubigen auf „mit Eifer an dem ökumenischen Werk teilzunehmen" (UR 4), da die Wiederherstellung der Einheit eine „Sache der ganzen Kirche, sowohl der Gläubigen wie auch der Hirten, ist und einen jeden angeht" (UR 5). Der zuweilen triumphalistische Ton früherer Verlautbarungen ist verflogen. Das Konzil erkennt an, dass die Kirche „auf dem Weg ihrer Pilgerschaft von Christus zu dieser dauernden Reform gerufen ist, derer sie allezeit bedarf, soweit sie menschliche und irdische Einrichtung ist" (UR 6) und betont, auch im Blick auf die eigene Kirche: „Es gibt keinen echten Ökumenismus ohne innere Bekehrung" (UR 7). Ökumenische Zusammenkünfte werden von den Konzilsvätern nun als „sehr dienlich" bewertet (UR 9), weil sie der besseren gegenseitigen Kenntnis dienen. Die theologische Ausbildung soll künftig „auch unter ökumenischem Gesichtspunkt geschehen" (UR 10) und die ökumenische Zusammenarbeit im sozialen Bereich wird ausdrücklich befürwortet (vgl. UR 12). Das dritte und letzte Kapitel des Ökumenismus-Dekrets enthält differenzierende Aussagen im Blick auf das Verhältnis der katholischen Kirche zu den Kirchen des christlichen Ostens auf der einen Seite und den „Kirchen und kirchlichen Gemeinschaften" im Abendland auf der anderen Seite. Dabei wird die große Nähe der katholischen Kirche zu den orthodoxen Christen unterstrichen, mit denen „eine gewisse Gottesdienstgemeinschaft unter gegebenen geeigneten Umständen" nicht nur für möglich, sondern sogar für ratsam gehalten wird (vgl. UR 15). Dagegen werden im Blick auf die aus der Reformation hervorgegangenen Kirchen und kirchlichen Gemeinschaften „Unterschiede von großem Gewicht" konstatiert (vgl. UR 19), obwohl die katholische Kirche auch mit ihnen durch die Taufe als „sakramentales Band der Einheit" verbunden ist (UR 22).

Nachdem das Ökumenismus-Dekret am 21. November 1964 vom Zweiten Vatikanischen Konzil mit großer Mehrheit verabschiedet und damit die Öffnung der katholischen Kirche für die ökumenische Bewegung auch auf der Ebene des kirchlichen Lehramts vollzogen war, vervielfachte sich in den folgenden Jahren das ökumenische Engagement katholischer Gemeinden, Pfarrer, Theologen und Bischöfe. Damit die vielfältigen Aktivitäten und ökumenischen Initiativen sich auf einer gemeinsamen Basis bewegen konnten, veröffentlichte das vatikanische Einheitssekretariat in den Jahren 1967 und 1970 in zwei Teilen ein „Ökumenisches Direktorium", das Richtlinien für das ökumenische Engagement der Katholiken formulierte. Aufgrund der Veröffentlichung neuer kirchlicher Gesetzbücher (für die lateinische Kirche im Jahr 1983, für die katholischen Ostkirchen im Jahr 1990) musste dieses Direktorium überarbeitet werden. Seit März 1993 liegt die heute gültige Fassung des Ökumenischen Direktoriums[6] vor, in dem nicht nur die Verpflichtung der katholischen Kirche zur Suche nach der Einheit der Christen erneut bekräftigt wird, sondern auch konkrete Hinweise zur Umsetzung dieser Verpflichtung auf den verschiedenen Ebenen des kirchlichen Lebens gegeben werden. So soll jeder Bischof einen „Diözesan-Beauftragte(n) für ökumenische Fragen ernennen" (Nr. 41) und zusätzlich „einen Rat, eine Kommission oder ein Sekretariat einrichten", das die ökumenische Arbeit in der Diözese fördern soll (Nr. 42). Eindringlich unterstreicht das Ökumenische Direktorium die Notwendigkeit der ökumenischen Bildung innerhalb der katholischen Kirche, sowohl aller Gläubigen wie auch speziell der Mitarbeiter im pastoralen Dienst, für die ein spezieller Ökumene-Kurs verpflichtend sein soll (Nr. 79). Das Direktorium bezeichnet es als „eine der großen Aufgaben für die Pfarrgemeinde, ihre Mitglieder im ökumenischen Geist zu erziehen" und fordert in diesem Zusammenhang ein spezielles Pastoralprogramm sowie die Berufung eines „Beauftragten für die Förderung und Planung ökumenischer Aktivitäten" (Nr. 67).

Im Blick auf die Gemeinschaft im geistlichen Leben und ökumenische Gottesdienste ruft das Direktorium die entsprechenden Bestimmungen des Konzils und des nachkonziliaren Kirchenrechts in Erinnerung, die einerseits zum gemeinsamen Gebet ermutigen, andererseits aber die Gemeinschaft im sakramentalen Leben, insbesondere die Eucharistiegemeinschaft, an enge Bedingungen knüpfen (Näheres hierzu in Kapitel 7). Ausführlich geht das Ökumenische Direktorium auch auf die besondere Situation bekenntnisverschiedener Ehen ein (Nr. 143–160). Das abschließende Kapitel über die ökumenische Zusammenarbeit unterstreicht die Wichtigkeit fester Strukturen der ökumenischen Zusammenarbeit sowie die Bedeutung des theologischen Dialogs und der gemeinsamen Bibelarbeit. Außerdem ermutigt es zur Verstärkung der ökumenischen Kooperation auf dem Gebiet der Katechese, in den Hochschulen, im sozialen und kulturellen Leben, im Dialog mit anderen Religionen sowie in der missionarischen Tätigkeit. Leider werden aus dem Ökumenischen Direktorium oft nur die Bestimmungen zitiert, die auf die engen Grenzen praktizierter Eucharistiegemeinschaft zwischen getrennten Kirchen verweisen, sodass die Fülle von Anregungen zur ökumenischen Zusammenarbeit, die es enthält und die auch bei uns in Deutschland noch längst nicht alle umgesetzt sind, bislang viel zu wenig beachtet wurden.

Eine wichtige Bestätigung für das ökumenische Engagement stellt auf katholischer Seite schließlich die *Ökumene-Enzyklika* „Ut unum sint" dar, die Papst Johannes Paul II. am 25. Mai 1995 veröffentlichte.[7] In ihr unterstreicht der Papst nicht nur die unumkehrbare und dauerhafte Verpflichtung der katholischen Kirche zum Einsatz für die Ökumene, sondern würdigt auch die Früchte des nachkonziliaren ökumenischen Dialogs und fordert zu einer Intensivierung dieses Dialogs auf. Der Papst erinnert daran, dass „die Suche nach der Einheit der Christen kein Akt opportunistischer Beliebigkeit ist, sondern ein Erfordernis, das aus dem Wesen der christlichen Gemeinschaft selbst erwächst"

(Nr. 49). Im Dialog mit den anderen Kirchen müsse das Prinzip gelten, „keine weiteren Verpflichtungen über die unverzichtbaren hinaus aufzuerlegen" (Nr. 78), wobei „die Unterscheidung zwischen dem Glaubensgut (depositum fidei) und der Formulierung, in der es ausgedrückt wird" ein wichtiger methodischer Grundsatz sei (Nr. 81). Papst Johannes Paul II. wendet diesen Grundsatz schließlich sogar auf das von ihm selbst ausgeübte Amt an, wenn er betont, dass es gelte, „eine neue Form der Primatsausübung zu finden, die zwar keineswegs auf das Wesentliche ihrer Sendung verzichtet, sich aber einer neuen Situation öffnet" (Nr. 95). Erstmals wird hier von einem Papst anerkannt, dass die veränderten Beziehungen zwischen den Kirchen nicht ohne Rückwirkung auf die Form der Primatsausübung des Bischofs von Rom bleiben können. Zugleich betont er, dass die Gemeinschaft mit dem Papst, der „den Vorsitz in der Wahrheit und in der Liebe" führt, aus katholischer Sicht „ein grundlegendes Erfordernis für die volle und sichtbare Gemeinschaft" bleibt (Nr. 97). Die Enzyklika schließt mit der Bitte, „dass ein neuer Schwung den Einsatz jedes Einzelnen für die volle und sichtbare Gemeinschaft beleben möge" (Nr. 100) – eine Bitte, die der Papst nicht nur an die Bischöfe, sondern auch an alle Gläubigen richtet. Die Ökumene-Enzyklika von 1995 ist damit eine eindrucksvolle Bekräftigung der Öffnung der katholischen Kirche für das ökumenische Anliegen, die sich im Laufe des 20. Jahrhunderts vollzogen und auf dem Zweiten Vatikanischen Konzil ihre offizielle Bestätigung erfahren hat.

Die ökumenische Bewegung ist damit heute in allen christlichen Kirchen verwurzelt und wird von allen Konfessionen als eine wesentliche Aufgabe betrachtet. Der ökumenische Gedanke hat dabei seit den 1960er-Jahren eine Vertiefung in verschiedenen Bereichen erfahren: im theologischen Dialog, im gemeinsamen Zeugnis und in der ökumenischen Zusammenarbeit vor Ort. Welche Fortschritte dabei erzielt wurden und wo es auch heute noch Differenzen zwischen den Kirchen gibt, darauf gehen die folgenden drei Kapitel näher ein.

Weiterführende Literatur

Hans J. Urban / Harald Wagner (Hg.), Handbuch der Ökumenik, Band II, Paderborn 1986 *[aus kath. Sicht]*.

Reinhard Frieling, Der Weg des ökumenischen Gedankens, Göttingen 1992 *[aus ev. Sicht]*.

Jörg Ernesti, Kleine Geschichte der Ökumene, Freiburg i. Br. 2007 *[aus kath. Sicht]*.

Hans-Georg Link / Geiko Müller-Fahrenholz (Hg.), Hoffnungswege. Wegweisende Impulse des Ökumenischen Rates der Kirchen aus sechs Jahrzehnten, Frankfurt a. M. 2008 *[im Blick auf den ÖRK]*.

Stationen der weltweiten ökumenischen Bewegung

1910   Weltmissionskonferenz in Edinburgh:
Beginn der modernen ökumenischen Bewegung

1920   Enzyklika des Ökumenischen Patriarchats: Aufruf der
Orthodoxen Kirche zur Gründung eines Bundes der
christlichen Kirchen

1925   Erste Weltkonferenz für Praktisches Christentum
in Stockholm

1927   Erste Weltkonferenz für Glauben und Kirchenverfassung
in Lausanne

1937   Zweite Weltkonferenz für Praktisches Christentum in Oxford
und Zweite Weltkonferenz für Glauben und Kirchenverfassung in Edinburgh: Beschluss, einen Ökumenischen Rat der
Kirchen zu gründen

1948   **Gründung und 1. Vollversammlung des Ökumenischen
Rates der Kirchen (ÖRK) in Amsterdam**

1950   Sitzung des Zentralausschusses des ÖRK in Toronto
(Kanada): Klärung der ekklesiologischen Bedeutung des ÖRK
(„Toronto-Erklärung")

1954   **2. Vollversammlung des ÖRK in Evanston (USA)**

1960   Gründung des Sekretariats (seit 1988: „Päpstlicher Rat")
zur Förderung der Einheit der Christen durch Papst
Johannes XXIII.

1961   **3. Vollversammlung des ÖRK in Neu-Delhi (Indien):**
erstmals Teilnahme katholischer Beobachter

1964   Verabschiedung des Ökumenismus-Dekrets durch das
Zweite Vatikanische Konzil (1962-1965)

1965   Erstmalige Berufung einer „Gemeinsamen Arbeitsgruppe"
der katholischen Kirche und des ÖRK

1966   Weltkonferenz für Kirche und Gesellschaft in Genf

1968	**4. Vollversammlung des ÖRK in Uppsala (Schweden):** Gründung des Gemeinsamen Ausschusses für Gesellschaft, Entwicklung und Frieden „SODEPAX" durch den Vatikan und den ÖRK (bestand bis 1980)
1975	**5. Vollversammlung des ÖRK in Nairobi (Kenia)**
1982	Sitzung der Kommission für Glauben und Kirchenverfassung in Lima (Peru): Verabschiedung der Konvergenzerklärungen über Taufe, Eucharistie und Amt („Lima-Dokumente")
1983	**6. Vollversammlung des ÖRK in Vancouver (Kanada):** Ausrufung des „Konziliaren Prozesses" für Gerechtigkeit, Frieden und Bewahrung der Schöpfung (vgl. das Schaubild auf Seite 119)
1986	Dritte Vorkonziliare Panorthodoxe Konferenz in Chambésy (Schweiz): Verabschiedung zweier Dokumente über die Rolle der Orthodoxen Kirche in der Ökumene
1990	Weltversammlung für Gerechtigkeit, Frieden und Bewahrung der Schöpfung in Seoul (Korea)
1991	**7. Vollversammlung des ÖRK in Canberra (Australien)**
1995	Veröffentlichung der Enzyklika „Ut unum sint" über den Einsatz für die Ökumene durch Papst Johannes Paul II.
1998	**8. Vollversammlung des ÖRK in Harare (Simbabwe)**
1999	Unterzeichnung der „Gemeinsamen Erklärung zur Rechtfertigungslehre" des Lutherischen Weltbundes und der Katholischen Kirche
2006	**9. Vollversammlung des ÖRK in Porto Alegre (Brasilien)**
2010	Hundertjahrfeier der Weltmissionskonferenz von 1910 in Edinburgh

5. Wiederentdeckte Einheit –

Ergebnisse ökumenischer Dialoge

Die Ökumene lebt vom Dialog. Die ökumenische Bewegung hat ihre Dynamik dadurch gewonnen, dass Vertreter von Kirchen, die über Jahrhunderte nicht mehr miteinander gesprochen hatten, in ein zwischenkirchliches Gespräch eintraten. Nur im Dialog können überkommene Vorurteile ausgeräumt und Gemeinsamkeiten im Glauben wiederentdeckt werden. In diesem Kapitel sollen zunächst die Ergebnisse der theologischen Gespräche zwischen den christlichen Kirchen zusammengefasst werden. Andere Ebenen des ökumenischen Dialogs – beispielsweise zwischen Gemeinden oder Kirchenleitungen – werden später in den Blick genommen.

Theologische Dialoge im Sinne gemeinsamer Tagungen von Theologen aus unterschiedlichen Kirchen begannen in der ersten Hälfte des 20. Jahrhunderts. Ihren Ort hatten sie zunächst vor allem im Rahmen der Bewegung für Glauben und Kirchenverfassung. Nach dem Zweiten Vatikanischen Konzil beteiligte sich auch die katholische Kirche an der „Kommission für Glauben und Kirchenverfassung" im Rahmen des ÖRK, deren wichtigste Ergebnisse bereits im vorhergehenden Kapitel vorgestellt wurden. Ein grundlegendes Problem des theologischen Dialogs im Rahmen dieser Kommission besteht darin, dass die Gespräche multilateral geführt werden, d. h. dass viele Seiten daran beteiligt sind und damit unterschiedliche theologische Traditionen mit zum Teil divergierenden Auffassungen aufeinander stoßen. Dieses Problem verringert sich, wenn theologische Gespräche in bilateralen Kommissionen geführt werden, an denen nur zwei Kirchen beteiligt sind. Auch solche bilateralen Gespräche gab es schon früh in der ökumenischen Bewegung, beispielsweise zwischen Anglikanern und Altkatholiken oder zwischen Lutheranern und Reformierten. Katholische Theologen beteiligten sich nach dem Ende des Zweiten Weltkriegs zunächst in inoffiziellen theologischen Arbeitskreisen an solchen Dialogen. Ein bekanntes Beispiel dafür ist in Deutschland der sogenannte „Jaeger-Stählin-Kreis", der 1946 vom lutherischen Landesbischof von Oldenburg Wilhelm Stählin (1883–1975) und vom Paderborner Erzbischof Lorenz Kardinal Jaeger (1892–1975) begründet worden war und seine Arbeit bis heute (jetzt unter dem Namen „Ökumenischer Arbeitskreis evangelischer und katholischer Theologen") fortsetzt.[8] In Frankreich gibt es mit der „Groupe des Dombes" eine vergleichbare Gruppierung, die in den vergangenen Jahrzehnten ebenfalls eine Reihe wegweisender Studien veröffentlicht hat.[9]

Ein merkliches Anwachsen bilateraler theologischer Gespräche ist seit Mitte der 1960er-Jahre zu verzeichnen. Insbesondere die katholische Kirche setzte im theologischen Gespräch auf bilaterale Dialogkommissionen, in denen Theologen im Auftrag ihrer Kirchen Gemeinsamkeiten und Unterschiede in den Glaubenslehren herausarbeiten. Das Vatikanische Einheitssekretariat (heute: Päpstlicher Rat zur Förderung der Einheit der Christen) errichtete in den letzten Jahrzehnten rund ein Dutzend Dialogkommissionen, aber auch die anderen Kirchen und konfessionellen Weltbünde setzten entsprechende Kommissionen ein. Um einen Eindruck von der Vielfalt der Dialoge zu geben, seien an dieser Stelle nur einmal diejenigen Kirchen und kirchlichen Gemeinschaften genannt, mit denen die katholische Kirche heute theologische Gespräche führt: Es gibt gemeinsame Kommissionen mit Lutheranern, Anglikanern und Methodisten (jeweils seit 1967), mit Reformierten (seit 1970), Pfingstlern (seit 1972) und den „Disciples of Christ" (seit 1977), mit Orthodoxen (seit 1980), Baptisten (seit 1984) und Assyrern (seit 1995), mit Mennoniten (seit 1998), Alt-Katholiken (seit 2003) und Orientalisch-Orthodoxen (seit 2004). Die von diesen Kommissionen und vergleichbaren Dialoggremien anderer Kirchen und Weltbünde erarbeiteten Dokumente füllen inzwischen drei dicke Dokumentationsbände.[10]

Die zahlreichen ökumenischen Dialoge, die in den vergangenen Jahrzehnten von theologischen Arbeitskreisen und offiziellen Dialogkommissionen geführt wurden, haben eine Fülle von Dokumenten hervorgebracht, in denen wiederentdeckte Gemeinsamkeiten und bleibende Differenzen festgehalten wurden. In manchen zuvor umstrittenen Fragen konnte eine vollständige Übereinstimmung *(Konsens)* erzielt werden, in anderen Bereichen gab es zumindest eine Annäherung im Verständnis *(Konvergenz)*. Daneben halten die Dokumente auch fest, in welchen Bereichen es noch unterschiedliche Sichtweisen *(Divergenzen)* gibt und wo weiterhin unvereinbare Aussagen einander gegenüber stehen *(Dissens)*. Das folgende Kapitel versucht, die Ergebnisse der theologischen Dialoge im Blick auf einige zentrale Themen zu bündeln, um auf diese Weise zu verdeutlichen, welche Fortschritte im ökumenischen Dialog bereits gemacht wurden und wo es noch bleibende Aufgaben gibt.

Gottes Botschaft für die Menschen – Die Offenbarung in Schrift und Tradition

Die Frohe Botschaft, dass Gott in Jesus Christus Mensch geworden ist, um uns zu erlösen, wird von den Christen von Generation zu Generation überliefert. Diese Überlieferung (lat.: *traditio*) prägt das christliche Gottesverständnis und unseren Glauben an Jesus Christus. Maßgebende Bedeutung für die Tradition der Kirche hat das Zeugnis der Apostel, die *apostolische Tradition*, die ihren schriftlichen Niederschlag in der Bibel als der „Heiligen Schrift" der Christen gefunden hat. Darüber hinaus haben sich im Laufe der Jahrhunderte verschiedene *kirchliche Traditionen* entwickelt (z. B. die Verehrung Marias und der Heiligen, Wallfahrten, verschiedene theologische Schulen), die sich nicht unmittelbar aus dem Zeugnis der Heiligen Schrift ableiten lassen, aber dennoch als authentische Ausdrucksformen des christlichen Glaubens betrachtet werden. Im Mittelalter kam es zu einem solchen Zuwachs kirchlicher Gebräuche, dass sich die Reformatoren genötigt sahen, gegen einige allzu menschliche Traditionen zu protestieren und auf die Schrift als das Ursprungszeugnis der apostolischen Tradition zu verweisen. Eines der Schlagworte der Reformatoren wurde daher „*sola scriptura*" – „allein die Schrift", womit sie unterstreichen wollten, dass für sie allein die Bibel maßgebliche Bedeutung hat. Die katholischen Kontroverstheologen betonten demgegenüber den eigenständigen Wert der kirchlichen Traditionen und bezeichneten *Schrift und Tradition* als zwei gleichwertige Quellen der Offenbarung. Bis ins 20. Jahrhundert hinein wurden diese Positionen als unvereinbare Gegensätze betrachtet.

Erst die ökumenischen Gespräche weckten das Bewusstsein dafür, dass einerseits auch Protestanten die Heilige Schrift nicht „traditionslos" lesen und sich bestimmte protestantische Traditionen entwickelt haben, andererseits auch Katholiken die einmalige Bedeutung der Heiligen Schrift als bleibender Maßstab aller christlichen Glaubenslehren anerkennen. Einen wichtigen Schritt zur Annäherung stellt der von der Vierten Weltkonferenz für Glauben und Kirchenverfassung in Montreal 1963 verabschiedete Bericht über „Schrift, Tradition und Traditionen" dar.[11] Er unterscheidet drei Bedeutungsvarianten des Begriffes „Tradition": Mit (1) „der TRADITION" (im Singular und mit Großbuchstaben) ist „das Evangelium selbst" gemeint, wie es in der Heiligen Schrift bezeugt, aber auch im Leben der Kirche gegenwärtig wird; von (2) „Tradition" (im Singular und klein geschrieben) spricht der Bericht, um „den Traditionsvorgang", also den Prozess der Weitergabe des Evangeliums zu bezeichnen; mit (3) „Traditionen" (im Plural) wird die „Verschiedenheit der Ausdrucksformen" der einen TRADITION bezeichnet, womit dann verschiedene „konfessionelle Traditionen" in den Blick genommen werden. Diese geschichtlichen Ausdrucksformen müssen von „der TRADITION" unterschieden werden, obwohl sie mit ihr verknüpft sind. Dieses neue Verständnis spiegelt sich auch in der im November 1965 verabschiedeten Offenbarungskonstitution des Zweiten Vatikanischen Konzils „Dei Verbum" (= DV) wider, in der betont wird, dass Schrift und Tradition „aus demselben göttlichen Quell hervorsprudeln" (DV 9), weshalb beide als eine Einheit zu betrachten seien: „unum verbi Dei sacrum depositum" – die „eine heilige Hinterlassenschaft des Wortes Gottes", die der Kirche anvertraut ist (DV 10).

Hier kommt bereits die Kirche als eine dritte Größe mit in den Blick, ohne die es weder die Schrift gäbe noch irgendwelche Traditionen. Wenn im ökumenischen Dialog daher heute adäquat über das Verständnis der christlichen Offenbarung gesprochen werden soll, muss dies immer in Bezug auf den Dreiklang von Schrift, Tradition und Kirche geschehen. Das von Lutheranern und Katholiken in Deutschland erarbeitete Dokument „Communio Sanctorum"[12] (= CS) spricht diesbezüglich von den „Bezeugungsinstanzen" der Offenbarung in der Kirche, zu denen neben der Heiligen Schrift und der Tradition auch der Glaubenssinn der Gläubigen, das kirchliche Lehramt und die Theologie zählen. Das Zusammenspiel dieser fünf Bezeugungsinstanzen, die „einander zugeordnet und aufeinander angewiesen" sind, zugleich aber „eigenständige und insofern nicht übertragbare und ersetzbare Aufgabe(n)" haben (CS 72), muss im ökumenischen Dialog noch weiter geklärt werden. Katholische Theologen haben Bedenken, dass eine strikte Anwendung des Prinzips „allein die Schrift" zu einer Individualisierung des Glaubens führen könnte, weil jeder Einzelne die Schrift unterschiedlich interpretiert und die innerbiblische Vielfalt kein klares Kriterium zur Beurteilung bestimmter Traditionen liefert, wie heute durchaus auch evangelische Theologen anerkennen.[13] Wenn damit von evangelischer Seite die Notwendigkeit eines kirchlichen Lehramtes, dem die Aufgabe der Auslegung der Schrift und damit die Weitergabe der Frohen Botschaft im jeweiligen historischen Kontext anvertraut ist, heute nicht mehr grundsätzlich in Frage gestellt wird, so erheben evangelische Theologen dennoch weiterhin Bedenken gegenüber der Verbindlichkeit kirchlicher Lehrentscheidungen, vor allem gegenüber dem von katholischer Seite erhobenen Anspruch, dass manche dieser Entscheidungen „unfehlbar" sind.

Die Internationale lutherisch-katholische Dialogkommission hat sich in ihrem Dokument „Kirche und Rechtfertigung" ausführlich mit der Frage der Verbindlichkeit kirchlicher Lehre und der Lehrautorität des kirchlichen Amtes befasst. Die Kommission betont dabei die bleibende Spannung zwischen dem „Verbindlichkeitsanspruch" des Lehramtes und dem „Verbindlichkeitsvorbehalt" aufgrund der „Unverfügbarkeit und Letztverbindlichkeit des Evangeliums".[14] Dieser Vorbehalt, der in der evangelischen Theologie durch das Prinzip „sola scriptura" geltend gemacht wird, ist auch der katholischen Theologie vertraut, insofern dogmatische Aussagen zwar im Blick auf ihren inhaltlichen Kern als nicht hinterfragbar gelten, gleichwohl aber die historische Bedingtheit ihrer konkreten Aussagegestalt anerkannt wird. Damit gilt die in einem Dogma vom Lehramt „verbindlich" zum Ausdruck gebrachte Lehre „vorbehaltlich" einer besseren sprachlichen Formulierung des inhaltlich Gemeinten. „Verbindliche kirchliche Lehre ist also immer der Versuch, das Wort Gottes in der Heiligen Schrift in einer bestimmten Zeit der Kirche authentisch zu Gehör zu bringen, auszulegen und vor Verfälschung zu bewahren."[15] Die Bedenken von reformatorischer Seite, dass kirchliche Lehrentscheidungen das maßgebliche Zeugnis der Schrift überdecken könnten, nimmt auch das Zweite Vatikanische Konzil ernst, wenn es festhält: „Dieses Lehramt steht also nicht über dem Wort Gottes, sondern dient ihm, indem es nur lehrt, was überliefert ist" (DV 10). Die Heilige Schrift ist somit auch aus katholischer Sicht diejenige Bezeugungsinstanz, die unhinterfragbar ist (sie ist „norma normans non normata" – nicht normierte normative Norm), während die kirchlichen Traditionen immer am Ursprungszeugnis der Schrift zu messen sind (sie sind „norma normans normata" – normierte normative Norm).

Zur kirchlichen Tradition zählen nicht nur kirchliche Lehrentscheidungen wie die Beschlüsse der ökumenischen Konzile und das, was von ihnen zum „Dogma" der Kirche erhoben wurde, sondern auch der alltägliche Glaube der Christen, wie er vor allem in der Feier des Gottesdienstes seinen Ausdruck findet. Daher ist eine wichtige Quelle der kirchlichen Glaubenslehre auch der in der Liturgie enthaltene Schatz an Gebeten. Insbesondere von den Ostkirchen, die weit weniger Dogmen formuliert haben als die Westkirche, wird diese Bedeutung der

Liturgie hervorgehoben. Doch auch in der westlichen Kirche ist der Grundsatz *„lex orandi – lex credendi"* (Die Richtschnur des Gebetes ist die Richtschnur des Glaubens) bekannt. Auch die Heilige Schrift hat ja ihren ursprünglichen „Sitz im Leben" im Gottesdienst der Kirche. So hängen das in der Heiligen Schrift enthaltene Wort Gottes, die im Gottesdienst verkündete Frohe Botschaft, das darauf antwortende Gebet der Gemeinde und das den Glauben der Kirche ausformulierende Lehramt aufs Engste zusammen. Aufgabe aller „Bezeugungsinstanzen" ist es, Gottes Frohe Botschaft den Menschen nahe zu bringen.

Gottes Selbstmitteilung an die Menschen – Christologie und Pneumatologie im ökumenischen Gespräch

Der Glaube an den Dreieinen Gott zählt zu den zentralen Elementen des christlichen Glaubens, die alle christlichen Kirchen miteinander verbinden. Der Glaube, dass Gott sich als Vater, Sohn und Heiliger Geist offenbart hat, gehört zu den grundlegenden Überzeugungen der Christen, die bereits in der Bibel ihren Niederschlag gefunden haben und die sie von den anderen monotheistischen Religionen unterscheiden. Dennoch wurde in den ersten Jahrhunderten der christlichen Zeitrechnung um das christliche Gottesverständnis intensiv gerungen. So ist es nicht verwunderlich, dass die frühen Konzile zahlreiche Irrlehren als häretisch verurteilen mussten. Die Anhänger dieser Irrlehren wurden häufig nicht nur von der Kirche, sondern auch vom Staat verfolgt, sodass kaum eine dieser frühen Häresien bis ins zweite Jahrtausend überlebt hat. Einzig die orientalisch-orthodoxen Christen, deren Lehre von den übrigen Kirchen über Jahrhunderte als „monophysitisch" verurteilt wurde, haben trotz Verfolgung bis in unsere Zeit überlebt. Wie schon im konfessionskundlichen Überblick angedeutet wurde (vgl. S. 31 f.), haben erst Forschungen im 20. Jahrhundert zu der Erkenntnis geführt, dass die Kopten, Syrer, Armenier und Äthiopier, die zu dieser

Kirchenfamilie gehören, in ihrer Christologie gar nicht die monophysitische Lehre vertreten, die ihnen über Jahrhunderte vorgeworfen wurde. Vielmehr sahen die orientalisch-orthodoxen Christen durch die Beschlüsse des Konzils von Chalcedon (451), das die Lehre von den „zwei Naturen" in Christus formuliert hatte, die Einheit von Gottheit und Menschheit in Jesus Christus gefährdet. Daher weigerten sie sich, die Beschlüsse dieses Konzils anzunehmen, was in den folgenden Jahrhunderten dazu führte, dass sie von den Anhängern des Konzils von Chalcedon mit Unterstützung der byzantinischen Kaiser verfolgt wurden. Erst in den 60er- und 70er-Jahren des 20. Jahrhunderts führten inoffizielle Gespräche, die vom Ökumenischen Rat der Kirchen und von der Wiener Stiftung „Pro Oriente" organisiert wurden, zu einer Annäherung zwischen den orientalisch-orthodoxen Christen und den übrigen christlichen Kirchen. Den Durchbruch für das theologische Gespräch brachte die sogenannte „Wiener Christologische Formel", die auf einer Pro-Oriente-Konsultation 1971 erarbeitet wurde. In ihr wird der gemeinsame Glaube an Jesus Christus mit Worten zum Ausdruck gebracht, die die umstrittenen Fachtermini des Konzils von Chalcedon vermeiden, aber dennoch die vollkommene Gottheit und Menschheit Jesu Christi unterstreichen. Gemeinsam können wir heute bekennen: „Wir glauben, dass unser Gott und Erlöser, Jesus Christus, Gottes Fleisch gewordener Sohn ist; vollkommen in seiner Gottheit und vollkommen in seiner Menschheit. Seine Gottheit war von seiner Menschheit nicht einen Augenblick getrennt. Seine Menschheit ist eins mit seiner Gottheit, ohne Vermischung, ohne Vermengung, ohne Teilung, ohne Trennung."[16] Diese Wiener Christologische Formel wurde in den folgenden Jahrzehnten in mehreren offiziellen Erklärungen der Päpste Paul VI. und Johannes Paul II. mit den Patriarchen der orientalisch-orthodoxen Kirchen offiziell rezipiert, sodass heute der mehr als 1500 Jahre während Streit über die Christologie als beigelegt betrachtet werden kann.

Ein zweites Konfliktfeld im Bereich der christlichen Gotteslehre entwickelte erst an der Wende vom ersten zum zweiten

Jahrtausend seine kirchentrennende Kraft. Dabei handelt es sich um eine nachträgliche Einfügung in den Text des Glaubensbekenntnisses von Nizäa-Konstantinopel, das in der katholischen Kirche auch als „Großes Glaubensbekenntnis" (zur Unterscheidung vom „Apostolischen Glaubensbekenntnis") bezeichnet wird. Im ursprünglichen Text dieses Glaubensbekenntnisses, das vom Konzil von Konstantinopel 381 verabschiedet wurde und seither als gemeinsame Glaubensgrundlage aller Christen gilt, lautet eine der Formulierungen über den Heiligen Geist: „der aus dem Vater hervorgeht". Im Westen wurde diese Formulierung später unter Rückgriff auf die Trinitätslehre des hl. Augustinus ergänzt durch die Formulierung „und vom Sohn" (latein. „filioque"). Die Formulierung „der aus dem Vater und dem Sohn hervorgeht" richtete sich ursprünglich gegen die Irrlehre des Arianismus, der die wahre Gottheit Jesu Christi leugnete. Das Filioque wurde im 6. Jahrhundert zunächst in Spanien als Argument gegen die Arianer eingeführt und später von Karl dem Großen im gesamten Frankenreich durchgesetzt. Die römischen Päpste lehnten die Einfügung des Filioque in das Nicäno-Konstantinopolitanum anfangs ab. Erst 1014 wurde das Filioque offiziell in die römischen Liturgietexte aufgenommen. Orthodoxe Theologen verurteilen diesen Zusatz, vor allem weil er einen Eingriff in ein von einem Ökumenischen Konzil verabschiedetes Bekenntnis bedeutet, der ohne Rücksprache mit den anderen christlichen Kirchen erfolgte, zum Teil aber auch, weil sie die dem Filioque zugrunde liegende theologische Argumentation nicht nachvollziehen können und durch diese Formulierung die Einheit Gottes gefährdet sehen. 1995 veröffentlichte der Päpstliche Einheitsrat einen Text, dem zufolge die griechische Tradition und das lateinische Filioque miteinander vereinbar seien[17], jedoch konnte diese Streitfrage in den offiziellen Gesprächen zwischen Orthodoxen und Katholiken bislang noch nicht ausgeräumt werden. Die Dokumente der Internationalen orthodox-katholischen Dialogkommission enthalten zwar Formulierungen, die auf eine Annäherung der Positionen hindeuten (der Geist, der „ewig aus dem Vater hervorgeht und sich durch den

Sohn kundgibt"[18]), doch ist damit noch nicht die Frage nach der Illegitimität des westlichen Vorgehens ohne Rücksprache mit den Kirchen des Ostens ausgeräumt. Dass sowohl in der Erklärung „Dominus Iesus" als auch beim Gottesdienst zur Einführung von Papst Benedikt XVI. das nicäno-konstantinopolitanische Glaubensbekenntnis jeweils ohne Filioque zitiert wurde, deutet jedenfalls darauf hin, dass man auf katholischer Seite bereit ist, den orthodoxen Bedenken gegen das Filioque Rechnung zu tragen. In ökumenischen Gottesdiensten mit orthodoxer Beteiligung ist es heute üblich, das Glaubensbekenntnis in seiner ursprünglichen Fassung ohne Filioque zu beten.

Der Mensch vor Gott – Das christliche Menschenbild und das Verständnis der Erlösung

In einem dritten Schritt müssen wir nun der Frage nachgehen, wie der christliche Glaube das Verhältnis zwischen Gott, der sich in Jesus Christus offenbart hat, und dem Menschen bestimmt, der als Gläubiger darum weiß, dass er sein Tun vor Gott verantworten muss. Zwei Aspekte sind aus christlicher Sicht grundlegend für das Verhältnis zwischen Gott und Mensch: Zum einen ist Gott der Schöpfer und der Mensch sein Geschöpf, jedoch nicht eines unter vielen, sondern ein besonderes, denn Gott hat den Menschen als sein Ebenbild geschaffen, worin die Würde eines jeden Menschen begründet liegt. Zum anderen ist der Mensch aber auch Sünder, d. h. ein Mensch, der seiner Berufung zur Gottebenbildlichkeit nicht gerecht wird und dessen Denken und Tun oft von Fehlverhalten gegenüber Gott und den Mitmenschen bestimmt ist. Wenn der Mensch sein Fehlverhalten erkennt, weiß er sich zu Umkehr und Buße gerufen, auch wenn ihm dies nicht immer von sich aus gelingt. Das christliche Menschenbild zeichnet sich also einerseits durch die Überzeugung von der Gottebenbildlichkeit des Menschen aus, andererseits durch das Wissen um das Sündersein des Menschen. Die Grundfrage der christlichen Anthropologie, der Lehre vom Menschen, lautet daher: Wie sehr ist der Mensch Sünder und inwieweit ist Gottes Ebenbild in ihm erkennbar?

Die aus der Reformation hervorgegangenen Kirchen neigen bei der Beantwortung dieser Frage zu einem pessimistischeren Menschenbild, während die katholische und die orthodoxe Kirche ein positiveres Menschenbild vertreten. Martin Luther und die anderen Reformatoren hatten die christliche Grundüberzeugung in Erinnerung gerufen, dass der Mensch das Heil nicht von sich aus zu erlangen vermag. Ihr Glaube war geprägt von der augustinischen Erbsündenlehre, der zufolge die Natur des Menschen seit dem Sündenfall Adams so verdorben ist, dass der Mensch sich nicht aus eigener Kraft Gott zuwenden kann. Hinzu kam die Kritik an dem von der kirchlichen Hierarchie zu Beginn des 16. Jahrhunderts massiv geförderten Verkauf von Ablässen, der den Menschen den Nachlass ihrer „zeitlichen Sündenstrafen" verhieß. Die Kritik der Reformatoren richtete sich gegen das hinter dieser Praxis stehende Streben, sich das Heil durch bestimmte Werke „erkaufen" zu wollen – eine damals gängige Vorstellung, die gleichwohl nie von der offiziellen Lehre der Kirche gedeckt wurde. Die Reformatoren betonten demgegenüber, dass allein der Glaube an Gott, der durch den stellvertretenden Tod und die Auferstehung Jesu Christi die Sünde besiegt hat, den Menschen aus der Sünde befreien und ihm Erlösung schenken könne. Zur theologischen Begründung dieser Position verwiesen sie auf die Lehre von der „Rechtfertigung" des Menschen vor Gott, wie sie sich vor allem in den Schriften des Apostels Paulus findet. Dabei geht es – vereinfacht gesprochen – um die Frage, wie der Mensch von Gott als „Gerechter" anerkannt werden kann, also als ein Mensch, der sein Leben „recht" (richtig) geführt hat. Das ist die grundlegende Frage der Soteriologie, der Lehre von der Erlösung.

Paulus stellte sich diese Frage vor allem im Blick auf das Verhältnis von Juden- und Heidenchristen und kam zu der Überzeugung, dass „Werke des Gesetzes" (wie z. B. die Beschneidung oder die Einhaltung jüdischer Speisevorschriften) nicht erforderlich seien, um das Heil zu erlangen. Vielmehr genüge der Glaube, der demjenigen, der an Christus glaubt, „als Gerechtigkeit angerechnet" werde (vgl. Röm 4,5). Seine Überzeugung fasst Paulus im Galaterbrief mit folgenden Worten zusammen: „Weil wir aber erkannt haben, das der Mensch nicht durch Werke des Gesetzes gerecht wird, sondern durch den Glauben an Jesus Christus, sind auch wir dazu gekommen, an Christus Jesus zu glauben, damit wir gerecht werden durch den Glauben an Christus, und nicht durch Werke des Gesetzes" (Gal 2,16). Martin Luther bezog die paulinische Kritik an den „Werken des Gesetzes" auf jegliches Handeln des Menschen, das mit der Intention verbunden ist, „Verdienste" vor Gott zu erwerben[19], und betonte dementsprechend die Rechtfertigung des Menschen allein durch den Glauben an Jesus Christus. Die Überzeugung, dass der Mensch als Sünder nur durch Gott (*„sola gratia"* – allein aus Gnade) und im Glauben an Jesus Christus (*„sola fide"* – allein im Glauben) gerechtfertigt werden könne, wurde zum zentralen Glaubensartikel der Reformatoren, mit dem ihrer Überzeugung nach „die Kirche steht und fällt" (latein. *„articulus stantis et cadentis ecclesiae"*), d. h. woran sich wahres Kirchesein entscheidet.

Die Vertreter der römischen Kirche sahen durch die Lehre der Reformatoren nicht nur die Ablasspraxis gefährdet, sondern wandten sich auch deshalb gegen eine zu starke Betonung der Passivität des Menschen im Heilsgeschehen, weil sie dadurch die ethischen Konsequenzen der christlichen Verkündigung in Frage gestellt sahen. Allein das Vertrauen auf Gott (ein sogenannter „Fiduzialglaube") reiche nicht aus, um das Heil zu erlangen. Jeder echte Glaube trage auch Früchte, d. h. er äußere sich in guten Werken, denn er ist ein „Glaube, der in der Liebe wirksam ist" (Gal 5,6). Das Konzil von Trient (1545–63) unterstrich gegenüber den Reformatoren die Fähigkeit des Menschen, die Gnade Gottes von sich aus anzunehmen, und hob hervor, dass die Gnade Gottes, wenn sie einmal vom Menschen angenommen ist, diesen auch innerlich verändert, sodass er eine „neue Schöpfung" in Christus ist (vgl. 2 Kor 5,17). Die katholische Theologie vertrat damit ein „effektives" Verständnis von

Rechtfertigung im Sinne einer „Gerechtmachung" des Menschen durch die göttliche Gnade, während die lutherische Theologie eher den „forensischen" Aspekt der Rechtfertigung im Sinne einer „Gerechterklärung" des Menschen im Gericht Gottes betonte. Eine solche „Gerechterklärung" stellt zwar die Beziehung zwischen Gott und Mensch auf eine neue Grundlage, verwandelt aber nicht den Menschen an sich, sodass die reformatorische Theologie den Menschen als „gerecht und Sünder zugleich" (latein. *„simul iustus et peccator"*) bezeichnet. Eine solche Redeweise wurde von katholischer Seite verworfen, weil sie dadurch die Effektivität der Rechtfertigung, d. h. die innere Verwandlung des Menschen durch die Gnade Gottes, in Frage gestellt sieht. Der gerechtfertigte Mensch kann nicht mehr als „Sünder" im strengen Sinne des Wortes bezeichnet werden, sondern es gibt in ihm nur noch eine „Neigung zur Sünde" (latein. *„concupiscentia"* – Begierde). Die unterschiedlichen Ansätze in der Soteriologie haben damit wiederum Rückwirkungen auf die Anthropologie, die Lehre vom Menschen.

Angesichts der zentralen Stellung, welche die Lehre von der Rechtfertigung in den Auseinandersetzungen des 16. Jahrhunderts einnahm, verwundert es kaum, dass sie auch in den theologischen Gesprächen der vergangenen vier Jahrzehnte eine zentrale Rolle spielte. Die Internationale katholisch-lutherische Dialogkommission hat sich mehrfach mit ihr befasst, nationale Kommissionen haben ergänzende Studien erarbeitet und der „Ökumenische Arbeitskreis" hat sich in seiner Studie zu den Lehrverurteilungen des 16. Jahrhunderts ebenfalls mit diesem Themenkomplex auseinandergesetzt.[20] Der in diesen Dialogen erreichte ökumenische Konsens wurde in den 1990er-Jahren in der „Gemeinsamen Erklärung zur Rechtfertigungslehre" (GER) zusammengefasst, die von Vertretern der katholischen Kirche und des Lutherischen Weltbundes am Reformationstag 1999 in Augsburg unterzeichnet wurde.[21] Darin wird eine Übereinstimmung in „Grundwahrheiten der Rechtfertigungslehre" festgehalten, die besonders prägnant in folgenden Worten zum Ausdruck kommt: „Gemeinsam bekennen wir: Allein aus Gnade im

Glauben an die Heilstat Christi, nicht aufgrund unseres Verdienstes, werden wir von Gott angenommen und empfangen den Heiligen Geist, der unsere Herzen erneuert und uns befähigt und aufruft zu guten Werken" (GER 15). Diese Formulierung verbindet in gelungener Form das reformatorische „allein aus Gnade" mit der von katholischer Seite betonten Bedeutung der „guten Werke", die dem Glauben an Jesus Christus und der damit verbundenen Erneuerung des Menschen folgen. Auch in anderen Textabschnitten der GER, die hier nicht im Einzelnen zitiert werden können, gelingt diese Verbindung zwischen reformatorischen Anliegen und katholischen Glaubensüberzeugungen, die als einander nicht widersprechend, sondern sich gegenseitig ergänzend beschrieben werden.

Dass mit der GER noch kein vollständiger Konsens erreicht werden konnte, verdeutlicht die „Entfaltung des gemeinsamen Verständnisses der Rechtfertigung" im 4. Kapitel des Dokuments. Darin werden in sieben Unterpunkten frühere Differenzen thematisiert, wobei zunächst jeweils die erreichte Übereinstimmung in den „Grundwahrheiten" formuliert wird (eingeleitet mit den Worten „Wir bekennen gemeinsam ..."), bevor dann dargelegt wird, warum bestimmte lutherische und katholische Akzentsetzungen in der Lehre diesem Grundkonsens nicht widersprechen. In der ökumenischen Theologie bezeichnet man diese Methode als „differenzierten Konsens", der sich dadurch auszeichnet, dass er einerseits aus heutiger Sicht eine grundlegende Übereinstimmung (Konsens) formuliert, andererseits aber bestimmte konfessionsspezifische Ausprägungen in der Glaubenslehre nicht verwirft, sondern sie als „Unterschiede in der Sprache, der theologischen Ausgestaltung und der Akzentsetzung des Rechtfertigungsverständnisses" als „tragbar" qualifiziert (GER 40). Der differenzierte Konsens nimmt damit die Zeitbedingtheit theologischer Sprache wie auch die Berechtigung früherer Lehrverurteilungen ernst, die als „heilsame Warnungen" (GER 42) vor einseitigen Akzentsetzungen in der Lehre von bleibender Bedeutung sind. Die Methode des differenzierten Konsenses ist – vor allem von

Theologen, die sich zuvor nicht am ökumenischen Dialog beteiligt haben – vielfach kritisiert worden. Die Kritik an der GER hat dazu geführt, dass vor ihrer Verabschiedung noch ein ergänzender Text mit Klarstellungen zu einigen besonders umstrittenen Themen erarbeitet wurde. Mit der Unterzeichnung dieser „Gemeinsamen Offiziellen Feststellung" haben die katholische Kirche und der Lutherische Weltbund die GER dann aber „in ihrer Gesamtheit" bestätigt.

Damit wurde erstmals in der Geschichte des ökumenischen Dialogs ein von verschiedenen theologischen Kommissionen erarbeiteter Konsens von den Kirchenleitungen offiziell rezipiert. Die Tragfähigkeit des in der GER formulierten Konsenses hat sich – trotz aller Kritik an einzelnen Aspekten – im Nachhinein auch dadurch erwiesen, dass in dieses zunächst auf bilateraler Ebene erzielte Dialogergebnis inzwischen auch ein dritter Partner einbezogen werden konnte. Im Juli 2006 hat der Weltrat Methodistischer Kirchen in einer offiziellen Stellungnahme dem von Lutheranern und Katholiken in der GER formulierten Grundkonsens zugestimmt, sodass heute Katholiken, Lutheraner und Methodisten in den wesentlichen Glaubensüberzeugungen hinsichtlich des Verhältnisses von Gott und Mensch übereinstimmen.

Allen westlichen Kirchen ist es gemeinsam, dass sie in der Soteriologie, der Lehre vom Heil, von der „Erlösung" des Menschen sprechen. Diese Formulierung deutet schon darauf hin, dass es aus ihrer Sicht im Wesentlichen darum geht, von etwas „erlöst" zu werden, d. h. von der Sündhaftigkeit befreit zu werden. Die Tradition der östlichen Kirchen setzt hier einen anderen Akzent, wenn sie von der „Vergöttlichung" (griech. „theosis") des Menschen spricht. Damit ist nicht gemeint, dass der Mensch sich anmaßen könne, wie Gott zu werden. Vielmehr verweist diese Formulierung darauf, dass es aus orthodoxer Sicht um die Wiederherstellung der Gottebenbildlichkeit des Menschen geht. „Gott ist Mensch geworden, damit der Mensch vergöttlicht werde", lautet ein Grundaxiom der östlichen Kirchenväter. Die Menschwerdung Gottes in Jesus Christus zielt auf die Versöhnung des Menschen mit Gott und seine Wiederherstellung als

Bild Gottes. So ergänzen die westliche und die östliche Lehre vom Heil einander, indem sie die beiden Grundaspekte des christlichen Menschenbildes (Sündhaftigkeit und Gottebenbildlichkeit) in je eigener Betonung zur Geltung bringen.

Zuspruch im Zeichen –
Das Verständnis der Sakramente, insbesondere die Bedeutung von Taufe und Eucharistie

Wenn wir uns bisher vor allem mit dem christlichen Gottes- und Menschenbild befasst haben, so wenden wir uns nun im nächsten Schritt der Frage zu, wie sich das Verhältnis von Gott und Mensch konkret gestaltet. Eine zentrale Rolle spielen dabei in allen christlichen Kirchen und Gemeinschaften der Gottesdienst im Allgemeinen und die Sakramente im Besonderen. Die Liturgie zählt in allen Kirchen zum Zentrum der Glaubenspraxis. In ihr wird den Menschen durch die Verkündigung des Wortes Gottes das Heil in Jesus Christus zugesprochen. Dieser Zuspruch verdichtet sich in der Feier der Sakramente, bei der dem Einzelnen das allen Gläubigen verheißene Heil im sakramentalen Zeichen persönlich zuteil wird. Früher bezeichnete man die reformatorischen Kirchen als „Kirchen des Wortes", während die katholische Kirche als „Kirche der Sakramente" galt. Das ökumenische Gespräch hat zu der Erkenntnis geführt, dass diese Gegenüberstellung zwar gewisse Akzentsetzungen auf der einen und der anderen Seite widerspiegelt, jedoch letztlich eine falsche Alternative darstellt, da sowohl Katholiken als auch Protestanten die notwendige Verbindung von Wort und Sakrament betonen. Die Liturgiereform des Zweiten Vatikanischen Konzils hat verdeutlicht, dass jede Feier der Sakramente auch mit der Verkündigung des Wortes Gottes verbunden sein muss. Auf der anderen Seite hält Art. 7 der Confessio Augustana (= CA), der grundlegenden Bekenntnisschrift der lutherischen Kirchen, fest, dass sich eine christliche Kirche dadurch auszeichnet, dass in ihr „das Evangelium rein gepredigt und die heiligen

Sakramente laut dem Evangelium gereicht werden" (CA 7). So gilt heute als gemeinsame Überzeugung, dass die Kirche ihrem Auftrag und Selbstverständnis nur dann gerecht wird, wenn sie eine „Kirche des Wortes und der Sakramente"[22] ist.

Dennoch gibt es weiterhin Unterschiede im Verständnis der Sakramente, die sich schon offenbaren, wenn man nach der Zahl der Sakramente fragt. Während Katholiken und Orthodoxe sieben Sakramente kennen, bezeichnen Protestanten in der Regel nur die Taufe und das Abendmahl als Sakramente. Im Hintergrund steht auf Seiten der Reformatoren ein engerer Sakramentsbegriff, demzufolge nur jene Handlung als Sakrament bezeichnet werden kann, für die es ein Stiftungswort Jesu Christi in der Heiligen Schrift gibt. Aufgrund des Schriftwortes über die Binde- und Lösegewalt[23] zählte Luther neben der Taufe und dem Abendmahl anfangs auch noch die Beichte zu den Sakramenten, jedoch setzte sich später auf reformatorischer Seite die Zweizahl durch. Dass die Protestanten damit ein großes Gewicht auf die Taufe und das Abendmahl legen, entspricht durchaus der Tradition katholischer Theologie, von der die Taufe und die Eucharistie als „größere Sakramente" (latein. *„sacramenta maiora"*), die übrigen Sakramente dagegen als „kleinere Sakramente" (latein. *„sacramenta minora"*) bezeichnet wurden. Die Zählung von sieben Sakramenten hatte sich in der mittelalterlichen Theologie vor allem aufgrund ihrer symbolischen Bedeutung (die 7 als Zahl der Vollkommenheit) durchgesetzt, nachdem man zuvor lange Zeit eine weitaus größere Zahl von Sakramenten gezählt hatte. Auch die evangelische Kirche kennt neben Taufe und Abendmahl gottesdienstliche Feiern, die das in Jesus Christus verheißene Heil an bestimmten, existenziell bedeutsamen Punkten den Menschen persönlich zusprechen, ohne dass diese, wie in der katholischen Kirche, als Sakramente bezeichnet werden: die Konfirmation (Sakrament der Firmung), die Trauung (Sakrament der Ehe), die Ordination (Sakrament der Weihe), die Beichte (Sakrament der Buße) und die Krankensegnung (Sakrament der Krankensalbung). Der Unterschied liegt also weniger in der liturgischen Praxis als vielmehr in deren theologischer

Qualifikation. Gemeinsam sind Katholiken und Lutheraner der Überzeugung: „Teilhabe an den Sakramenten der Kirche ist Teilhabe an Christus selbst"[24]. Christus ist das eigentliche (Ur-)Sakrament – Zeichen für die Barmherzigkeit Gottes, der allein den Menschen Heil zu schenken vermag.

In der **Taufe** wird diese Heilszusage dem Täufling persönlich zuteil, der mit Christus begraben (Untertauchen) und mit ihm auferweckt wird (Wiederauftauchen) zum neuen Leben in Christus. Der Taufritus, wie er in der frühen Kirche noch allgemein und in den täuferischen Gemeinschaften und in Teilen der Orthodoxen Kirche bis heute praktiziert wird, veranschaulicht dies sinnfällig. Die Taufe wird von allen christlichen Kirchen als Sakrament der Eingliederung in den Leib Christi und damit in die Kirche verstanden. Da es keine „ökumenische Kirche" gibt, kann es auch keine „ökumenische Taufe" geben, sondern nur die Taufe in einer bestimmten Kirche. Auch wenn mit der Taufe somit zugleich die Konfession des Täuflings festgelegt wird, hat die Taufe dennoch eine konfessionsverbindende Bedeutung. Das Ökumenismus-Dekret des Zweiten Vatikanischen Konzils bezeichnet die Taufe als „sakramentales Band der Einheit zwischen allen, die durch sie wiedergeboren sind" (UR 22). Die katholische Kirche erkennt alle Taufen als gültig an, die auf den Namen des Dreieinen Gottes erfolgen und mit Wasser vollzogen werden. Dazu zählen die Taufen der Orthodoxen und der Orientalisch-Orthodoxen, der Anglikaner und der Alt-Katholiken, der evangelischen Landeskirchen (Lutheraner, Reformierte und Unierte) und der evangelischen Freikirchen (Methodisten, Baptisten, Mennoniten, Freie Evangelische, Herrnhuter), auch die Taufen der Siebenten-Tags-Adventisten und der Neuapostolischen Kirche. Nicht anerkannt werden dagegen die Taufe der Mormonen und der Zeugen Jehovas sowie der sich auf Rudolf Steiner berufenden Christengemeinschaft.

Nachdem es seit den 1960er-Jahren bereits in verschiedenen Regionen Deutschlands regionale Vereinbarungen zur gegenseitigen Taufanerkennung gegeben hatte, haben im April 2007 – angestoßen durch eine Initiative des Päpstlichen Einheitsrates –

elf Mitgliedskirchen der ACK in Magdeburg eine bundesweite Erklärung zur gegenseitigen Taufanerkennung unterzeichnet, in der als gemeinsame Überzeugung festgehalten ist: „Als ein Zeichen der Einheit aller Christen verbindet die Taufe mit Jesus Christus, dem Fundament dieser Einheit. Trotz Unterschieden im Verständnis von Kirche besteht zwischen uns ein Grundeinverständnis über die Taufe. Deshalb erkennen wir jede nach dem Auftrag Jesu im Namen des Vaters und des Sohnes und des Heiligen Geistes mit der Zeichenhandlung des Untertauchens im Wasser bzw. des Übergießens mit Wasser vollzogene Taufe an und freuen uns über jeden Menschen, der getauft wird."[25]

Die Freikirchen der täuferischen Tradition (Baptisten und Mennoniten) haben dieses Dokument nicht unterzeichnet, weil sie die in den Volkskirchen praktizierte Kindertaufe ablehnen. Sie halten daran fest, dass die Taufe ein persönliches Bekenntnis zu Christus voraussetzt und daher erst im Jugendlichen- oder Erwachsenenalter gespendet werden kann. Die Differenzen liegen also nicht im Taufverständnis, sondern in der Taufpraxis. Auch diesbezüglich zeichnet sich im ökumenischen Gespräch eine Annäherung ab, insofern beide Seiten anerkennen, dass die Taufe am Beginn eines Glaubensweges steht, der niemals abgeschlossen ist, sondern immer tiefer in die Gemeinschaft mit Christus und damit mit der Kirche hineinführt.[26]

In ökumenischen Gottesdiensten wird häufig an die Taufe als ein wichtiges Zeichen der Verbundenheit aller Christen erinnert. Nach Aussage des Ökumenismus-Dekrets steht jeder, der an Christus glaubt und die Taufe empfangen hat, „dadurch in einer gewissen, wenn auch nicht vollkommenen Gemeinschaft mit der katholischen Kirche" (UR 3). Das Bewusstsein für diese in der Taufe grundgelegte Gemeinschaft aller Christen sollte stärker gefördert werden, als das bislang der Fall war, und damit für das ökumenische Miteinander fruchtbar gemacht werden (mehr dazu in Kapitel 7).

Neben der Taufe gehört die Feier der **Eucharistie** bzw. des Abendmahls zu den zentralen Merkmalen des Christentums.

Schon die Apostelgeschichte zählt das Mahlhalten und das Brechen des Brotes zu den Kennzeichen der frühen Christen, die sie von ihren jüdischen Glaubensbrüdern unterschieden. Dabei gab es von Anfang an Streit um die rechte Feier und das richtige Verständnis dieses Mahles, das die Christen in Erinnerung an das letzte Abendmahl Jesu und seine Weisung „Tut dies zu meinem Gedächtnis" feierten. Wie die Ermahnungen des Apostels Paulus an die Gemeinde von Korinth belegen (vgl. 1 Kor 11), begann der Streit um das rechte Verständnis der Eucharistie nicht erst in der Reformationszeit, sondern reicht viel weiter zurück und durchzieht praktisch die gesamte Kirchengeschichte. Das Ringen um das rechte Verständnis von Eucharistie und Abendmahl deutet darauf hin, welch große Bedeutung diesem Sakrament im Leben der Kirche zukommt. In nahezu allen christlichen Kirchen stellt die Feier der Eucharistie bzw. des Abendmahls den Höhepunkt des gottesdienstlichen Lebens der Kirche dar. Die Feier der Eucharistie wird von allen Christen als Feier des Gedächtnisses des Todes und der Auferstehung Jesu Christi verstanden, die uns durch den Heiligen Geist Gemeinschaft mit Gott schenkt und die Gemeinschaft untereinander aufbaut. Lobpreis und Danksagung (griech. *„eucharistia")* für die Heilstaten Gottes, die Erinnerung an Leben und Sterben, Tod und Auferstehung Jesu Christi (Anamnese) sowie die Herabrufung des Heiligen Geistes auf die Gläubigen und die eucharistischen Gaben (Epiklese) sind wesentliche Bestandteile dieser Feier.[27] In diesem Grundverständnis der Eucharistie stimmen heute alle Christen überein.

In der Reformationszeit kreiste der Streit um das „Herrenmahl", wie Paulus die Feier der Eucharistie nennt (1 Kor 11,20), im Wesentlichen um drei Fragen: um die Frage des „Laienkelchs", d. h. die Forderung nach der Kommunion unter beiden Gestalten als der stiftungsgemäßen Form dieses Sakraments für alle Gläubigen, um den Opfercharakter der Eucharistiefeier und um die Frage der „Realpräsenz", d. h. der Gegenwart Jesu Christi in der Eucharistie. In der Frage des Laienkelchs vertreten heute Katholiken und Protestanten gemeinsam die Auffassung, dass die Kommunion unter beiden Gestalten zur stiftungsgemäßen

Vollgestalt des Herrenmahls gehört, wie es die Reformatoren gefordert haben, andererseits aber Jesus Christus unter jeder eucharistischen Gestalt voll gegenwärtig ist, womit das Anliegen der katholischen Seite aufgenommen ist.

Hauptstreitpunkt zur Reformationszeit war der Opfercharakter der Messe. Die Reformatoren kritisierten das Verständnis der Messe als Opfer, weil die liturgische Praxis der Kirche den Eindruck erweckte, der Opfertod Jesu am Kreuz reiche nicht aus um uns zu erlösen, sondern müsse ergänzt werden durch das Opfer der Kirche, d. h. durch ein Opfer von Seiten der Menschen, das in der Feier der heiligen Messe immer wieder neu Gott dargebracht werden müsse. Das bedeutete aus ihrer Sicht, dass wir Menschen nicht durch Christus allein erlöst sind („*solus Christus*"), sondern dass der Mensch bzw. die Kirche am Werk der Erlösung mitwirkt. Diese Vorstellung widersprach zutiefst der reformatorischen Grundeinsicht von der absoluten Gnadenhaftigkeit der Erlösung („*sola gratia*") und wurde von ihnen daher verworfen. Im ökumenischen Dialog wurde hier eine Verständigung vor allem über ein vertieftes Verständnis des biblischen Zeugnisses erreicht. In frühchristlichen liturgischen Formularen ist vom „Gedächtnis" des Opfers Jesu Christi die Rede. Gedächtnis meint in der Bibel nicht ein bloßes Erinnern an etwas Vergangenes, das als solches vergangen bleibt, sondern Gedächtnis (hebr. „*zikkaron*") im biblischen Sinne meint, dass durch das Wirken des Heiligen Geistes in der Eucharistiefeier das ganze Heilswirken Jesu Christi wirksam gegenwärtig wird. Wenn in der katholischen Theologie daher vom „Messopfer" die Rede ist, dann bedeutet das keine Wiederholung oder gar menschliche Ergänzung des einmaligen Kreuzesopfers Jesu Christi, sondern seine Vergegenwärtigung in der Feier der Eucharistie. Die Eucharistie ist somit auch aus katholischer Sicht kein eigenständiges Opfer der Kirche, sondern Teilhabe am Opfer Jesu Christi. Als solche ist die Eucharistiefeier nicht Ergänzung oder Vervollständigung des einmaligen Kreuzesopfers Jesu Christi, sondern ein „Lobopfer, durch das die Kirche für die ganze Schöpfung spricht"[28], und ein „Dankopfer für das im Sakrament gegenwärtige Kreuzesopfer"[29]. In der katholischen Frömmigkeit ist der Gedanke des Messopfers bis heute verbreitet durch die Praxis der Messstipendien, die darauf zielen, die „Früchte des Messopfers" einer bestimmten Person – meist verstorbenen Angehörigen der Familie – zukommen zu lassen. Hier ist ökumenische Sensibilität gefragt, damit nicht der Eindruck der „Käuflichkeit" von Gnade entsteht, sondern deutlich wird, dass diese Praxis im Kontext des Gebets der Kirche für ihre verstorbenen Glieder steht.

Im Blick auf das Verständnis der Realpräsenz stimmte Luther mit der katholischen Tradition überein, dass Jesus Christus in den Gestalten von Brot und Wein wahrhaft gegenwärtig ist. „Gemeinsam bekennen katholische und lutherische Christen die wahre und wirkliche Gegenwart des Herrn in der Eucharistie."[30] Luther grenzte sich diesbezüglich deutlich gegenüber dem Schweizer Reformator Huldreych Zwingli ab, der nur von einer „Spiritualpräsenz" des Herrn sprechen wollte und Brot und Wein als reine Symbole der Gegenwart Jesu Christi verstand. Obwohl Luther mit der katholischen Tradition im Verständnis der realen Gegenwart Jesu Christi in den Gestalten von Brot und Wein über-einstimmte (für ihn „ist" das eucharistische Brot der Leib Christi, während die reformierte Tradition die Formulierung „das bedeu-tet" verwendet), lehnte er es ab, von einer „Wesensverwandlung" (latein. „transsubstantiatio") von Brot und Wein zu sprechen. Stattdessen spricht die lutherische Tradition von der Gegenwart Jesu Christi „in, mit und unter Brot und Wein", was in der theo-logischen Literatur später mit dem Begriff „Konsubstantiation" umschrieben wurde. Der von der katholischen Theologie ver-wendete Begriff der Transsubstantiation bezieht sich auf die Unterscheidung von Substanz (= inneres Wesen) und Akzidenz (= äußere Erscheinungsform) in der mittelalterlichen Philosophie. So wollte man mit der Lehre von der Transsubstantiation zum Ausdruck bringen, dass sich das innere Wesen der Gestalten von Brot und Wein wandelt, obwohl das äußere Erscheinungsbild unverändert bleibt. Das Konzil von Trient bezeichnete die Trans-substantiationslehre als einen „sehr treffenden" Erklärungsver-such, ohne damit freilich das katholische Eucharistieverständnis exklusiv auf dieses Erklärungsmodell festzulegen. Der ökumenische Dialog über die Realpräsenz hat zu der Erkenntnis geführt, dass das Verständnis der realen Gegenwart Jesu Christi in den Gestalten von Brot und Wein nicht an eine bestimmte philosophische Begrifflichkeit gebunden ist, sondern dass es in den verschiedenen Bekenntnistraditionen darum geht, die personale Gegenwart des gekreuzigten und auferstandenen Herrn in der Feier der Eucharistie zum Ausdruck zu bringen. Die Gegenwart Christi in der Eucharistie ist „zugleich sakramental und personal": Sie „ist sakramental, insofern sie die konkrete Form ist, welche das Geheimnis Christi in der eucharistischen Kommunion seines Leibes und Blutes annimmt. Es ist aber auch eine personale Gegenwart, weil Jesus Christus in seiner eigenen Person unmittelbar gegenwärtig ist und sich uns in seiner Wirklichkeit als wahrer Mensch und wahrer Gott gibt"[31].

Während somit im Blick auf das Verständnis der Gegenwart Jesu Christi in der Eucharistie eine Reihe von Missverständnissen der nachreformatorischen Kontroverstheologie ausgeräumt werden konnten, bestehen nach wie vor Differenzen im Blick auf die Dauer der Realpräsenz, die aus evangelischer Sicht nur während der Feier gegeben ist, während Katholiken davon überzeugt sind, dass Jesus Christus auch nach Abschluss der Eucharistiefeier bleibend in der Gestalt des Brotes gegenwärtig ist, weshalb der Leib Christi im Tabernakel aufbewahrt und auch zur Anbetung durch die Gläubigen ausgesetzt wird. Hier ist auf beiden Seiten Sensibilität im Blick auf die Frömmigkeitspraxis der anderen gefragt: Evangelische Christen sollten mit Rücksicht auf die Empfindungen der Katholiken vermeiden, übriggebliebene Gaben nach der Abendmahlsfeier einfach wegzuwerfen, sondern diese verzehren. Umgekehrt sollten katholische Gemeinden eine „Vorratshaltung" großer Mengen von Hostien im Tabernakel vermeiden, um zu verdeutlichen, dass die Feier der Eucharistie grundsätzlich auf den Empfang der eucharistischen Gaben ausgerichtet ist.[32] Die erfreuliche Tatsache, dass sich in einigen Regionen auch evangelische Pfarrer an katholischen Fronleichnamsprozessionen beteiligen, verdeutlicht, dass diesbezüglich bereits viele Vorurteile ausgeräumt werden konnten. In der Frömmigkeitspraxis haben sich im Laufe der Zeit noch weitere Unterschiede entwickelt: Während sich das gottesdienstliche Leben in der katholischen Kirche immer mehr auf die Eucharistiefeier konzentrierte, feierten evangelische Gemeinden das Abendmahl oft nur drei bis vier Mal im Jahr. Auch hier zeichnen sich in letzter Zeit Annäherungen ab: Auf katholischer Seite steht nicht mehr die tägliche Messfeier, sondern die sonntägliche Eucharistiefeier im Vordergrund, und auch Wortgottesdienste erfahren eine zunehmende Wertschätzung; auf evangelischer Seite wird umgekehrt das Abendmahl nicht mehr als bloßer „Anhang" zum Predigtgottesdienst gefeiert und zählt inzwischen zum regelmäßigen (meist einmal im Monat) Bestand des gottesdienstlichen Lebens.

Dass die Annäherung im Verständnis der Eucharistie noch nicht zur Abendmahls- bzw. Eucharistiegemeinschaft geführt hat, hängt mit anderen Fragestellungen zusammen, die die Rolle des Priesters bei der Eucharistiefeier und das Verhältnis von Eucharistie und Kirche betreffen (vgl. den folgenden Abschnitt). Die Frage nach den Möglichkeiten und Grenzen von Eucharistiegemeinschaft bzw. eucharistischer Gastfreundschaft wird daher erst nach Klärung dieser Fragen in Kapitel 7 behandelt.

Gemeinschaft der Gläubigen – Das Verständnis von Kirche und die Bedeutung des kirchlichen Amtes

Für die Wiedererlangung der Einheit ist eine Verständigung über die Ekklesiologie, die Lehre von der Kirche, von zentraler Bedeutung. Ohne Einigkeit über das Verständnis von Kirche wird es keine Einheit der Christen geben. Der ökumenische Dialog hat hier in den vergangenen Jahrzehnten bemerkenswerte Konvergenzen aufzeigen können. Allerdings gibt es gerade in diesem Bereich auch noch substanzielle Differenzen, die einer weitergehenden Annäherung bislang entgegenstehen.

Eine grundlegende Übereinstimmung besteht darin, dass das biblische Zeugnis und das Bekenntnis der frühen Kirche maßgebliche Bedeutung auch für unser heutiges Verständnis von Kirche haben. So greifen Theologen aller Konfessionen auf biblische Bilder zurück, um das Wesen der Kirche zu umschreiben: Die Kirche ist Volk Gottes, Leib Christi, Tempel des Geistes. In diesen Bildern klingt bereits der Bezug auf den dreieinen Gott als eine weitere grundlegende Übereinstimmung an. Die Kirche ist – mit den Worten der Dogmatischen Konstitution über die Kirche „Lumen gentium" (= LG) des Zweiten Vatikanischen Konzils – „das von der Einheit des Vaters und des Sohnes und des Heiligen Geistes her geeinte Volk" (LG 4). Die Kirche ist somit die Gemeinschaft der Gläubigen, die nach dem Vorbild der trinitarischen Gemeinschaft in Gott gestaltet ist. Dieser Gedanke einer „trinitarischen Ekklesiologie" ist vor allem von den orthodoxen Kirchen in den ökumenischen Dialog eingebracht worden. Er wird jedoch heute von nahezu allen Kirchen geteilt, wie das jüngste Dokument zur Ekklesiologie der Kommission für Glauben und Kirchenverfassung verdeutlicht, das mit einem ausführlichen Kapitel über die „Kirche des dreieinen Gottes" beginnt.[33] Weitgehende Übereinstimmung besteht heute auch in der Interpretation der vier Wesensmerkmale der Kirche, die im Glaubensbekenntnis von Nizäa-Konstantinopel (381) benannt werden: Die christliche Kirche ist die „eine, heilige, katholische[34] und apostolische Kirche". Damit ist eine gemeinsame Grundlage gegeben, auf der das ökumenische Gespräch aufbauen kann. Wenn wir jedoch in einem nächsten Schritt danach fragen, welche Folgerungen daraus für die konkrete Gestalt der Kirche gezogen werden können, treten bereits erste Divergenzen zutage.

Ein grundlegendes Problem besteht dabei in der Verhältnisbestimmung zwischen der Kirche als einer von Gott gestifteten Realität (Kirche als „Leib Christi" und damit als eine theologische Größe) und der Kirche als menschlicher Institution (die Gemeinschaft der Gläubigen als soziologische Größe). Die evangelische Theologie betont in diesem Zusammenhang die Notwendigkeit, zwischen „Grund" und „Gestalt" der Kirche zu unterscheiden. Die Kirche als Gegenstand des Glaubens und die Kirche als soziale Wirklichkeit werden auf diese Weise „unterschieden und aufeinander bezogen". Dabei betont die evangelische Seite: „Die Kirche als Geschöpf des göttlichen Wortes lässt sich nicht einfach mit einer der geschichtlichen Kirchen oder mit deren Gesamtheit in eins setzen."[35] Die katholische Theologie hebt dagegen die Einheit der sichtbaren Kirche mit der Kirche Jesu Christi hervor: „Die sichtbare Versammlung und die geistliche Gemeinschaft, die irdische Kirche und die mit himmlischen Gaben beschenkte Kirche sind nicht als zwei verschiedene Größen zu betrachten, sondern bilden eine einzige komplexe Wirklichkeit, die aus menschlichem und göttlichem Element zusammenwächst" (LG 8).

Woran aber lässt sich erkennen, ob eine „sichtbare Versammlung" von Gläubigen Kirche Jesu Christi ist? Die Confessio Augustana definiert die Kirche als „Versammlung aller Gläubigen, bei denen das Evangelium rein gepredigt und die heiligen Sakramente laut dem Evangelium gereicht werden" (CA 7). Nach evangelischem Verständnis sind somit zwei Elemente konstitutiv für die Kirche: die Verkündigung des Evangeliums und die Spendung der Sakramente. Die katholische Theologie benennt dagegen seit Robert Bellarmin († 1621) in der Regel drei „Bande" (latein. „vincula"), die notwendig sind, um eine Gemeinschaft als Kirche im vollen Sinne des Wortes anerkennen zu können: „die Bande des Glaubensbekenntnisses, der Sakramente und der kirchlichen Leitung und Gemeinschaft" (vgl. LG 14). Mit dieser Definition kommt auf katholischer Seite sogleich das kirchliche Amt mit ins Spiel. Natürlich impliziert auch die genannte Definition der Confessio Augustana, dass es in der Kirche Personen geben muss, die das Evangelium verkünden und die Sakramente spenden. Doch aus reformatorischer Sicht sind die Formen, in denen dieses Amt ausgeübt wird, variabel und können den jeweiligen Bedingungen der Zeit angepasst werden, während für die katholische Kirche das Amt in seiner dreigliedrigen Struktur (Bischöfe, Priester, Diakone) ein wesentliches und unveränderbares Element des Kircheseins darstellt. Die Frage nach der Bedeutung, der Struktur und der Autorität des kirchlichen Amtes zählt daher bis heute zu den entscheidenden Differenzen zwischen Protestanten und Katholiken. Dass das dritte der drei oben genannten „Bande" von protestantischer Seite nicht in gleicher Weise wie in der katholischen Theologie als kirchenkonstitutiv erachtet wird, ist auch der Grund dafür, weshalb die römische Glaubenskongregation in zwei Verlautbarungen aus den Jahren 2000 und 2007 unterstrich, dass die protestantischen Gemeinschaften aus katholischer Sicht nicht als „Kirchen im eigentlichen Sinn" bezeichnet werden könnten.[36] Dass sich diese Aussage nicht auf die evangelischen Kirchen als soziologische Größen bezieht, sondern deren theologische Qualifikation betrifft, wurde in den hitzigen Debatten, die diese Dokumente auslösten, oft übersehen. Überlesen wurden zumeist auch die positiven Aussagen über die ekklesiologische Bedeutung der evangelischen Kirchen, die sich vor allem im offiziellen Kommentar der Glaubenskongregation zu ihrem Dokument vom Sommer 2007 finden. Darin heißt es ausdrücklich, dass die aus der Reformation hervorgegangenen kirchlichen Gemeinschaften „zweifellos einen kirchlichen Charakter und einen daraus folgenden Heilswert haben"[37]. Diese Aussage bietet einen wichtigen Anknüpfungspunkt für die Fortführung des ökumenischen Gesprächs über das Kirchenverständnis, das wegen der Irritationen der vergangenen Jahre umso notwendiger ist.

Im Hintergrund der bislang nicht ausgeräumten Differenzen im Kirchenverständnis steht eine unterschiedliche Wertung der Bedeutung von Kirche im Miteinander von Gott und Mensch. Während die reformatorische Tradition die Kirche primär als „Geschöpf des Wortes" (latein. *„creatura verbi"*) betrachtet und damit die Abhängigkeit der Kirche von Gott und ihr bleibendes Gegenüber zu Gott betont, sieht die katholische Tradition die Kirche eher als „Mittlerin des Heils", der Gott die Aufgabe übertragen hat, das in Christus offenbarte Heil den Menschen aller Generationen zu verkünden und in der Spendung der Sakramente zuzusprechen. Aufgrund der engen Verbindung von

„menschlichem und göttlichem Element" (wie bei den Sakramenten) und der sich daraus ergebenden Mittlerfunktion der Kirche spricht die katholische Theologie auch vom „sakramentalen Charakter" der Kirche. Art. 1 der Kirchenkonstitution des Zweiten Vatikanischen Konzils bezeichnet die Kirche „gleichsam als Sakrament, d. h. Zeichen und Werkzeug für die innigste Vereinigung mit Gott wie für die Einheit der ganzen Menschheit" (LG 1). Die Bezeichnung der Kirche als Sakrament wird von vielen evangelischen Theologen abgelehnt, weil dies aus ihrer Sicht die Gefahr in sich birgt, dass die Kirche zu sehr an die Stelle Jesu Christi rückt und sich zur alleinigen Heilsmittlerin erhebt. Die katholische Theologie will freilich mit dem Begriff des Sakraments gerade die radikale Abhängigkeit der Kirche von Jesus Christus zum Ausdruck bringen, insofern die Kirche als „Zeichen und Werkzeug" der Gnade Gottes eben nichts aus sich selbst heraus vermag, sondern nur aufgrund des Heilswirkens Jesu Christi. Das „Licht der Völker" (latein. *Lumen gentium*), von dem am Beginn der Kirchenkonstitution die Rede ist, ist dementsprechend auch nicht die Kirche, sondern Christus. Obwohl die Kirche der Leib Christi ist, darf sie nicht einfach mit Christus identifiziert werden. Wenn die katholische Theologie den Sakramentsbegriff in einem analogen Sinn auch auf die Kirche anwendet, dient dieser als „theologischer Reflexionsbegriff" vor allem dazu, „die innere Beziehung von äußerer, sichtbarer Struktur und verborgener, geistlicher Wirklichkeit der Kirche zu erklären"[38]. Auf dieser Basis konnten Lutheraner und Katholiken im ökumenischen Dialog Übereinstimmung darüber erzielen, dass die Kirche „in einem abgeleiteten Sinn ‚heilsinstrumentalen' Charakter hat"[39], insofern sie zwar nicht selbst „Heilsmittel", wohl aber der „Raum" ist, in dem die Heilsmittel (Wort und Sakrament) den Gläubigen vermittelt werden.

Die Vermittlung des Heils in Wort und Sakrament erfolgt in der Regel durch die kirchlichen Amtsträger: in den evangelischen Landes- und Freikirchen durch Pfarrer/innen, Pastor/innen und Vikar/innen, in der katholischen, den anglikanischen und den orthodoxen Kirchen durch Bischöfe, Priester und Diakone. Im evangelischen Bereich wird die Bezeichnung „Priester" für die kirchlichen Amtsträger vermieden aus Sorge, dass dadurch die Einmaligkeit des Priestertums Christi infrage gestellt werden könnte. Auch in der Verhältnisbestimmung von Amt und Gemeinde gibt es nach wie vor Differenzen zwischen den verschiedenen Traditionen. Deren Aufarbeitung wird oft dadurch erschwert, dass es gerade in diesem Bereich große Unterschiede zwischen Theorie und Praxis gibt: Während die reformatorische Theologie das allgemeine Priestertum betont, geht im Alltag evangelischer Gemeinden oft nichts ohne den Pfarrer. Umgekehrt gibt es in der katholischen Theologie eine klare Unterscheidung zwischen Klerus und Laien, dennoch prägen die Aktivitäten der Laien das Leben in katholischen Gemeinden häufig sehr stark. In verschiedenen ökumenischen Dialogen wurde unterstrichen, dass die Kirche als ganze den Auftrag hat, das Evangelium in der Welt zu bezeugen. Diese Berufung aller Christen zur Verkündigung des Evangeliums in Wort und Tat schließt jedoch nicht aus, dass es in der Kirche Personen gibt, denen diese Aufgabe als besonderes Amt anvertraut ist. Ausgangspunkt aller Überlegungen über das Verhältnis zwischen Amt und Gemeinde muss jedoch die „Berufung des ganzen Volkes Gottes" sein – so der Titel des ersten Kapitels des Lima-Dokuments über das Amt.[40]

Auf katholischer Seite hatten die Konzilsväter den Weg zu diesem Verständnis bereitet, als sie sich bewusst entschieden, das Amt nicht zum Ausgangspunkt der Ekklesiologie zu machen, sondern dieses vielmehr in ein breiteres Kirchenverständnis einzuordnen. Dementsprechend beginnt die Kirchenkonstitution des Zweiten Vatikanischen Konzils mit Ausführungen zum Verständnis der Kirche als Mysterium (LG, Kap. 1) und als Volk Gottes (LG, Kap. 2). Erst im dritten Kapitel der Kirchenkonstitution wird „Die hierarchische Verfassung der Kirche" und damit das kirchliche Amt thematisiert. Das Konzil hebt das „gemeinsame Priestertum der Gläubigen" hervor, durch das die Gläubigen am Priestertum Christi teilhaben, betont jedoch zugleich, dass sich dieses gemeinsame Priestertum vom „Priestertum des Dienstes", das durch die Priesterweihe vermittelt wird, „dem Wesen und nicht bloß dem Grade nach" unterscheide (LG 10). Mit dieser Formulierung unterstreicht das Konzil, dass das kirchliche Amt nicht aus der Gemeinde ableitbar ist. Das Amt ist keine „Steigerung" des gemeinsamen Priestertums, weil der Priester „nicht in einem höheren Grad Christ" ist. Die Aufgabe des Amtes liegt vielmehr „auf einer anderen Ebene", insofern es als „Priestertum des Dienstes" dem gemeinsamen Priestertum „dienend zugeordnet ist".[41] Nach einer viel zitierten Formulierung aus dem ersten Dokument der Internationalen lutherisch-katholischen Dialogkommission steht „das Amt sowohl gegenüber der Gemeinde wie in der Gemeinde". Damit soll zum Ausdruck gebracht werden, dass die Amtsträger einerseits Glied der Gemeinde und gemeinsam mit den Laien „Christgläubige" sind und bleiben, andererseits aber im Auftrag Jesu Christi der Gemeinde das Evangelium verkünden und die Sakramente spenden. Ein Dokument derselben Dialogkommission über „Das geistliche Amt in der Kirche" fasste diese Überzeugung 1981 mit folgenden Worten zusammen: „Die Präsenz dieses Amtes in der Gemeinschaft ist Zeichen der Priorität der göttlichen Initiative und Autorität im Leben der Kirche. Es ist deshalb nicht bloße Delegation ‚von unten', sondern Stiftung (institutio) Jesu Christi."[42]

In jüngster Zeit gibt es auf evangelischer Seite wieder verstärkt Tendenzen, im Blick auf das Verständnis des kirchlichen Amtes das Delegationsprinzip zu betonen, wodurch die göttliche Stiftung des Amtes in den Hintergrund tritt. Aufgekommen ist diese auch innerevangelisch sehr kontrovers geführte Debatte durch die Fragestellung, ob Evangeliumsverkündigung und Sakramentenspendung in den evangelischen Kirchen allein ordinierten Amtsträgern vorbehalten sein sollen oder ob auch Prädikanten (Predigthelfer / Laienprediger) damit „beauftragt" werden können. Für Lutheraner stellt sich hier die Frage nach der richtigen Interpretation ihrer Bekenntnisschriften, insbesondere der Confessio Augustana, in deren Art. 14 festgehalten wird, dass „niemand in der Kirche öffentlich lehren oder predigen oder die Sakramente reichen soll ohne ordnungsgemäße Berufung *(rite vocatus)"*. Im ökumenischen Dialog waren Katholiken und Lutheraner bisher davon ausgegangen, dass mit der „ordnungsgemäßen Berufung" die Ordination gemeint ist. Wenn die Lutheraner in Deutschland nun in ihrer Erklärung „Ordnungsgemäß berufen" (2006)[43] die Beauftragung praktisch auf eine Stufe mit der Ordination stellen, insofern der („ordinierte") Pfarrer sich nicht mehr im Blick auf seinen Auftrag zur Evangeliumsverkündigung und Sakramentenspendung, sondern nur noch durch seinen beamtenrechtlichen Status vom („beauftragten") Prädikanten unterscheidet, wird damit eine grundlegende Übereinstimmung aufgegeben, auf der der katholisch-lutherische Dialog bislang aufbauen konnte.

Während Katholiken ihre Besorgnis über die jüngste Entwicklung auf protestantischer Seite zum Ausdruck bringen, liegt die größte Schwierigkeit für Protestanten im ökumenischen Gespräch über das kirchliche Amt in einem Text des Zweiten Vatikanischen Konzils, in dem vom „defectus ordinis" in den reformatorischen Kirchen und Gemeinschaften die Rede ist. Je nachdem ob man diese lateinische Formulierung mit „Fehlen des Weihesakraments" übersetzt, wie es in der offiziellen deutschen Übersetzung der Fall ist, oder ob man von einem „Mangel" spricht, ergeben sich größere oder kleinere Schwierigkeiten für das ökumenische Gespräch. Im Hintergrund der Formulierung steht die Überzeugung der katholischen Kirche, dass es für die Gültigkeit des kirchlichen Amtes unabdingbar ist, dass die kirchlichen Amtsträger in der Nachfolge (latein. *„successio"*) der Apostel stehen. Diese „apostolische Sukzession" kann aus katholischer Sicht nur in Verbindung mit gültig geweihten Bischöfen bewahrt werden, denen allein es vorbehalten ist, Priester zu weihen. Die Lehre von der apostolischen Sukzession wurde von katholischen Theologen meist so erläutert, dass die Apostel ihren Schülern durch Handauflegung das „Amtscharisma", die für die Ausübung des Amtes erforderliche Gnadengabe, weitergegeben haben. Diese haben es auf gleiche Weise an ihre Nachfolger vermittelt, sodass eine ununterbrochene Kette von Ordinationen durch Handauflegung und Gebet besteht, durch die das Amtscharisma von den Aposteln bis zu den heutigen Amtsträgern übermittelt wurde. Die Folge eines solchen „formalen" Verständnisses der apostolischen Sukzession ist, dass dort, wo die Kette der Handauflegungen unterbrochen wird, auch das Amtscharisma nicht weitergegeben werden kann, sodass die Amtsträger, die nicht in dieser Kette stehen, nicht gültig geweiht sind. Die Reformatoren lehnten ein solches formales Verständnis der apostolischen Sukzession ab, weil die Amtsführung der mittelalterlichen Bischöfe offensichtlich nicht dem Evangelium entsprach; sie hielten die Treue zur Lehre der Apostel für wichtiger als die Treue zu diesen Nachfolgern der Apostel. Daher verstehen die evangelischen Kirchen bis heute die apostolische Sukzession vor allem unter ihrem „inhaltlichen" Gesichtspunkt: Die Kirche ist apostolisch, insofern sie mit der Lehre der Apostel übereinstimmt.

Heute kann die Differenz zwischen „formalem" und „inhaltlichem" Verständnis der apostolischen Sukzession insofern als überwunden betrachtet werden, als sie auch in der katholischen Kirche nicht mehr im Sinne eines linearen Automatismus verstanden wird, demzufolge eine formal ununterbrochene Kette von Ordinationen das Verbleiben der Kirche in der Wahrheit garantieren würde. Vielmehr wird die apostolische Sukzession auf die Kirche als ganze bezogen und in enger Verbindung mit der apostolischen Tradition gesehen. Das Lima-Dokument über das Amt formuliert diesen Zusammenhang wie folgt: „Die vorrangige Manifestation der apostolischen Sukzession findet sich in der apostolischen Tradition der Kirche als ganzer. Die Sukzession ist ein Ausdruck der Beständigkeit und daher der Kontinuität von Christi eigener Sendung, an der die Kirche teilhat. Innerhalb der Kirche hat das ordinierte Amt die besondere Aufgabe, den apostolischen Glauben zu bewahren und zu vergegenwärtigen. Die geordnete Weitergabe des ordinierten Amtes ist daher ein machtvoller Ausdruck der Kontinuität der Kirche durch die Geschichte."[44] Aufbauend auf dieser Überzeugung wurde in verschiedenen bilateralen Dialogen, vor allem zwischen Anglikanern und Lutheranern, versucht einen Weg zu finden, um die bischöfliche Sukzession auch in reformatorischen Kirchen wieder neu zu etablieren.[45]

Dass die Nachfolge im Amt ein wichtiges Zeichen der Kontinuität der Kirche im apostolischen Glauben ist, haben auch die Reformatoren anerkannt und sich anfangs darum bemüht, die Sukzession der Amtsträger zu bewahren. Erst als es ihnen nicht gelang, Bischöfe für ihre Sache zu gewinnen (so zumindest in Deutschland; in Skandinavien verlief die Reformation anders), gingen sie dazu über, selbst Priester für ihre Gemeinden zu weihen. Dazu sahen sie sich berechtigt, weil es nach damaliger Auffassung keinen Unterschied zwischen Priester- und Bischofsamt auf sakramentaler Ebene, d. h. im Blick auf ihre Weihevollmacht, gab. Eine Konsequenz dieses auf der Lehre des hl. Hieronymus basierenden Amtsverständnisses war es, dass Priester ebenso wie Bischöfe die sakramentale Vollmacht besaßen, andere zu Priestern zu weihen, ihnen es aber aus kirchenrechtlichen Gründen nicht gestattet war, diese Vollmacht auszuüben. Die Reformatoren waren also der Meinung, nur kirchenrechtliche Bestimmungen zu übertreten, nicht aber die apostolische Sukzession der Amtsträger aufzugeben. In der ökumenischen Diskussion wurde daher vorgeschlagen, dass man die Amtsträger in den evangelischen Kirchen aufgrund ihrer „presbyteralen Sukzession" anerkennen könne, also aufgrund der ohne Zweifel vorhandenen Nachfolge im Priesteramt (Priester = latein. *presbyter*). Dieser Vorschlag erhält zusätzliche Plausibilität dadurch, dass es auch in der katholischen Kirche Einzelfälle gegeben hat, in denen der Papst Priestern (meist Äbten von Klöstern) gestattet hat, andere Priester zu weihen.

In jüngster Zeit wurde die Debatte über Wege zur gegenseitigen Anerkennung der kirchlichen Ämter sowohl von der Internationalen lutherisch-katholischen Dialogkommission als auch vom „Ökumenischen Arbeitskreis evangelischer und katholischer Theologen" (ÖAK) in Deutschland aufgegriffen. Das neue Studiendokument der Internationalen Dialogkommission zum Thema „Die Apostolizität der Kirche" fasst ausführlich die bibli-

schen und dogmengeschichtlichen Grundlagen des Amtsverständnisses sowie die Ergebnisse der ökumenischen Reflexion
über das geistliche Amt in der Kirche zusammen.[46] Darauf aufbauend deutet es schließlich auch Möglichkeiten an, auf welchem Weg die Gültigkeit der reformatorischen Ämter von katholischer Seite anerkannt werden könnte: durch ein „geistliches
Urteil", das „bewusst den Weg eines differenzierenden Konsenses geht und differierende Gestalten des Amtes für möglich
erachtet, sofern sie nur den Grundsinn des Amtes verwirklichen
und ihm dienen"[47]. Eine umfassende Bestandsaufnahme des
ökumenischen Dialogs über das kirchliche Amt bietet auch der
„Abschließende Bericht", mit dem der ÖAK die Ergebnisse seines mehrjährigen Studienprojekts über „Das kirchliche Amt in
apostolischer Nachfolge" zusammenfasst.[48] Zu den neuen und
weiterführenden Ansätzen, die dieser Bericht enthält, zählt der
Vorschlag, im Blick auf die apostolische Sukzession sich von der
Fixierung auf das Bild von der „Kette" zu lösen, bei der jede
Verbindung fehlt, sobald sie gerissen ist, und stattdessen das
Bild des „Netzes" zu verwenden, das auch dann noch hält, wenn
die Verbindung an einer Stelle reißt. Der ÖAK begründet diesen
Vorschlag wie folgt: „Da nach der altkirchlichen Ekklesiologie
der neue Bischof nicht nur Nachfolger des Vorgängers, sondern
mit gleicher Wichtigkeit auch Mitglied des gesamten Kollegiums
der anderen Amtsinhaber wurde, würde das Bild vom ‚Netz' die
tatsächliche Gestalt der Amtsweitergabe trefflicher beschreiben."[49] Die altkirchliche Vorschrift, dass bei einer Bischofsweihe
wenigstens drei Nachbarbischöfe die Hand auflegen müssen,
zeugt davon, dass die apostolische Sukzession nicht linear, sondern kollegial verstanden wurde. „Das ursprünglich mit dem
Sukzessionsgedanken verbundene Modell des apostolischen
Zusammenhangs der Kirche ist also nicht eine Kette, sondern ein
Netz, in dem das diachrone Nacheinander der Sukzessionen sich
mit dem synchronen Nebeneinander der Ortskirchen kreuzt."[50]
Es ist zu hoffen, dass dieser Neuansatz sich als fruchtbringend
erweist und die ins Stocken geratene Diskussion über eine
gegenseitige Anerkennung der kirchlichen Ämter neu belebt.

Die Frage nach der Bewertung des Bischofsamtes spielt nicht nur im Blick auf die gegenseitige Anerkennung der kirchlichen Ämter eine wichtige Rolle, sondern auch bei der Diskussion über deren Ausgestaltung. Während die evangelische Theologie das kirchliche Amt primär im Pfarramt verwirklicht sieht, ist für die katholische Kirche die „Fülle des Weihesakraments" im Bischofsamt gegeben (vgl. LG 26), sodass das Priesteramt in Abhängigkeit vom Bischofsamt gesehen wird. Dennoch betont auch die katholische Kirche die grundsätzliche Einheit des kirchlichen Amtes und spricht von dem einen „Ordo" (Weihesakrament), der „in verschiedenen Ordnungen ausgeübt wird von jenen, die schon seit alters Bischöfe, Priester und Diakone heißen" (LG 28). Diese Aussage des Zweiten Vatikanischen Konzils war für den ökumenischen Dialog von großer Bedeutung, da sie die Dreigliedrigkeit des Amtes nicht auf „göttliche Anordnung" zurückführt, sondern als Ausdruck der kirchlichen Tradition („seit alters") bewertet. Dies erleichtert die Verständigung mit den reformatorischen Kirchen, die die verschiedenen Stufen des Amtes als geschichtlich bedingte und damit grundsätzlich wandelbare Formen betrachten. Trotz der historisch bedingten Vorbehalte der reformatorischen Kirchen gegenüber dem Bischofsamt konnte im ökumenischen Dialog als gemeinsame Überzeugung herausgearbeitet werden, dass jede Kirche eines Amtes der „Episkopé", d. h. eines Aufsichtsamtes bedarf, dem die Sorge für die Einheit der Kirche und ihre Treue zur apostolischen Botschaft übertragen ist. Die Internationale lutherisch-katholische Dialogkommission konstatiert in ihrem Dokument „Das geistliche Amt in der Kirche" (1981): „Wenn beide Kirchen anerkennen, dass für den Glauben diese geschichtliche Entfaltung des einen apostolischen Amtes in ein mehr lokales und in ein mehr regionales Amt unter dem Beistand des Heiligen Geistes geschehen und insofern etwas für die Kirche Wesentliches entstanden ist, dann ist ein hohes Maß an Konsens erreicht."[51] Allerdings steht die Anerkennung dieses Konsenses durch die beteiligten Kirchen bis heute noch aus.

Am Ende dieses Abschnitts muss wenigstens kurz die Rolle des Papstamtes in der Kirche thematisiert werden, das nach einer viel zitierten Formulierung von Papst Paul VI. „selbst das größte Hindernis auf dem Weg des Ökumenismus" darstellt. Daher war es ein wichtiges Signal, als Papst Johannes Paul II. in seiner Enzyklika „Ut unum sint" (1995) dazu aufforderte, „eine Form der Primatsausübung zu finden, die zwar keineswegs auf das Wesentliche ihrer Sendung verzichtet, sich aber einer neuen Situation öffnet" (UUS 95). Welche Perspektiven zeichnen sich hier im ökumenischen Dialog ab? Die Orthodoxen wären bereit, den Papst als „primus inter pares", d. h. als Ersten unter Gleichen im Bischofskollegium zu akzeptieren. Die anglikanisch-katholische Dialogkommission kam in ihren Gesprächen zu der Überzeugung, „dass ein universaler Primat in einer wiederverei-nigten Kirche erforderlich sein wird und angemessenerweise der Primat des Bischofs von Rom sein sollte"[52]. Auch von der luthe-risch-katholischen Dialogkommission wurde „das Amt des Papstes als sichtbares Zeichen der Einheit der Kirchen nicht aus-geschlossen, soweit es durch theologische Reinterpretation und praktische Umstrukturierung dem Primat des Evangeliums untergeordnet wird"[53]. Dieser Vorbehalt zielt auf die vom Ersten Vatikanischen Konzil (1869/70) verabschiedeten Dogmen über die Unfehlbarkeit und den Jurisdiktionsprimat des Papstes, deren korrekte Auslegung und Interpretation eine bleibende Herausforderung für den ökumenischen Dialog darstellt. Trotz-dem zeichnet sich in den Stellungnahmen der anderen Kirchen grundsätzlich eine Bereitschaft ab, dem Papst eine besondere Funktion auf universalkirchlicher Ebene zuzubilligen, sofern diese eingebunden bleibt in die Gemeinschaft der Kirche.[54] Angesichts einer im Vergleich zum ausgehenden 19. Jahrhun-dert völlig veränderten Situation des Christentums in der globa-lisierten Welt des 21. Jahrhunderts bedarf es heute – um noch einmal Papst Johannes Paul II. zu zitieren – einer „neuen Form" der Primatsausübung, die der Stimme der Christen in einer plu-ralistischen Welt Gewicht verleiht und der Einheit der christli-chen Kirchen dient.

Gemeinschaft der Heiligen – Marienfrömmigkeit und Heiligenverehrung als ökumenische „Stolpersteine"?

Wenn man einen Protestanten fragt, worin sich sein Glaube von dem eines Katholiken unterscheidet, so wird ihm neben dem Papstamt wohl als erstes die Marienfrömmigkeit in den Sinn kommen. Die katholische Marienverehrung, die an Wallfahrtsorten wie Lourdes oder Fatima, aber auch in Altötting und Kevelaer bis heute in besonders dichter Form erlebt werden kann, spricht die emotionale Seite des Glaubens an und damit eine Ebene, die im theologischen Gespräch nur schwer zu erfassen ist. Auch wenn theologisch klar ist, dass der Heiligenverehrung und in diesem Kontext auch der Marienverehrung nur eine sekundäre, auf die Heilsmittlerschaft Jesu Christi verweisende Bedeutung zukommt, spielt sie als Ausdruck der persönlichen Frömmigkeit eine nicht zu unterschätzende Rolle im Glaubensleben der Kirchen. Während in der katholischen und der orthodoxen Kirche die Verehrung von Heiligen – angefangen von Maria und den Aposteln über altkirchliche Vorbilder wie den hl. Martin oder den hl. Nikolaus und prägende Gestalten der mittelalterlichen Kirche wie Franz von Assisi oder Theresia von Avila bis hin zu neuzeitlichen Heiligen wie Pater Maximilian Kolbe oder Padre Pio – bis heute eine bedeutende Rolle spielt, lehnen Protestanten und Anglikaner diese Frömmigkeitsformen weitgehend ab.

Ausschlaggebend für diese ablehnende Haltung war der Protest der Reformatoren gegen eine Reihe missbräuchlicher Formen der Marien- und Heiligenverehrung, durch die sie die alleinige Heilsmittlerschaft Jesu Christi gefährdet sahen. Das Konzil von Trient nahm die berechtigte Kritik der Reformatoren auf, indem es die Bischöfe ermahnte, die tatsächlich entstandenen Missbräuche abzustellen und den Heiligenkult zu kontrollieren. Insgesamt hielt das Konzil aber an der Rechtmäßigkeit der Heiligenverehrung fest. Dennoch verpflichtete es die Gläubigen nicht zur Heiligenverehrung, sondern empfahl sie nur als angemessen: „Es ist gut und nützlich, sie (die Heiligen) flehentlich anzurufen und zu ihren Gebeten, ihrem Beistand und ihrer Hilfe Zuflucht zu nehmen, um von Gott durch seinen Sohn Jesus Christus, unseren Herrn, der allein unser Erlöser und Erretter ist, Wohltaten zu erwirken."[55] Diese Formulierung des Konzils von Trient hebt die fürbittende Rolle der Heiligen hervor und betont die alleinige Heilsmittlerschaft Jesu Christi. Die fürbittende Funktion der Heiligen ist im Kontext des Verständnisses der Kirche als „Gemeinschaft der Heiligen" zu verstehen. Paulus spricht in seinen Briefen alle Getauften als „Heilige" an, weil sie durch die Taufe in Christus geheiligt sind. Die Gemeinde der Gläubigen ist damit zugleich eine „Gemeinschaft von Heiligen" – eine Gemeinschaft, die über den Tod hinausreicht und uns mit jenen verbindet, die uns im Glauben vorangegangen sind. Auf der Grundlage dieser Überzeugung erwuchs die Praxis der Fürbitte und Anrufung jener, die schon aufgenommen wurden in die „Wolke von Zeugen" (Hebr 12,1), von der auch Protestanten sprechen, wenn es um unsere Vorfahren im Glauben geht.

Dabei ist es wichtig sich zu vergegenwärtigen, dass auch die katholische Tradition immer Wert gelegt hat auf die Unterscheidung zwischen der „Verehrung" der Heiligen und der „Anbetung", die allein Gott zukommt. Diese begriffliche Differenzierung hat ihren Ursprung bereits im Bilderstreit des 8./9. Jahrhunderts, als es vor allem im Bereich der östlichen Kirchen darum ging, die Verehrung der Ikonen zu verteidigen. Die Verteidiger der Bilder- und Ikonenverehrung konnten sich in diesem Streit durchsetzen. Damit war auch die Heiligenverehrung legitimiert. Luther wusste sich dieser Tradition verbunden und wandte sich gegen bilderstürmerische Tendenzen seiner Zeit. Die Confessio Augustana betont, „dass man der Heiligen gedenken soll, damit wir unseren Glauben stärken, wenn wir sehen, wie ihnen Gnade widerfahren und auch wie ihnen durch den Glauben geholfen worden ist; außerdem soll man sich an ihren guten Werken ein Beispiel nehmen" (CA 21). Die CA lehnt es jedoch ab, die Heiligen anzurufen, weil man dies nicht aus der Schrift beweisen könne und Jesus Christus der einzige Mittler zwischen Gott und Menschen sei. Heute betonen Katholiken und Lutheraner gemeinsam die enge Verbindung zwischen Heiligenverehrung und Heilsmittlerschaft Jesu Christi: „Die ganze Existenz der Heiligen ist bis in die Wurzeln hinein geprägt und zur Reife gebracht worden durch die Gnade Christi. Ohne diese sind sie für die Kirche ohne Bedeutung, durch sie aber werden sie zu Zeugen der Liebe Gottes zu den Menschen. Dadurch werden sie für unseren Glauben zu helfenden Vorbildern. Weil sie nicht aus eigener Leistung, sondern als Jüngerinnen und Jünger Christi ihre Lebensgestalt gewonnen haben, ist ihre Verehrung stets und vor allem auf die Ehre dessen ausgerichtet, dem sie nachgefolgt sind."[56]

Unter den Heiligen spielt Maria seit Jahrhunderten eine besondere Rolle. Seit frühester Zeit sind Marienfeste ein fester Bestandteil des liturgischen Kalenders. In den Ostkirchen gehören Marienikonen zu den am weitesten verbreiteten Ikonentypen und in der abendländischen Kirche ist die Zahl der Marienwallfahrtsorte beinahe unüberschaubar. Schon die Alte Kirche bekannte sich zu Maria als Gottesgebärerin und als Jungfrau, um den Glauben an Jesus Christus als wahren Gott und wahren Menschen zu unterstreichen. Die entsprechenden Konzilsentscheidungen des 5. Jahrhunderts hatten wiederum Rückwirkungen auf die Marienverehrung der Gläubigen. Auch die Reformatoren haben mit den altkirchlichen Glaubensbekenntnissen den Glauben an die Gottesmutterschaft und die Jungfräulichkeit Marias ausdrücklich übernommen. Ihre Kritik richtete sich nicht gegen die Verehrung Marias, sondern gegen die Anrufung der Gottesmutter, die in den Gebeten der mittelalterlichen Kirche als „Fürsprecherin" und „Mittlerin" angesprochen wurde. Solche Formulierungen bergen die Gefahr, dass Maria an die Stelle Jesu Christi tritt und zur „Miterlöserin" erhoben wird, wie es manche traditionalistische Gruppen in der katholischen Kirche bis heute fordern. Daher sehen Protestanten die alleinige Heilsmittlerschaft Jesu Christi durch übertriebene Formen der Marienfrömmigkeit gefährdet. Theologisch hat die katholische Kirche den Bedenken der Reformatoren schon im Konzil von Trient, erst recht aber im 20. Jahrhundert Rechnung getragen. So mahnt das Zweite Vatikanische Konzil die

Theologen, die „Privilegien der seligen Jungfrau recht (zu) beleuchten, die sich immer auf Christus beziehen, den Ursprung aller Wahrheit, Heiligkeit und Frömmigkeit" (LG 67).

Ein auf der theologischen Ebene noch zu bearbeitendes Problem stellen die beiden neuzeitlichen Mariendogmen dar, mit denen die katholische Kirche die unbefleckte Empfängnis Marias (1854) und die leibliche Aufnahme Marias in den Himmel (1950) dogmatisiert hat. Beide Glaubensaussagen haben keine unmittelbare Verankerung in der Heiligen Schrift, bringen aber eine Glaubensüberzeugung zum Ausdruck, die – zumindest zur Zeit ihrer Promulgation, also ihrer öffentlichen Bekanntmachung in der Mitte des 19. bzw. des 20. Jahrhunderts – von der großen Mehrheit der katholischen Gläubigen geteilt wurde. Die Formulierung dieser Lehren ist ohne Zweifel eingebettet in die Denkstrukturen ihrer Zeit. Aus katholischer Sicht enthalten sie dennoch keine „neuen" Glaubenswahrheiten, sondern bringen nur das zum Ausdruck, was die Kirche schon über Jahrhunderte hinweg geglaubt hat. So will das Dogma von der unbefleckten Empfängnis Marias nichts anderes zum Ausdruck bringen, als dass Maria schon vom Augenblick ihrer Zeugung an durch die rechtfertigende Gnade Gottes von der Erbsünde befreit war und ihr damit das zuteil wurde, was allen Christen in der Taufe zugesprochen wird. Ebenso besagt das Dogma von der Aufnahme Marias in den Himmel nichts anderes, als dass sie schon erreicht hat, was wir im letzten Satz des Glaubensbekenntnisses als Hoffnung für alle Christen bekennen: dass Gott den gläubigen Menschen als Ganzen (mit Leib und Seele) in die Gemeinschaft mit ihm (in den Himmel) aufnimmt. So ist „für katholisches Denken die Mutter Christi die Verkörperung des Rechtfertigungsgeschehens allein aus Gnade und durch den Glauben"[57]. Die anglikanisch-katholische Dialogkommission ist in ihrem jüngsten Dokument über Maria zu der Überzeugung gelangt, dass die Mariendogmen von 1854 und 1950 „im Einklang mit der Lehre der Schrift und den alten gemeinsamen Traditionen" stehen.[58] Grundlage dieser Überzeugung ist eine Interpretation der Mariologie nach dem Schema „vorweggenommener Eschatologie", wie sie sich in der Bibel beispielsweise in der Erzählung vom Märtyrertod des Stephanus zeigt (vgl. Apg 7,54–60). So kann Maria heute gemeinsam als „Vorbild der Gnade und Hoffnung" bezeichnet werden.

Schließlich muss in diesem Zusammenhang noch auf ein Phänomen eingegangen werden, das in enger Verbindung mit den Millenniumsfeierlichkeiten im Jahr 2000 steht. Es geht um die Verehrung der Märtyrer des 20. Jahrhunderts, denen in allen christlichen Kirchen in den letzten Jahren eine besondere Aufmerksamkeit geschenkt wurde. Die Erstellung von Martyrologien, d. h. Sammlungen über das Lebenszeugnis der neuzeitlichen Märtyrer, geht zurück auf eine Anregung von Papst Johannes Paul II., die er in seinem Apostolischen Schreiben „Tertio millennio adveniente" (1994) gegeben hat.[59] Nicht nur in der katholischen, sondern auch in der orthodoxen und sogar in den evangelischen Kirchen wurden daraufhin Zeugnisse gesammelt über Menschen, die im Laufe des 20. Jahrhunderts für ihren Glauben in den Tod gegangen sind. Diese Zeugen des Glaubens haben durch ihren Märtyrertod die Gemeinschaft mit Christus erlangt und schaffen so eine Verbindung zwischen den christlichen Kirchen, aus denen sie stammen. Diese „ökumenische Gemeinschaft der Heiligen" hat Papst Johannes Paul II. in seiner Ökumene-Enzyklika „Ut unum sint" (1995) mit folgenden Worten unterstrichen: „Obgleich auf unsichtbare Weise, ist die noch nicht volle Gemeinsamkeit unserer Gemeinschaften in Wahrheit fest verankert in der vollen Gemeinschaft der Heiligen, d. h. derjenigen, die sich nach einem Leben in Treue zur Gnade in der Gemeinschaft mit dem verherrlichten Christus befinden. Diese Heiligen kommen aus allen Kirchen und kirchlichen Gemeinschaften, die ihnen den Eintritt in die Heilsgemeinschaft eröffnet haben" (UUS 84). Diese Aussage ist für das ökumenische Gespräch nicht nur deshalb von Bedeutung, weil sie verdeutlicht, dass es bereits eine Gemeinschaft der Heiligen jenseits der Konfessionsgrenzen gibt, sondern weil sie unterstreicht, dass die verschiedenen Kirchen und kirchlichen Gemeinschaften ihnen diesen Weg zum Heil eröffnet haben. Die Anerkennung der Heiligen aus anderen Kirchen sagt somit zugleich etwas aus über die ekklesiale Qualität der Gemeinschaften, aus denen sie stammen. So könnte der Dialog über die Rolle der Heiligen in der Kirche auch Bewegung in die Frage nach der gegenseitigen Anerkennung des Kircheseins bringen.

Wenn wir versuchen, am Ende dieses Kapitels ein Fazit über den Ertrag der verschiedenen ökumenischen Dialoge zu ziehen, so kann als positives Ergebnis zunächst festgehalten werden, dass die theologische Arbeit der letzten Jahrzehnte dazu geführt hat, dass viele überkommene Vorurteile überwunden werden konnten, weil in den Gesprächen deutlich wurde, dass frühere Verurteilungen zum Teil auf Missverständnissen der Lehre der anderen Kirche beruhten. Auf diese Weise konnten in den theologischen Dialogen gemeinsame Glaubensüberzeugungen, die durch unterschiedliche Formulierungen in der Lehre verdeckt worden waren, wiederentdeckt werden. Ein grundlegendes Problem besteht jedoch darin, dass die Ergebnisse der theologischen Gespräche von den beteiligten Kirchen kaum rezipiert werden. Die Dialogkommissionen arbeiten zwar durchweg im Auftrag ihrer Kirchen, jedoch bedeutet dies nicht, dass ihre Gesprächsergebnisse auch von den Kirchenleitungen rezipiert werden. Die meisten Konsens- und Konvergenzdokumente warten bislang vergeblich auf eine offizielle Anerkennung seitens der beteiligten Kirchen. Eine solche offizielle Rezeption wäre allerdings auch nur ein Element auf dem Weg zur Einheit der Christen. Ein weiterer notwendiger Baustein ist die Verankerung der wiederentdeckten Gemeinsamkeiten im Leben und in der Lehre der Kirchen, aber auch im Glaubensbewusstsein der Gläubigen. Die Ergebnisse der theologischen Dialoge „dürfen nicht Aussagen der bilateralen Kommissionen bleiben, sondern müssen Gemeingut werden"[60]. Rezeption ökumenischer Dialoge bedeutet daher nicht nur die Anerkennung der Dialogergebnisse durch die Kirchenleitungen, sondern auch deren Vermittlung in der theologischen Ausbildung und in den Gemeinden. Hierzu sollte dieses Kapitel einen kleinen Beitrag leisten.

Weiterführende Literatur

Peter Lüning, Ökumene an der Schwelle zum dritten Jahrtausend (Topos plus, Bd. 357), Regensburg 2000 *[aus kath. Sicht]*.

Peter Neuner / Birgitta Kleinschwärzer-Meister, Kleines Handbuch der Ökumene, Düsseldorf 2002 *[aus kath. Sicht]*.

Konfessionskundliches Institut (Hg.), Was eint? Was trennt? Ökumenisches Basiswissen (Bensheimer Hefte 101), Göttingen 2002 *[aus ev. Sicht]*.

Lothar Lies, Grundkurs Ökumenische Theologie. Von der Spaltung zur Versöhnung. Modelle kirchlicher Einheit, Innsbruck / Wien 2005 *[aus kath. Sicht]*.

Ulrich Kühn, Zum evangelisch-katholischen Dialog. Grundfragen einer ökumenischen Verständigung, Leipzig 2005 *[aus ev. Sicht]*.

Reinhard Frieling, Katholisch und Evangelisch. Informationen über den Glauben (Bensheimer Hefte 46), 9. Auflage, Göttingen 2006 *[aus ev. Sicht]*.

Dorothea Sattler, Brennpunkte des ökumenischen Dialogs, in: Trennung überwinden. Ökumene als Aufgabe der Theologie (Theologische Module, Bd. 2), Freiburg i. Br. 2007, 56–105 *[aus kath. Sicht]*.

Friederike Nüssel / Dorothea Sattler, Einführung in die ökumenische Theologie, Darmstadt 2008 *[ökum. (ev./kath.) Autorenschaft]*.

6. Bezeugte Einheit –

Das gemeinsame Zeugnis der Christen

Wenn „Ökumene" all das bezeichnet, was der Einheit der Christen dient (vgl. die Begriffsbestimmung in Kapitel 1), dann beschränkt sie sich nicht auf die theologischen Dialoge, deren Ergebnisse wir im vorhergehenden Kapitel in den Blick genommen haben. Neben der „Konsensökumene", also der Suche nach Übereinstimmung in zuvor umstrittenen („kontroverstheologischen") Fragen, spielt das gemeinsame Zeugnis der Christen eine ebenso wichtige Rolle in der Ökumene. Bereits in der Einführung wurde unterstrichen, dass Ökumene kein Selbstzweck ist, sondern dazu dient, die Botschaft Jesu Christi glaubwürdig zu verkündigen, „damit die Welt glaubt" (Joh 17,21). Dieser „Weltbezug" der Ökumene war neben dem Gespräch über Glaubensfragen von Anfang an ein wichtiger Motor der ökumenischen Bewegung, der zunächst seinen Ort in der Bewegung für Praktisches Christentum hatte (vgl. Seite 51 ff.). Nach dem Motto „Die Lehre (der Kirchen) trennt, der Dienst (am Menschen) verbindet" beschränkten sich die Vertreter dieser Bewegung bewusst auf die Formulierung gemeinsamer Grundpositionen im Blick auf die gesellschaftspolitischen Herausforderungen der damaligen Zeit. Auch nach der Integration der Bewegung für Praktisches Christentum in den Ökumenischen Rat der Kirchen (ÖRK) wurden deren Anliegen vom Referat für Kirche und Gesellschaft innerhalb des ÖRK fortgeführt. Dieses organisierte beispielsweise 1966 in Genf eine „Weltkonferenz für Kirche und Gesellschaft", die sich vor allem mit entwicklungspolitischen Fragen sowie mit dem Einfluss von Wissenschaft und Technik auf die moderne Gesellschaft befasste. 1968 gründete der ÖRK gemeinsam mit dem Vatikan den Ausschuss für Gesellschaft, Entwicklung und Frieden „SODEPAX" (Abkürzung aus Society, Development, Pax), der die kirchlichen Initiativen im Bereich der

Entwicklungspolitik, der Menschenrechte, der Weltwirtschaftsordnung sowie der Friedenspolitik koordinieren sollte. Aufgrund der rasch zunehmenden Aufgaben in diesem Bereich stieß SODEPAX schon bald an seine personellen und finanziellen Grenzen, sodass der Ausschuss 1980 aufgelöst wurde. Damit war die ökumenische Zusammenarbeit in diesem Bereich jedoch nicht beendet, sie suchte sich nur neue Formen.

Der Konziliare Prozess für Gerechtigkeit, Frieden und Bewahrung der Schöpfung

In den 1980er-Jahren entwickelte sich der sogenannte „Konziliare Prozess" zu einer der bedeutendsten ökumenischen Initiativen, die sich durch eine breite Verwurzelung an der Basis wie auch durch eine gelungene Bündelung der Gesprächsergebnisse auf nationaler, kontinentaler und Weltebene auszeichnete. Den Ausgangspunkt bildete die 6. Vollversammlung des Ökumenischen Rates der Kirchen 1983 in Vancouver. Sie empfahl auf Antrag der evangelischen Kirchen aus der DDR den Mitgliedskirchen des ÖRK, in einen „Konziliaren Prozess gegenseitiger Verpflichtung (Bund) für Gerechtigkeit, Frieden und Bewahrung der Schöpfung" einzutreten. Die DDR-Delegierten beriefen sich in ihrem Antrag auf einen Aufruf Dietrich Bonhoeffers zu einem Ökumenischen Konzil des Friedens, den dieser 1934 bei einer Tagung des „Ökumenischen Rates für Praktisches Christentum" in Fanö (Dänemark) vorgelegt hatte. Da von orthodoxer Seite Bedenken gegen die Verwendung des Begriffs „Konzil" angemeldet wurden, einigte man sich auf die Formulierung „Konziliarer Prozess". Außerdem wandten sich Vertreter der Kirchen aus der sogenannten „Dritten Welt" gegen die einseitige Betonung der Friedensthematik, weil sie eine Fokussierung der Debatte auf den Ost-West-Konflikt befürchteten, der damals die nördliche Hemisphäre prägte. Am Ende der Debatte einigte man sich daher darauf, auch das Problem gerechter Wirtschaftsstrukturen und der zunehmenden Umweltzerstörung in den Blick zu nehmen und die Gerechtigkeitsfrage an die erste Stelle zu setzen. Auf internationaler Ebene wurde der Konziliare Prozess unter dem Kürzel „JPIC" (Abkürzung für „Justice, Peace and Integrity of Creation") bekannt.

In Deutschland erhielt die Initiative des ÖRK einen zusätzlichen Impuls durch einen Aufruf des Physikers und Philosophen Carl Friedrich von Weizsäcker (1912–2007), der auf dem Evangelischen Kirchentag in Düsseldorf 1985 die Einberufung eines Friedenskonzils vorschlug und mit diesem Vorschlag auf breite Zustimmung stieß. Im September 1986 beschloss die 9. Vollversammlung der Konferenz Europäischer Kirchen (KEK), in der nahezu alle evangelischen, anglikanischen und orthodoxen Kirchen Europas zusammengeschlossen sind, auf Antrag der evangelischen Delegierten aus beiden deutschen Staaten, eine „Europäische Ökumenische Versammlung" im Rahmen des Konziliaren Prozesses zu organisieren. Im August 1987 nahm die Vollversammlung des Rates der Europäischen Bischofskonferenzen (CCEE) die Einladung der KEK zur Beteiligung der katholischen Kirche an der Europäischen Ökumenischen Versammlung an. Die gemeinsame Vorbereitungsgruppe von KEK und CCEE einigte sich auf Basel als Veranstaltungsort für die Versammlung und lud alle Mitgliedskirchen ein, sich „auf dem Weg nach Basel" mit dem christlichen Verständnis von Gerechtigkeit, Frieden und Bewahrung der Schöpfung zu befassen und die Aufgabe der Kirchen in diesen Bereichen zu formulieren.

Dieser Aufruf stieß auf eine breite Resonanz. In vielen europäischen Ländern gab es in den Jahren 1988/89 ökumenische Treffen, Dialoge und Diskussionsforen über die Themen des Konziliaren Prozesses – zum Teil in kleinen Kreisen vor Ort, zum Teil auf großen Versammlungen (so kamen beispielsweise zur „Ökumenischen Versammlung Westfalen" im Oktober 1988 in Dortmund fast 27 000 Gläubige aus allen Kirchen der Region). In beiden deutschen Staaten bemühten sich ökumenische Gremien wie die Arbeitsgemeinschaft Christlicher Kirchen (ACK), die lokalen Initiativen zu bündeln: In der Bundesrepublik

Deutschland wurde ein *„Ökumenisches Forum"* mit 120 Delegierten einberufen, das im Laufe des Jahres 1988 zweimal (im April in Königstein und im Oktober in Stuttgart) tagte und eine „Erklärung von Stuttgart" erarbeitete. Sie trägt den Titel „Gottes Gaben – Unsere Aufgabe"[61] und enthält drei Kapitel zu den Themen Gerechtigkeit, Frieden und Bewahrung der Schöpfung, die jeweils mit einer theologischen Grundlegung beginnen, dann eine Beschreibung der Probleme enthalten, schließlich weiterführende Fragen (zur Gewissenserforschung) stellen und eine Reihe konkreter Handlungsschritte empfehlen. Die *„Ökumenische Versammlung"* in der DDR ging einen etwas anderen Weg, der um eine stärkere Einbeziehung der Gemeinden vor Ort bemüht war. Es gab insgesamt drei Tagungen in Dresden (Februar 1988), Magdeburg (Oktober 1988) und nochmals in Dresden (April 1989). Dabei erarbeiteten 13 Arbeitsgruppen eine ganze Reihe von Texten, die in Magdeburg im Plenum diskutiert und dann der Öffentlichkeit vorgestellt wurden mit der Bitte um Kommentierung und Rückmeldung aus den Gemeinden. Bei der Abschlussversammlung in Dresden wurden die Bemerkungen von der Basis eingearbeitet und insgesamt 13 Texte verabschiedet: ein theologischer Grundlagen-Text, zwei Texte zum Thema Gerechtigkeit, vier Texte zum Thema Frieden, fünf Texte zum Thema Bewahrung der Schöpfung, ein „Wort an die Gemeinden" und ein „Brief an die Kinder".[62] Letzterer bringt die Anliegen des Konziliaren Prozesses in einfacher und ansprechender Weise zum Ausdruck, weshalb er hier vollständig abgedruckt werden soll:

„Liebe Kinder,

die Erde, auf der wir leben, ist sehr bedroht. Schuld daran sind wir, die Erwachsenen. Aber einige haben es doch noch gemerkt. Deswegen haben sich zum dritten Mal viele Menschen getroffen, um darüber nachzudenken, was zur Rettung der Erde geschehen muss. Das ganz Besondere an diesem Treffen war, dass es Leute sind, die alle an den einen Gott glauben, das aber auf verschiedene Weise tun. Man kann auch Ökumenische Versammlung dazu sagen, und die Leute nennen sich Delegierte. Aber eigentlich sind sie Mütter und Väter, Großväter und Großmütter, Geschwister oder Paten; kurz: es sind Leute, die auch in Eurem Haus wohnen könnten.

Was haben wir gemacht?

Wir haben nachgedacht und gebetet und wieder nachgedacht, was zu tun ist mit einer Welt, die wir Euch ziemlich kaputt übergeben müssen. Dann haben wir die Ergebnisse aufgeschrieben:

Hier sind die wichtigsten:

– Wir alle müssen aufpassen, dass es noch lange Zeit Bäume gibt, die in einen blauen Himmel wachsen können.

– Wir alle müssen uns dafür einsetzen, dass niemand mehr einen anderen Menschen in einem Krieg erschießt.

– Wir alle müssen teilen lernen, dass niemand mehr verhungert.

– Wir alle müssen uns darum bemühen, dass jeder kleine und jeder große Mensch sicher und geschützt in einer heilen Natur leben kann.

Wenn wir müde geworden sind, sollt Ihr an unsere Stelle treten. Das ist eine schwere Aufgabe, auf die man vorbereitet sein muss. Deswegen haben wir Euch ein wenig von der Ökumenischen Versammlung erzählt.

Glaubt nicht, dass wir alles wissen, aber glaubt, dass wir alles tun wollen. Wir grüßen Euch und danken, dass Ihr uns zugehört habt. Friede sei mit Euch – Schalom!

Die Delegierten der Ökumenischen Versammlung"[63]

Die Ergebnisse der Beratungen in Deutschland, die in den Dokumenten des „Ökumenischen Forums" und der „Ökumenischen Versammlung" gebündelt worden waren, flossen zusammen mit ähnlichen Denkanstößen aus anderen europäischen Ländern in die *Erste Europäische Ökumenische Versammlung* (EÖV 1) ein, die vom 15.–21. Mai 1989 in Basel stattfand und unter dem Leitwort „Frieden in Gerechtigkeit" stand. Es war die erste ökumenische Begegnung von Vertretern aller christlichen Kirchen in Europa seit der Reformationszeit. 700 Delegierte – 350 aus den Mitgliedskirchen der KEK und 350 von den katholischen Bischofskonferenzen in Europa über den CCEE nominierte – erarbeiteten eine „Botschaft" an die Christen Europas, die einen nachdrücklichen Appell zum gemeinsamen Einsatz aller Christen für Gerechtigkeit, Frieden und die Bewahrung der Schöpfung enthält, und verabschiedeten ein längeres „Dokument", das insgesamt sechs Kapitel umfasst.[64] Das Dokument von Basel beschreibt zunächst das Anliegen der Versammlung, benennt dann die Herausforderungen, vor denen die Menschheit steht, bevor im dritten Kapitel unter der Überschrift „Unser gemeinsamer Glaube" eine theologische Bewertung erfolgt. Daran schließt sich ein Sündenbekenntnis an, verbunden mit dem Aufruf zur Umkehr, bevor dann Überlegungen zum „Europa von morgen" präsentiert werden. Das Dokument schließt mit praktischen Verpflichtungen und Empfehlungen sowie einem Ausblick auf die Fortführung des ökumenischen Prozesses in Europa.

Neben den Delegierten nahmen auch mehrere tausend Gläubige an der EÖV 1 teil: Basisgruppen stellten ihre Arbeit in der „Zukunftswerkstatt Europa" vor und Fachleute nahmen in „Hearings" zu den behandelten Themen Stellung. Durch gemeinsame Tagzeitengebete erhielt die Versammlung auch eine geistliche Dimension. Ein besonderes Ereignis war der Ökumenische Pilgerweg am Donnerstag, 18. Mai 1989 (in der zeitlichen Mitte der Versammlung), bei dem fast 6000 Gläubige im Drei-Länder-Eck zwischen der Schweiz, Frankreich und Deutschland über „offene Grenzen" pilgern und dabei für die Einheit der Christen und die Einheit Europas beten konnten. Vielen wurde dabei bewusst, dass sie Zeitzeugen eines bis dahin einmaligen Vorgangs waren: In Basel kamen nicht nur Bischöfe und offizielle Delegierte, sondern auch die „Basis" – Gläubige aus allen Kirchen – zusammen; erstmals seit Jahrzehnten begegneten sich Christen aus Ost- und Westeuropa und konnten sich trotz des „Eisernen Vorhangs" die Hände reichen; und erstmals seit Jahrhunderten gab es eine solch große ökumenische Versammlung, denn seit der Reformationszeit hatte es kein vergleichbares Treffen von Vertretern aller christlichen Kirchen mehr gegeben.

Der Konziliare Prozess für Gerechtigkeit, Frieden und Bewahrung der Schöpfung

Weltweit	Europa	Deutschland
6. Vollversammlung des ÖRK *Vancouver 1983*		Evangelischer Kirchentag *Düsseldorf 1985*
	9. Vollversammlung der KEK *September 1986*	↓
	17. Vollversammlung des CCEE *August 1987*	Ökumenisches Forum in der BRD – *Königstein, April 1988* – *Stuttgart, Oktober 1988*
↓	↓	Ökumenische Versammlung in der DDR – *Dresden, Februar 1988* – *Magdeburg, Okt. 1988* – *Dresden, April 1989*
Weltversammlung für Gerechtigkeit, Frieden und Bewahrung der Schöpfung *Seoul, März 1990*	EÖV 1: Erste Europäische Ökumenische Versammlung *Basel, 15.–21. Mai 1989* ↓	Ökumenische Versammlung *Erfurt, Juni 1996*
	EÖV 2: Zweite Europäische Ökumenische Versammlung *Graz, 23.–29. Juni 1997* ↓	
Dekade zur Überwindung von Gewalt *2001–2010*	Unterzeichnung der „Charta Oecumenica" *Straßburg, 22. April 2001* ↓	1. Ökumenischer Kirchentag *Berlin, 28. Mai – 1. Juni 2003* Unterzeichnung der „Charta Oecumenica" durch ACK-Mitgliedskirchen
↓	EÖV 3: Dritte Europäische Ökumenische Versammlung *Sibiu, 4.–9. September 2007*	↓
Ökumenische Friedenskonvokation *Kingston (Jamaika), 17.–25. Mai 2011*		2. Ökumenischer Kirchentag *München, 12.–16. Mai 2010*

119

Im März 1990 tagte die *Weltversammlung der Christen für Gerechtigkeit, Frieden und Bewahrung der Schöpfung* in der südkoreanischen Hauptstadt Seoul. Sie sollte eigentlich der Höhepunkt des Konziliaren Prozesses sein, konnte aber weder im Blick auf die Inhalte noch hinsichtlich der Symbolik besondere Akzente setzen, sodass das Echo auf dieses Ereignis eher schwach war. Dennoch fand der Konziliare Prozess in den folgenden Jahren eine Fortsetzung – durch die Basisgruppen, die sich im Vorfeld der EÖV 1 gebildet und sich danach zu einem „Europäischen Netzwerk für Gerechtigkeit, Frieden und Bewahrung der Schöpfung" zusammengeschlossen hatten, zum Teil aber auch durch entsprechende Initiativen auf kirchenleitender Ebene. Es ist bemerkenswert, dass hier gerade orthodoxe Kirchenführer besonderes Engagement zeigten. Der Konziliare Prozess führte im Bereich der orthodoxen Kirchen zu einer Auseinandersetzung mit sozialethischen Fragen, die manche gängige Vorurteile gegenüber den Orthodoxen (Beschränkung auf Liturgie und Mystik) entkräftete. Bereits 1986 verabschiedete die Dritte Vorkonziliare Panorthodoxe Konferenz ein Dokument, das die Themen des Konziliaren Prozesses aufgriff. Es steht unter der etwas sperrigen Überschrift: „Der Beitrag der Orthodoxen Kirche zur Verwirklichung des Friedens, der Gerechtigkeit, der Freiheit, der Brüderlichkeit und der Liebe zwischen den Völkern, sowie zur Beseitigung der Rassen- und anderen Diskriminierungen."[65] Das Dokument hebt zunächst die Würde der menschlichen Person und den Wert der menschlichen Freiheit als grundlegende Prinzipien hervor, nimmt dann zu den Fragen von Frieden und Gerechtigkeit sowie der Solidarität unter den Völkern Stellung und mündet schließlich in der Aussage, dass die „prophetische Sendung" der Orthodoxie darin bestehe, ein „Zeugnis der Liebe" im Dienst an den Menschen zu geben. Im Zusammenhang mit der EÖV 1 erklärte der Ökumenische Patriarch Dimitrios I. (1972–1991) den 1. September, der zugleich den Beginn des orthodoxen Kirchenjahres markiert, zum Gebetstag für die Bewahrung der Schöpfung.[66] Ein Athosmönch und ein orthodoxer Bischof schufen Gottesdienstordnungen für diesen Tag, die inzwischen in mehrere Sprachen übersetzt wurden und, nicht nur im Bereich der Orthodoxen Kirche, zunehmend rezipiert werden. Wenn man die große Bedeutung bedenkt, die der liturgischen Tradition in der Orthodoxen Kirche zukommt, kann man erahnen, welch großen Einfluss ein solcher Gedenktag für die Bewusstseinsbildung unter den orthodoxen Christen hat, die nun jeweils am Beginn des Kirchenjahres an den Auftrag zur Bewahrung der Schöpfung erinnert werden.

Die EÖV 1 war eigentlich nur als eine Etappe auf dem Weg zur „Weltversammlung für Gerechtigkeit, Frieden und Bewahrung der Schöpfung" in Seoul gedacht. Die Erfahrungen, die vor allem die mittel- und osteuropäischen Kirchenvertreter bei dieser Versammlung gemacht hatten (insbesondere die „offenen Grenzen" beim Ökumenischen Pilgerweg) waren jedoch so nachhaltig, dass sie zunächst den sich bereits abzeichnenden gesellschaftlichen Umbrüchen in den kommunistischen Staaten Auftrieb gaben und später, nach dem Zusammenbruch des Kommunismus und dem Fall des „Eisernen Vorhangs", zu einer Fortsetzung der Gespräche angesichts der völlig veränderten Situation in Europa drängten. Schon im Schlussdokument von Basel hatten die Delegierten von KEK und CCEE die Veranstalter gebeten, „zu prüfen, ob eine weitere größere europäische Tagung in ungefähr fünf Jahren einberufen werden könnte"[67], um einander Rechenschaft über das bis dahin Erreichte zu geben. Es dauerte dann letztlich acht Jahre, bis eine Zweite Europäische Ökumenische Versammlung stattfand. Ein wesentlicher Grund für die Verzögerung war die radikale Veränderung der politischen Landschaft Europas: der Fall der Mauer und das Ende des „Kalten Krieges". Die Kirchen versuchten zunächst jeweils für sich, eine Positionsbestimmung angesichts der veränderten gesellschaftlichen Rahmenbedingungen vorzunehmen. 1991 tagte die von Papst Johannes Paul II. einberufene Sondersynode der katholischen Bischöfe für Europa, ein Jahr später kamen in Budapest protestantische Kirchenführer zur „Europäischen Evangelischen Versammlung" zusammen. Ebenfalls im Jahr 1992 berief der Ökumenische Patriarch Bartholomaios eine „Synaxis", eine Versammlung der Patriarchen und Ersthierarchen aller orthodoxen Kirchen ein. Schon bald wurden jedoch die Stimmen lauter, die eine gemeinsame, ökumenische Antwort auf die veränderten Rahmenbedingungen für die Verkündigung des Evangeliums und das Zeugnis des Glaubens in Europa forderten.

Daher fasste das Gemeinsame Komitee von KEK und CCEE bei seiner Sitzung in Leanyfalu (Ungarn) 1994 den Beschluss, im Jahr 1997 eine zweite Europäische Ökumenische Versammlung zu veranstalten. Schon damals wurde das Thema festgelegt: „Versöhnung – Gabe Gottes und Quelle neuen Lebens". Dieses Leitwort markierte deutlich, worin nach Überzeugung der Veranstalter die Hauptaufgabe der Christen im zusammenwachsenden Europa nach Jahrzehnten der Spaltung lag. Unter anfangs sechs Bewerberstädten wurde aufgrund seiner geographischen Nähe zu den ost- und südosteuropäischen Staaten das fast 1000 km östlich von Basel gelegene Graz ausgewählt. Zur Vorbereitung auf die Grazer Versammlung gab es in einigen europäischen Ländern nationale Treffen, zum Beispiel in Deutschland eine Ökumenische Versammlung im Juni 1996 in Erfurt[68], die jedoch bei weitem keine solche Resonanz fand wie ihre Vorläufer Ende der achtziger Jahre. Die *Zweite Europäische Ökumenische Versammlung* (EÖV 2), zu der 700 offizielle Delegierte aus 124 Kirchen und mehr als 10 000 Gläubige aus ganz Europa nach Graz kamen, fand vom 23.–29. Juni 1997 statt. Das Besondere der EÖV 2 war ihre Doppelstruktur: Sie war einerseits eine Delegiertenversammlung mit dem Auftrag, das gemeinsame Zeugnis der Christen unter den veränderten Bedingungen neu zu formulieren; sie war andererseits aber auch so etwas wie ein „Europäischer Kirchentag", der vielen verschiedenen Gruppen die Möglichkeit bot, sich zu präsentieren, und dabei zugleich Räume der Begegnung für Christen aus Ost und West schuf. Die Delegierten erarbeiteten in Graz insgesamt drei Dokumente: eine „Botschaft", einen sogenannten „Basistext" und konkrete „Handlungsempfehlungen".[69] Die Botschaft von Graz hat das Ziel, den Christen in Europa etwas vom Geist der EÖV 2 zu vermitteln und Gläubige und Kirchenleitungen zum Engagement für die Ökumene, für die Versöhnung zwischen den Völkern und für die Anliegen des Konziliaren Prozesses zu ermuntern.[70] Der Basistext, der deutlich kürzer als das Dokument von Basel ist, enthält unter der Überschrift „Das christliche Zeugnis für die Versöhnung" grundlegende theologische Ausführungen zum Thema der EÖV 2 und entwickelt auf dieser Basis ethische Leitlinien für das Verhalten der Christen in der Welt.[71] Der dritte Text umfasst Handlungsempfehlungen und Hintergrundmaterial zu diesen Empfehlungen, die von Arbeitsgruppen der Delegierten während der Versammlung erarbeitet wurden. Sie wurden nicht formell beschlossen, sondern nur „entgegengenommen", um sie den Kirchen zur Rezeption in ihrem jeweiligen Kontext vorzulegen.[72] Die Handlungsempfehlungen befassen sich mit (1) der Suche nach der sichtbaren Einheit zwischen den Kirchen, (2) dem Dialog mit den Religionen und Kulturen, (3) dem Einsatz für soziale Gerechtigkeit, (4) der Versöhnung zwischen den Völkern und Nationen, (5) einer neuen Praxis ökologischer Verantwortlichkeit und (6) dem gerechten Ausgleich mit anderen Weltregionen. Das ursprüngliche Themenspektrum des Konziliaren Prozesses (Gerechtigkeit, Frieden, Bewahrung der Schöpfung) wurde in Graz damit erweitert: Die Ökumene im engeren Sinn („Suche nach der sichtbaren Einheit") und der interreligiöse Dialog kamen als neue Aspekte hinzu. Der Grund dafür waren einerseits Spannungen zwischen den Kirchen in Osteuropa, die vor allem durch die Tätigkeit westlicher Missionare entstanden waren, denen die ursprünglich in diesen Ländern beheimateten Kirchen „Proselytismus" (Abwerben von Gläubigen einer anderen Kirche) vorwarfen, andererseits die zunehmende Präsenz muslimischer Gläubiger in Europa, die als gemeinsame Herausforderung für das Zeugnis der Christen in den Blick genommen wurde.

Nach dem Ende des „Kalten Krieges" fand die Friedensthematik in Europa nicht mehr dieselbe Aufmerksamkeit wie in den 1980er-Jahren, als die Nachrüstungsdebatte allen Menschen das große Bedrohungspotenzial der militärischen Bündnisse in Ost und West vor Augen führte. Im weltweiten Kontext blieben Kriege und gewalttätige Konflikte jedoch ein Problem, mit denen viele Menschen tagtäglich konfrontiert wurden. Um diese Herausforderung aufzugreifen und gemeinsame Antworten darauf zu suchen, rief der ÖRK eine *„Dekade zur Überwindung von Gewalt"* aus, die den Zeitraum von 2001 bis 2010 umfasst. Ziel dieser Dekade, die im internationalen Kontext mit dem englischen Kürzel „DOV" (**D**ecade to **O**vercome **V**iolence) benannt wird, ist es, „sich kreative Ansätze zur Friedensstiftung, die mit dem Geist des Evangeliums in Einklang stehen, zu Eigen zu machen" und „sich gemeinsam für Frieden, Gerechtigkeit und Versöhnung auf lokaler, regionaler und weltweiter Ebene einzusetzen".[73] Viele kirchliche Gruppen und Aktionsbündnisse, die im Zusammenhang mit dem Konziliaren Prozess entstanden sind, engagieren sich auch für diese Dekade, organisieren Tagungen und versuchen, durch gemeinsame Erklärungen und konkrete Handlungsvorschläge Einfluss sowohl auf die Kirchenleitungen als auch auf die Verantwortlichen in Politik und Gesellschaft zu nehmen. In Deutschland fand zur Halbzeit der Dekade im April 2005 eine Ökumenische Konsultation in Freising bei München statt, die unter dem Leitwort „Gerechter Friede – Leben in einer gefährdeten Zukunft" stand. Dabei wurde die sogenannte „Freisinger Agenda"[74] verabschiedet, die sieben Schwerpunktthemen für die zweite Halbzeit der Dekade (u. a. Gewaltprävention, Förderung des interreligiösen Dialogs und der Nachhaltigkeit ökologischen Wirtschaftens) sowie zwölf exemplarische Handlungsfelder benennt, in denen ein verstärktes Engagement für notwendig erachtet wird (darunter die Stärkung der Menschenrechte, der Frieden im Nahen Osten, die Bekämpfung von Rassismus und Fremdenfeindlichkeit und die Minderung von Gewalt in den Medien und in der Familie). Eine internationale Vernetzung der verschiedenen Initiativen erfolgt im Rahmen der Dekade durch kleine, ökumenisch und international zusammengesetzte Teams (4–6 Personen), die in Anlehnung an 2 Kor 3,3 („Ihr seid ein Brief Christi") „Lebendige Briefe" genannt werden. Sie machen Besuche bei Kirchen in einem Land, um den Menschen zuzuhören und von ihnen zu lernen, mit ihnen über Konzepte zur Überwindung von Gewalt nachzudenken und gemeinsam für den Frieden in der Welt zu beten. Zum Abschluss der Dekade ist im Mai 2011 eine Ökumenische Friedenskonvokation in Kingston (Jamaika) geplant, bei der eine ökumenische Erklärung zum „gerechten Frieden" verabschiedet werden soll, deren erster Entwurf seit dem Frühjahr 2009 in den beteiligten Kirchen diskutiert wird.

Auch die Geschichte der Europäischen Ökumenischen Versammlungen ging nach der EÖV 2 in Graz weiter. Die Osterweiterung der Europäischen Union in den Jahren 2004 und 2007 führte wiederum zu einer grundlegenden Veränderung der gesellschaftlichen Rahmenbedingungen in vielen europäischen Ländern. Die Versöhnung zwischen Ost und West – das prägende Schlagwort in Graz – wurde nicht mehr als eine bleibende Herausforderung wahrgenommen. Andere Themen rückten mit dem europäischen Integrationsprozess in den Mittelpunkt, so z. B. die zunehmende Migration in Europa oder die Frage nach dem gemeinsamen Zeugnis der Kirchen in weitgehend säkularisierten gesellschaftlichen Kontexten. Die Verantwortlichen auf Seiten von KEK und CCEE beschlossen, der *Dritten Europäischen Ökumenischen Versammlung* (EÖV 3) ein „neues Gesicht" zu geben und planten für die Jahre 2006/07 einen Ökumenischen Pilgerweg quer durch Europa, der unter dem Motto „Das Licht Christi scheint auf alle – Hoffnung auf Erneuerung und Einheit in Europa" stand.[75] Die Auftaktveranstaltung fand im Januar 2006 mit rund 150 Delegierten in Rom und damit in einem deutlich von der katholischen Kirche geprägten Kontext statt. Die zweite Etappe bildeten nationale oder regionale Treffen, die zwischen Pfingsten 2006 und Januar 2007 stattfinden sollten. Deren Ergebnisse wurden dann bei der dritten Etappe, einer Versammlung von 150 Delegierten im Februar 2007 in Wittenberg, dem Ursprungsort der lutherischen Reformation, zusammengetragen. Die vierte und letzte Etappe bildete eine große Abschlussversammlung mit 2500

Delegierten vom 4.–9. September 2007 im rumänischen Sibiu, mithin in einem mehrheitlich orthodox geprägten Land. Die Idee des Pilgerwegs mit mehreren, von unterschiedlichen Konfessionen geprägten Etappen war verbunden mit der Hoffnung, der ökumenischen Zusammenarbeit in Europa neue Anstöße geben zu können. Bei der konkreten Umsetzung haben sich diese Hoffnungen nicht erfüllt, vor allem wegen fehlender Querverbindungen zwischen den einzelnen Etappen des Pilgerweges. Viele der 2500 Delegierten, die zur Abschlussversammlung nach Sibiu kamen – unter ihnen aus Deutschland 84 katholische, 66 evangelische und 18 Delegierte der sogenannten „kleineren Kirchen" (Orthodoxe, Freikirchen) –, waren zuvor gar nicht in den Beratungsprozess einbezogen. Diese Tatsache sowie die Größe der Versammlung machten es nahezu unmöglich, in Sibiu die Ergebnisse der vorangegangenen Etappen zu bündeln und die zuvor gesammelten Anregungen in einem gemeinsamen Dokument zusammenzufassen.

Inhaltlich ging es bei der EÖV 3 um drei große Themenkomplexe, die wiederum jeweils in drei Unterthemen untergliedert waren:

(1) Das Licht Christi und die Kirchen – mit den Unterthemen: Einheit der Kirchen, ökumenische Spiritualität, gemeinsames Zeugnis;

(2) Das Licht Christi und Europa – mit den Unterthemen: Europäischer Integrationsprozess, Zusammenleben in einem multireligiösen Europa, Europa im Zeichen der Migration;

(3) Das Licht Christi und die Welt – mit den Unterthemen: Frieden, Gerechtigkeit, Bewahrung der Schöpfung.

Neben den „klassischen" Themen des Konziliaren Prozesses wurden in Sibiu damit zum einen die gesellschaftspolitischen Herausforderungen im Zusammenhang mit dem europäischen Integrationsprozess, zum anderen die innerkirchlichen Herausforderungen im Blick auf die ökumenische Zusammenarbeit thematisiert. Die nochmalige Ausweitung des Themenspektrums führte dazu, dass die EÖV 3 praktisch alle Themenbereiche des ökumenischen Dialogs in den Blick nahm und damit die in der Geschichte der ökumenischen Bewegung oft zu beobachtende Trennung zwischen innerkirchlichen Einigungsbemühungen („Glaube und Kirchenverfassung") und sozialethischer Reflexion („praktisches Christentum") vermied. Andererseits konnte dadurch keines der behandelten Themen besonders intensiv reflektiert werden, sodass von Sibiu nur wenige weiterführende Impulse für die Ökumene in Europa ausgingen. Diese wurden in einer während der Versammlung erarbeiteten „Botschaft von Sibiu" zusammengefasst, die einige relativ knapp gefasste gemeinsame Thesen im Blick auf die drei Themenbereiche der EÖV 3 sowie zehn „Empfehlungen" enthält, in denen die Delegierten an ihre Kirchen appellieren, in welchen Bereichen sie künftig Schwerpunkte setzen sollten.[76] Dazu zählen beispielsweise die Empfehlung, die Bemühungen um eine gegenseitige Anerkennung der Taufe fortzusetzen; die Anregung, durch gemeinsames Gebet und ökumenische Pilgerreisen, gemeinsames Studium und Zusammenarbeit im sozial-diakonischen Bereich „Wege und Erfahrungen zu finden, die uns zusammenführen"; der Appell, die Seelsorgearbeit für Migranten und Flüchtlinge zu verbessern; der Aufruf, Initiativen zum Erlass von Schulden zu unterstützen, sowie die Empfehlung, den „Zeitraum zwischen dem 1. September und 4 . Oktober" dem Gebet „für den Schutz der Schöpfung und der Förderung eines nachhaltigen Lebensstils" zu widmen.

Obwohl die EÖV 3 nicht die gleiche Breitenwirkung entfalten konnte wie die EÖV 1 in der Anfangsphase des Konziliaren Prozesses, hat sie doch erneut den Willen der Kirchen zum gemeinsamen Zeugnis „vor der Welt" unterstrichen. In Deutschland fand vor allem die letzte Empfehlung von Sibiu eine breitere Resonanz. Damit möchten die Kirchen in Deutschland bewusst einen Impuls aufgreifen, der ursprünglich von orthodoxer Seite ausging. Dass der 1. September als fester Termin für einen ökumenischen Gebetstag für die Bewahrung der Schöpfung von ihnen nicht einfach übernommen wird, hat mit verschiedenen Faktoren zu tun: Zum einen wird in Deutschland der 1. September in Erinnerung an den Ausbruch des Zweiten Weltkriegs als „Weltfriedenstag" begangen, zum anderen ist das Gebet um die Bewahrung der Schöpfung in vielen Kirchen mit dem Erntedankfest Anfang Oktober verbunden. Der Aufruf, die Zeit zwischen Anfang September und Anfang Oktober zu einem „Zeitraum" des Gebets für die Schöpfung zu erklären, trägt deutlich den Charakter eines Kompromisses. Derzeit wird auf verschiedenen Ebenen beraten, wie die Empfehlung von Sibiu in Deutschland konkret umgesetzt werden kann. Es besteht die Absicht, auf dem Zweiten Ökumenischen Kirchentag in München 2010 eine entsprechende Gemeinsame Erklärung zu unterzeichnen.

Die „Charta Oecumenica"

Die Entstehung der „Charta Oecumenica" geht zurück auf eine Anregung der Zweiten Europäischen Ökumenischen Versammlung in Graz 1997. Unter den Handlungsempfehlungen, die von Arbeitsgruppen der Delegierten während der EÖV 2 erarbeitet wurden, findet sich unter den Empfehlungen zum Thema „Einheit der Kirche" folgender Textpassus: „Wir empfehlen den Kirchen, ein gemeinsames Dokument zu erarbeiten, das grundlegende ökumenische Pflichten und Rechte enthält und daraus eine Reihe von ökumenischen Richtlinien, Regeln und Kriterien ableitet, die den Kirchen, ihren Verantwortlichen und allen Gliedern helfen, zwischen Proselytismus und christlichem Zeugnis sowie zwischen Fundamentalismus und echter Treue zum Glauben zu unterscheiden und schließlich die Beziehungen zwischen Mehrheits- und Minderheitskirchen in ökumenischem Geist zu gestalten."[77] Im Hintergrund dieser Empfehlung standen zwischenkirchliche Konflikte in Mittel- und Osteuropa, in denen sich die Kirchen gegenseitig des Proselytismus (vor allem durch evangelikale Missionare) bzw. des Fundamentalismus (vor allem auf Seiten der Orthodoxen Kirche) beschuldigten. Diese Empfehlung zählte zu den Vorschlägen, die schon sehr bald aufgegriffen wurden: zunächst bei einer Konferenz zur Auswertung der EÖV 2 in Loccum im Oktober 1997, dann bei der Sitzung des Gemeinsamen Ausschusses von KEK und CCEE im Februar 1998 im Vatikan. Dort beschlossen die Vertreter beider Organisationen, dass ein „relativ kurzes Dokument" erstellt werden solle, in dem keine Fragen der Lehre und der Kirchenverfassung behandelt, sondern vielmehr „Prinzipien und Kriterien für die Förderung des ökumenischen Engagements" formuliert werden sollten.

Eine achtköpfige Arbeitsgruppe (4 Vertreter der KEK und 4 vom CCEE) begann im Oktober 1998 mit der Ausarbeitung des Textes. Ein erster Entwurf wurde dem Gemeinsamen Ausschuss von KEK und CCEE im März 1999 vorgelegt. Auf Anregung des Ausschusses fand Anfang Mai 1999 eine Konsultation mit etwa 50 Fachleuten statt, um den Entwurf in einem breiteren Kreis zu diskutieren. Der danach nochmals überarbeitete Textentwurf wurde im Juli 1999 an die Mitgliedskirchen von KEK und CCEE versandt mit der Bitte, bis zum 1. September 2000 dazu Stellung zu nehmen. 75 Mitgliedskirchen der KEK und 20 Bischofskonferenzen, die zum CCEE gehören, schickten Stellungnahmen nach Genf (Sitz der KEK) bzw. St. Gallen (Sekretariat des CCEE). Der Redaktionsausschuss stand vor der schwierigen Aufgabe, die Voten in den Text einzuarbeiten und dabei recht unterschiedliche Desiderate zu berücksichtigen. Der revidierte Text wurde dann vom Gemeinsamen Ausschuss von KEK und CCEE auf seiner Sitzung in Porto im Januar 2001 gutgeheißen und die Unterzeichnung im Rahmen einer ökumenischen Konferenz vereinbart, die in der Woche nach Ostern, das im Jahr 2001 von Ost und West gemeinsam am 15. April gefeiert wurde, in Straßburg stattfinden sollte.

Zu dieser „Europäischen Ökumenischen Begegnung" kamen vom 19. bis 22. April 2001 neben ca. 100 offiziellen Repräsentanten der Kirchen in Europa auch etwa 100 Jugendliche aus ganz Europa zusammen, um Austausch und Dialog nicht nur zwischen den Konfessionen, sondern auch zwischen den Generationen zu fördern. Die Begegnung stand unter dem Leitwort „Ich bin bei euch alle Tage bis ans Ende dieser Welt". Die Teilnehmer der dreitägigen Begegnung gingen dabei folgenden Leitfragen nach: Wer ist Christus für mich? Wohin führt Christus uns? Wohin sendet uns Christus? Der tragende Gedanke der Straßburger Versammlung war, dass die Ökumene von der Begegnung lebt, der Begegnung zwischen Jung und Alt, zwischen Männern und Frauen, zwischen Kirchenleitenden und Jugendlichen. Im Rahmen der „Europäischen Ökumenischen Begegnung" wurde die Charta Oecumenica am 22. April 2001 von den Präsidenten der KEK und des CCEE unterzeichnet.

Die Charta Oecumenica trägt den Untertitel „Leitlinien für die wachsende Zusammenarbeit unter den Kirchen in Europa", womit bereits der Charakter des Textes umschrieben ist: Er konstatiert in 12 Punkten grundlegende Gemeinsamkeiten im Blick auf den Glauben, die ökumenische Zusammenarbeit sowie den Dialog mit der Gesellschaft und formuliert auf dieser Basis Selbstverpflichtungen für die unterzeichnenden Kirchen.[78] Die drei Teile des Dokuments fallen dabei unterschiedlich lang aus: Der erste Teil („Wir glauben ‚die eine, heilige, katholische und apostolische Kirche'") besteht aus einer einzigen Leitlinie: „Gemeinsam zur Einheit im Glauben berufen". Der zweite Teil („Auf dem Weg zur sichtbaren Gemeinschaft der Kirchen in Europa") enthält 5 Leitlinien: „Gemeinsam das Evangelium verkündigen", „Aufeinander zugehen", „Gemeinsam handeln", „Miteinander beten" und „Dialoge fortsetzen". Der dritte Teil („Unsere gemeinsame Verantwortung in Europa") umfasst schließlich 6 Leitlinien: „Europa mitgestalten", „Völker und Kulturen versöhnen", „Schöpfung bewahren", „Gemeinschaft mit dem Judentum vertiefen", „Beziehungen zum Islam pflegen" und „Begegnung mit anderen Religionen und Weltanschauungen". Jede Leitlinie mündet in zwei Selbstverpflichtungen, die unter der Überschrift „Wir verpflichten uns ..." stehen. Viele Selbstverpflichtungen sind so formuliert, dass jede und jeder Gläubige sie sich zu eigen machen kann, so z. B. „Selbstgenügsamkeit zu überwinden und Vorurteile zu beseitigen, die Begegnung miteinander zu suchen und füreinander da zu sein" oder

„die Gottesdienste und weitere Formen des geistlichen Lebens anderer Kirchen kennen und schätzen zu lernen". Andere richten sich eher an die Kirchenleitungen, wenn es beispielsweise um die Verpflichtung geht, „den Dialog zwischen unseren Kirchen auf den verschiedenen kirchlichen Ebenen gewissenhaft und intensiv fortzusetzen sowie zu prüfen, was zu den Dialogergebnissen kirchenamtlich verbindlich erklärt werden kann und soll" (was sehr wichtig im Blick auf das in Kapitel 5 angesprochene Problem der Rezeption ökumenischer Dialogergebnisse ist) oder „dem Ziel der eucharistischen Gemeinschaft entgegenzugehen".

Beim Ersten Ökumenischen Kirchentag in Berlin 2003 haben die leitenden Repräsentanten der christlichen Kirchen in Deutschland die Charta Oecumenica unterzeichnet und sich damit deren Leitlinien zu eigen gemacht. Im Rahmen des Kirchentagsprogramms fand am 30. Mai 2003 ein Podium unter der Überschrift „Zur Ökumene verpflichtet!" statt, bei dem die Entstehung der Charta vorgestellt und ihre Bedeutung von Kirchenvertretern und Europapolitikern gewürdigt wurde. Im Anschluss an das Podium fand die feierliche Unterzeichnung der Charta Oecumenica durch die Vertreter der Mitgliedskirchen der ACK statt, unter ihnen Karl Kardinal Lehmann als Vorsitzender der Deutschen Bischofskonferenz, Präses Manfred Kock als Ratsvorsitzender der EKD und Metropolit Augoustinos als Vertreter der Orthodoxen. Insgesamt unterzeichneten in Berlin die Vertreter von 16 Kirchen die Charta Oecumenica. In der Urkunde, unter die sie ihre Unterschriften setzten, heißt es: „Wir stimmen dem vorgelegten Text für unseren Zuständigkeitsbereich zu und machen uns die darin enthaltenen Verpflichtungen zu eigen."

Die Mitgliederversammlung der ACK, in der Vertreter aller Kirchen in Deutschland zweimal jährlich zusammenkommen, hat sich im Anschluss an die Unterzeichnung mit der Frage auseinandergesetzt, wie die Selbstverpflichtungen der Charta im deutschen Kontext konkretisiert werden können. Nach einem längeren Beratungsprozess sind dabei 14 Empfehlungen herausgekommen, die im März 2006 unter der Überschrift „Gemeinsamer ökumenischer Weg mit der Charta Oecumenica" veröffentlicht wurden.[79]

Empfohlen wird beispielsweise die Einführung eines Ökumenischen Gebetstages für die Bewahrung der Schöpfung, die regelmäßige Feier des Taufgedächtnisses, das sonntägliche Fürbitt-
gebet für die Nachbargemeinden am Ort und der Abschluss
ökumenischer Gemeindepartnerschaften. Die Aufforderungen,
einander kirchliche Räume zur Verfügung zu stellen oder regelmäßige ökumenische Begegnungsmöglichkeiten für konfessionsverbindende Ehepaare und Familien zu schaffen, zählen zu den
konkreten Vorschlägen im Blick auf die pastorale Arbeit. Die ACK
hat damit viele Möglichkeiten zu einer Verstärkung der ökumenischen Zusammenarbeit in den Gemeinden vor Ort aufgezeigt, auf
die wir in Kapitel 7 noch näher eingehen werden.

Gemeinsames Engagement in ethischen und sozialen Fragen

In Deutschland nehmen die christlichen Kirchen seit Mitte
der 1980er-Jahre immer häufiger gemeinsam Stellung zu ethischen und sozialpolitischen Fragen. 1989 publizierten die Deutsche Bischofskonferenz (DBK) und die Evangelische Kirche in
Deutschland (EKD) in Verbindung mit den übrigen Mitgliedskirchen der ACK die Erklärung „Gott ist ein Freund des Lebens",
in der sie auf aktuelle Herausforderungen und Aufgaben beim
Schutz des menschlichen Lebens eingingen.[80] Aus diesem Pro-
jekt ging die „Woche für das Leben" hervor, die seit 1994 in
ökumenischer Trägerschaft von DBK und EKD veranstaltet wird.
Jeweils in der ersten Jahreshälfte (meist Ende April / Anfang
Mai) machen die Kirchen durch eine öffentliche Kampagne
gemeinsam auf ein Thema aus dem Bereich des Lebensschutzes
aufmerksam.[81] Das bisherige Themenspektrum reicht vom
Schutz des ungeborenen Lebens über die Verantwortung für
Kinder und den Umgang mit Behinderten bis hin zu menschen-
würdiger Pflege und Begleitung beim Sterben.

Eine zweite ökumenische Woche, die von den christlichen
Kirchen in Deutschland gemeinsam getragen wird, ist die „Woche

der ausländischen Mitbürger", die bereits seit 1975 regelmäßig in der zweiten Jahreshälfte (meist Ende September) veranstaltet wird. Im Hintergrund stand hier die Beobachtung, dass viele der in der Zeit des Wirtschaftswunders angeworbenen „Gastarbeiter" sich dauerhaft in Deutschland niederließen. Um das Bewusstsein für die alltäglichen Probleme der Immigranten zu schärfen und die Herausforderung des interkulturellen Dialogs aufzugreifen, veranstalten DBK und EKD gemeinsam mit der Griechisch-Orthodoxen Metropolie von Deutschland, die stellvertretend für die Kirchen der Migranten einbezogen ist, jährlich die „Woche der ausländischen Mitbürger", die seit 1991 auch „Interkulturelle Woche" genannt wird.[82] Der Vorsitzende der DBK, der Ratsvorsitzende der EKD und der griechisch-orthodoxe Metropolit von Deutschland veröffentlichen aus diesem Anlass jeweils ein „Gemeinsames Wort", in dem sie zu einzelnen Aspekten, die mit der Migration zusammenhängen (Integration, Einbürgerung, Abschiebung, etc.), Stellung beziehen.

Als dritter ökumenisch geprägter Aktionszeitraum im Laufe eines Jahres ist schließlich die „Ökumenische Friedensdekade" zu erwähnen, die jeweils in den zehn Tagen vor dem Buß- und Bettag (also im November) veranstaltet wird.[83] Die Initiative zu dieser Dekade geht zurück auf evangelische Jugendgruppen in der DDR und die „Aktion Sühnezeichen" in der BRD, die jeweils seit 1980 eine entsprechende Dekade organisierten. Seit 1992 wird die Friedensdekade vom „Gesprächsforum Ökumenische Friedens-Dekade" vorbereitet, das sich aus Vertretern verschiedener Friedensinitiativen und Jugendverbände sowie der Ökumenischen Centrale und einiger ACK-Mitgliedskirchen zusammensetzt.

Natürlich erschöpft sich das Engagement der Kirchen in diesem Bereich nicht auf einzelne öffentlichkeitswirksame Kampagnen. Das, was die Kirchen in ihren ökumenischen Aktionen von Politik und Gesellschaft fordern, setzen sie in ihrer diakonisch-karitativen Tätigkeit Tag für Tag selbst um. Dies geschieht bis heute vor allem in konfessionell gebundenen karitativen Einrichtungen, die in der Regel vom Deutschen Caritasverband bzw. vom Diakonischen Werk getragen werden. Es gibt aber auch hier Bereiche, in denen die ökumenische Zusammenarbeit bereits fest etabliert ist, beispielsweise in der Telefonseelsorge oder bei der Bahnhofsmission. An einigen Orten gibt es schon heute Krankenhäuser oder Sozialstationen in ökumenischer Trägerschaft. Dort, wo dies aus wirtschaftlichen oder juristischen Gründen nicht umsetzbar ist, empfiehlt sich eine „arbeitsteilige Ökumene", wie sie derzeit von der Erzdiözese Freiburg und der Badischen evangelischen Landeskirche erprobt wird. Dabei wird gemeinsam überlegt, welche Arbeitsbereiche stellvertretend von einer Konfession für alle Kirchen wahrgenommen werden könnten. Bemerkenswert ist, dass soziale und karitative Initiativen, die sich erst in den letzten Jahren entwickelt haben (z. B. die „Tafeln", die Lebensmittel an Bedürftige verteilen, oder ehrenamtliche Hospizgruppen), oft von vornherein in ökumenischer Trägerschaft geplant und durchgeführt werden.

Die zunehmende Kooperation der Kirchen im Blick auf die sozialpolitischen Herausforderungen der Gesellschaft schlägt sich seit Anfang der 1990er-Jahre in der Veröffentlichung „Gemeinsamer Texte" nieder, in denen der Rat der EKD und die Deutsche Bischofskonferenz – teilweise in Kooperation mit der ACK – gemeinsam zu aktuellen ethischen und politischen Fragen Stellung nehmen. Auf besonderes Interesse in Politik und Gesellschaft stieß dabei das „Gemeinsame Wort zur wirtschaftlichen und sozialen Lage in Deutschland", das nach einem mehrjährigen Konsultationsprozess 1997 unter dem Titel „Für eine Zukunft in Solidarität und Gerechtigkeit" publiziert wurde.[84] Angeregt durch die Entwicklung in Deutschland hat auch der Ökumenische Rat der Kirchen in Österreich im Jahr 2003 ein „Ökumenisches Sozialwort"[85] vorgelegt, das sich vor allem dadurch auszeichnet, dass es von Beginn an in einem multilateralen Kontext erarbeitet wurde. Neben sozialethischen Fragestellungen (Rolle der Medien, Alterssicherung, Sterbebegleitung, Patientenverfügung, Umgang mit Asylbewerbern, nachhaltige Landwirtschaft) haben die Kirchen in Deutschland in den „Gemeinsamen Texten" auch zu bioethischen Fragen (Organtransplantation, pränatale Diagnostik, Präimplantationsdiagnostik) Stellung genommen. In den medizin- und bioethischen Fragen haben sich in letzter Zeit allerdings neue Differenzen aufgetan, beispielsweise im Blick auf die Bewertung der Forschung mit embryonalen Stammzellen, die dazu geführt haben, dass die Stimme der Kirchen in der politischen Debatte weitgehend ungehört verhallte. Dies zeigt, wie wichtig die ökumenische Zusammenarbeit gerade in diesem Bereich ist, weil die Kirchen in Gesellschaft und Politik heute offenbar nur noch dann Gehör finden, wenn sie gemeinsam für die Grundwerte des christlichen Glaubens eintreten.

Auch wenn das gemeinsame Auftreten der christlichen Kirchen nach außen hin als eine positive Entwicklung in der Ökumene zu begrüßen ist, darf dennoch nicht übersehen werden, dass die Rezeption der „Gemeinsamen Texte" in den beteiligten Kirchen recht unterschiedlich ausfällt. Tendenziell werden sie auf katholischer Seite stärker rezipiert als in den evangelischen Kirchen, wo sie oft nur als einer unter vielen Beiträgen zur aktuellen ethischen Debatte wahrgenommen werden. Dieser unterschiedliche Umgang mit den „Gemeinsamen Texten" erklärt sich daraus, dass es auf katholischer Seite eine Tradition bischöflicher „Hirtenbriefe" gibt, in denen die Lehre der Kirche nicht nur in Glaubensfragen, sondern auch im Blick auf ethische und moralische Fragestellungen vorgelegt wird. Vergleichbare Verlautbarungen eines „kirchlichen Lehramtes" gibt es auf evangelischer Seite nicht. Stattdessen gibt es in der EKD die Tradition der sogenannten „Denkschriften", die als argumentative Beiträge zur persönlichen Urteilsbildung verstanden werden. Die „Freiheit des Christenmenschen", von der Martin Luther gesprochen hat, führt auf evangelischer Seite zum absoluten Primat des Gewissens. Natürlich vertritt auch die katholische Tradition die Auffassung, dass das Gewissensurteil des Einzelnen für diesen bindend ist, jedoch betont die katholische Lehre stärker die Notwendigkeit der Gewissensbildung und die Möglichkeit des irrenden Gewissens. Dementsprechend kommt den Äußerungen des kirchlichen Lehramtes in ethischen Fragen auf katholischer Seite größeres Gewicht zu. Dagegen ist auf evangelischer Seite eine Pluralität ethischer Ansätze zu beobachten, die evangelische Ethiker bereits zu der überspitzten Formulierung verleitet hat, der Pluralismus sei das „Markenzeichen" des Protestantismus. Nicht nur auf katholischer, sondern auch auf evangelischer Seite erhob sich freilich Widerspruch gegen ein solches Postulat, weil ein unbegrenzter Pluralismus letztlich dazu führe, dass die Wahrheitsfrage nicht mehr gestellt werde.

Gerade die Frage, ob es auch im ethischen Bereich so etwas wie eine absolute Wahrheit gibt, zählt bis heute zu den umstrittensten Fragen zwischen katholischen und protestantischen Ethikern. Die katholische Moraltheologie ist stark vom Naturrechtsdenken geprägt, dem zufolge es absolute sittliche Normen gibt, die in der „Natur", d. h. dem Wesen des Menschen begründet liegen und die er daher von sich aus zu erkennen vermag. Vor allem diese Fähigkeit des Menschen zur Erkenntnis des sittlich Guten, die in der katholischen Lehre mit der Gottebenbildlichkeit des Menschen begründet wird, wird von evangelischer Seite infrage gestellt. Im Hintergrund steht eine unterschiedliche Bewertung der menschlichen Natur (vgl. Seite 80–82), die nach protestantischer Auffassung durch die Sünde so verdorben ist, dass der Mensch nicht mehr von sich aus fähig ist, sich für das Gute zu entscheiden, während die Sünde nach katholischer und orthodoxer Lehre die menschliche Natur nur verletzt hat, sodass die Fähigkeit der menschlichen Vernunft, das sittlich Gute zu erkennen, nicht ganz verlorengegangen ist. So hat das jeweilige Menschenbild auch Auswirkungen auf die Grundlagen der Ethik.

Obwohl die protestantische Ethik auf gemeinsamen anthropologischen Prämissen beruht, lassen sich in ihr (mindestens) zwei unterschiedliche Argumentationstypen beobachten. Die lutherische Tradition hat im Rückgriff auf die Rede Luthers von den beiden „Regimenten" Gottes die sogenannte „Zwei-Reiche-Lehre" entwickelt, deren Zielsetzung es ist, die weltliche Ordnung deutlich von der Heilsordnung zu unterscheiden, damit Fragen der weltlichen Ordnung nicht zu Heilsfragen hochstilisiert werden. Demgegenüber argumentiert die reformierte Tradition mit der „Königsherrschaft Christi" und versteht vor diesem Hintergrund die christliche Ethik als eine Gestalt des Christusbekenntnisses. Dementsprechend war der ethische Anspruch an die Gläubigen in der reformierten Kirche stets höher als in der lutherischen. Die von Karl Barth geprägte evangelische Theologie des 20. Jahrhunderts sah im Naturrechtsdenken der katholischen Kirche das Einfallstor für eine „natürliche Theologie", die zu einer zweiten Offenbarungsquelle neben Jesus Christus zu werden drohe. Diese radikale Verwerfung des Naturrechts wird jedoch heute auch von vielen evangelischen Ethikern nicht mehr geteilt. Umgekehrt sprechen katholische Moraltheologen heute nicht mehr primär vom Naturrecht, sondern gehen vom Menschen als vernunftbegabtem Wesen aus, der durch seine Vernunft befähigt ist, Werte und sittliche Normen zu erkennen.

Im ökumenischen Gespräch zwischen katholischen und protestantischen Ethikern zeichnet sich heute die Personwürde des Menschen als gemeinsame Grundlage aller ethischen Stellungnahmen ab, auch wenn diese Personwürde auf katholischer Seite nach wie vor stärker mit der in der Schöpfung grundgelegten Gottebenbildlichkeit des Menschen begründet wird, während die protestantische Ethik die in der Rechtfertigung des Sünders durch Christus begründete Anerkennung des Menschen durch Gott betont. Auf weltweiter Ebene hat sich die „Gemeinsame Arbeitsgruppe" von ÖRK und Vatikan mit den Herausforderungen und Chancen des ökumenischen Dialogs über ethisch-moralische Fragen befasst.[86] In ihrem 1995 verabschiedeten Studiendokument verweist sie auf die Hl. Schrift als gemeinsame Quelle ethisch-moralischer Urteilsbildung, geht auf die unterschiedlichen kirchlichen Autoritätsstrukturen ein und entwickelt Leitlinien für das gemeinsame Zeugnis der Christen in einer pluralistischen Gesellschaft. Das Dokument wie auch die ökumenische Debatte in der Sozialethik verdeutlichen, dass es nach wie vor Unterschiede in den Methoden ethischer Urteilsbildung gibt, in den Grundprinzipien der christlichen Ethik heute aber eine weitgehende Übereinstimmung konstatiert werden kann.

Missionarische Ökumene

Das Bemühen um ein gemeinsames Zeugnis der Christen in der Mission war eine der wichtigsten Antriebskräfte der Ökumene. Die Weltmissionskonferenz in Edinburgh 1910 gilt als Geburtsstunde der modernen ökumenischen Bewegung (vgl. Seite 50 f.). Damals hatte man vor allem die Mission unter Nichtchristen im Blick, deren Glaubwürdigkeit unter der Tätigkeit konkurrierender Missionsgesellschaften litt. Knapp hundert Jahre später hat sich die Situation grundlegend gewandelt. Wenn heute von Mission die Rede ist, dann geht es nicht mehr um die Bekehrung „heidnischer" Völker zum Christentum, sondern um die Bezeugung der befreienden Botschaft des Evangeliums in einer weithin säkularen Welt. In vielen traditionell christlich geprägten Ländern lässt sich eine zunehmende „Entkirchlichung", eine Entfremdung von der Kirche beobachten: Glaube gilt als „Privatsache" und wird zwar toleriert, aber nicht mehr gemeinschaftlich praktiziert. In ehemals kommunistisch regierten Ländern, gerade auch in den neuen deutschen Bundesländern, kann man darüber hinaus von einer „Entchristlichung" sprechen: Das Wissen darum, was Christentum bedeutet und wodurch sich christliches Leben auszeichnet, ist verschwunden. Man spricht von „Verdunstung" des Glaubens. Andererseits gibt es aber auch gegenläufige Tendenzen: ein neues Interesse an Religiosität und Spiritualität, das die danach Suchenden jedoch keineswegs automatisch zu einer der christlichen Kirchen führt.

Vor diesem Hintergrund ist „Mission" heute kein Begriff mehr, bei dem man zunächst an Missionsstationen im unzugänglichen Urwald denkt. Auch in den christlich geprägten Ländern Europas ist Mission am Beginn des 21. Jahrhunderts dringend notwendig. Deutschland selbst ist zu einem „Missionsland" geworden. Wenn man diesen Begriff benutzt, muss man sich allerdings bewusst sein, dass „Mission" ein belasteter Begriff ist, der in der Geschichte für zum Teil gewaltsame Bekehrungsmaßnahmen stand und mit religiöser Intoleranz und einseitiger kultureller Dominanz verbunden war. Die katholische Tradition spricht daher im Blick auf die Verkündigung des Evangeliums in bereits christianisierten Völkern eher von „Neuevangelisierung". Allerdings wurde dieser Begriff von anderen Kirchen vielfach im Sinne einer „Rekatholisierung" missverstanden. Im protestantischen Bereich spricht man meist von „Evangelisation" oder – insbesondere im Kontext der Freikirchen – von „evangelistischen" Aktivitäten. Wie auch immer man die Sache begrifflich fasst, es ist deutlich, dass die Verkündigung des Evangeliums in einer weithin säkularisierten Gesellschaft eine Herausforderung ist, vor denen die christlichen Kirchen heute gemeinsam stehen. Wenn in diesem Zusammenhang wieder vermehrt der Begriff „Mission" verwendet wird, so geschieht dies im Rückgriff auf die Hl. Schrift, der zufolge Mission zum Grundauftrag der Kirche gehört. Im biblischen Sinn bedeutet Mission die Einladung zur Teilhabe an der Gottesbeziehung, die Jesus Christus den Menschen durch sein Leben, seinen Tod und seine Auferstehung eröffnet hat. Mission in diesem Sinn bedeutet Ausbreitung der frohen Botschaft des Evangeliums von Gottes rettendem Heilshandeln in alle Welt und an alle Menschen.

Wie dieser biblische Auftrag heute am besten erfüllt werden kann, damit haben sich die Kirchen in Deutschland vor allem im Umfeld der Jahrtausendwende befasst. Offenbar bot der Beginn des dritten Millenniums der christlichen Zeitrechnung den Anlass, sich mit der Frage nach dem Zeugnis des Glaubens in heutiger Zeit auseinanderzusetzen. 1999 befasste sich die Synode der EKD in Leipzig unter der Überschrift „Reden von Gott in der Welt" mit dem missionarischen Auftrag der Evangelischen Kirche in Deutschland. In der „Kundgebung" zum Schwerpunktthema der Leipziger Synode wird auch die ökumenische Dimension der Mission angesprochen und betont: „Es kommt nicht in erster Linie auf den Mitgliederzuwachs in der eigenen Kirche an, sondern darauf, dass Menschen überhaupt eine kirchliche Beheimatung finden."[87] Zwei Jahre später legte das Kirchenamt der EKD ein Dokument mit dem Titel „Das Evangelium unter die Leute bringen" vor, in dem die Anstöße der Synode weitergeführt und konkrete Anregungen zur Umsetzung des missionarischen Auftrags der Kirche gegeben werden.[88] Die Deutsche Bischofskonferenz veröffentlichte im November 2000 unter der Überschrift „Zeit zur Aussaat" einen Text, der dazu ermutigen will „Missionarisch Kirche (zu) sein", wie es im Untertitel heißt.[89] Er plädiert für eine „missionarische Spiritualität" und zeigt Wege missionarischer Verkündigung auf, wobei er unterstreicht, dass es nicht nur um das „Zeugnis des Wortes", sondern auch um das „Zeugnis des Lebens" geht. Einen persönlichen Akzent setzt der gemeinsam mit dem Dokument veröffentlichte „Brief eines Bischofs aus den neuen Bundesländern", in dem der Erfurter Bischof Joachim Wanke dafür plädiert, Mission als eine „Einladung zum Fest" zu verstehen, bei der es darauf ankommt, dass derjenige, der zum ersten Mal mit Kirche in Berührung kommt, sich willkommen fühlt. Wie das konkret umgesetzt werden kann, erläutert ein Dokument, das von der Bischofskonferenz drei Jahre später unter der Überschrift „Missionarisch Kirche sein" veröffentlicht wurde.[90] Dabei geht es vor allem darum, durch „offene Kirchen" und entsprechende Angebote in diesen Kirchen die nach religiöser Orientierung suchenden Menschen anzusprechen.

Auch die Mission im eigenen Land gewinnt an Glaubwürdigkeit, wenn sie nicht gegeneinander, sondern miteinander erfolgt. Daher hat die Arbeitsgemeinschaft Christlicher Kirchen (ACK) in Deutschland im Jahr 2003 ein gemeinsames Wort veröffentlicht, das den Titel „Unser gemeinsamer Auftrag: Mission und Evangelisation in Deutschland" trägt.[91] Die Erklärung ist das Resultat eines dreijährigen Konsultationsprozesses, bei dem deutlich wurde: „Der Aufbruch zu einer missionarischen Ökumene ist nötig und mehr Gemeinsamkeit in unserem missionarischen Tun ist möglich."[92] Zur Begründung heißt es in dem Wort der ACK: „Weil wir den einen Gott verkündigen und dem einen Herrn folgen, darum haben wir eine gemeinsame Botschaft und ein gemeinsames Ziel unserer Mission."[93] Der Text bringt auch zur Sprache, auf welche Weise „missionarische Ökumene" gelebt und praktiziert werden könnte:

„Gemeinsam suchen wir den Kontakt zu den Menschen in unserer Gesellschaft, für die Gott und die Kirche keine Bedeutung mehr haben, und laden sie ein, der Wirklichkeit der Liebe Gottes in ihrem Leben Raum zu geben. Gemeinsam fragen wir mit Jungen und Alten, was unser Leben trägt, und wie wir aus den Quellen des Glaubens ein Leben in Humanität und Würde, befreit von Angst, Hass und Gewalt gestalten können. Gemeinsam sprechen wir mit Menschen anderer Kulturen darüber, was Inhalt ihres Glaubens und Lebens ist und lassen sie an dem teilhaben, was Jesus Christus als Gottes Heil für uns bedeutet."[94]

Diese Ausführungen verdeutlichen, dass Mission aus heutiger Sicht unlösbar mit Dialog verknüpft ist. Aufgabe einer missionarischen Ökumene ist es daher, Räume der Begegnung und des Dialogs zu schaffen, in denen Menschen, die auf der Suche nach religiöser Orientierung sind, auf Christen treffen, die ihnen zuhören, von ihrem Glauben erzählen und so Zeugnis ablegen für Christus und die Gemeinschaft der Christen. Wenn dies in ökumenischer Zusammenarbeit geschieht, wird unsere Mission nicht nur glaubwürdiger, sondern gibt zugleich Zeugnis für die Einheit der Christen.

Weiterführende Literatur

Frieden in Gerechtigkeit. Dokumente der Europäischen Ökumenischen Versammlung, hg. im Auftrag der Konferenz Europäischer Kirchen und des Rates der Europäischen Bischofskonferenzen, Basel / Zürich 1989.

Versöhnung – Gabe Gottes und Quelle neuen Lebens. Dokumente der Zweiten Europäischen Ökumenischen Versammlung in Graz, hg. v. Rat der Europäischen Bischofskonferenzen und der Konferenz Europäischer Kirchen, Graz u. a. 1998.

Ulrich Schmitthenner, Der konziliare Prozess. Gemeinsam für Gerechtigkeit, Frieden und Bewahrung der Schöpfung. Ein Kompendium, Idstein 1998.

Missionarische Ökumene – eine Zwischenbilanz. Erfahrungen und Perspektiven, hg. v. EMW, ACK u. missio, Hamburg 2002.

Viorel Ionita / Sarah Numico (Hg.), Charta Oecumenica. Ein Text, ein Prozess und eine Vision der Kirchen in Europa, Genf / St. Gallen 2003.

Martin Eberle / Sören Asmus (Hg.), Quo vadis ökumenische Sozialethik? Weltgestaltung im Zeitalter der Globalisierung (Beiheft zur Ökumenischen Rundschau, Nr. 76) Frankfurt a. M. 2005.

Jürgen Henkel / Daniel Buda (Hg.), Neue Brücken oder neue Hürden? Eine Bilanz der Dritten Europäischen Ökumenischen Versammlung (EÖV 3), Zürich / Münster 2008.

7. Gelebte Einheit –

Ökumenische Zusammenarbeit vor Ort

Neben dem theologischen Dialog und dem gemeinsamen Zeugnis ist die ökumenische Zusammenarbeit vor Ort das dritte Standbein der Ökumene. Hier wird für die Gläubigen unmittelbar erfahrbar, wie es um das ökumenische Miteinander steht. Ohne Zweifel hat es auch hier in den vergangenen Jahrzehnten eine positive Entwicklung gegeben, bei der aus dem früheren Gegeneinander über ein friedliches Nebeneinander allmählich ein Miteinander gewachsen ist, das verschiedene Bereiche des gemeindlichen Lebens umfasst. Allerdings lassen sich gerade hier auch noch große Unterschiede feststellen: In manchen Orten gibt es bereits seit Jahren eine intensive ökumenische Kooperation zwischen den christlichen Gemeinden, in anderen ist sie dagegen noch kaum entwickelt. Letzteres ist oft der Fall, wenn in einer Region eine Konfession besonders dominant ist. Wenn mehrere Konfessionen etwa gleich stark sind (wie z. B. in Baden-Württemberg) oder aber sich gemeinsam in einer Minderheitensituation befinden (wie z. B. in Sachsen-Anhalt), funktioniert die ökumenische Zusammenarbeit in der Regel besser. Daher werden die einen in den folgenden Ausführungen vielleicht vieles wiederfinden, was ihnen aus der ökumenischen Praxis vor Ort bereits vertraut ist, andere werden die Anregungen in diesem Kapitel als eine große Herausforderung empfinden. Jedenfalls soll dieses Kapitel nicht nur den gegenwärtigen Stand der Ökumene vor Ort beschreiben, sondern auch Möglichkeiten zu einer Intensivierung der ökumenischen Zusammenarbeit aufzeigen.

Ökumene als eine alle betreffende und alles umfassende Aufgabe

Wenn man in unseren Gemeinden nachfragt, wie es um die ökumenische Praxis steht, wird oft ein Klagelied angestimmt: „Wir würden ja …, aber ‚die anderen' wollen nicht" oder „Wir möchten ja …, aber ‚die da oben' verbieten es". Über die Frage, warum eine andere Gemeinde nicht „will" oder warum die Kirchenleitung etwas „verbietet", wird dabei kaum nachgedacht. Vielleicht liegt die Zurückhaltung der anderen Gemeinde darin begründet, dass wir ihr unsere Vorstellung, wie es in der Ökumene zu laufen hat, aufdrängen wollen? Und vielleicht liegt das Verbot der Diözesanleitung darin begründet, dass sie nicht nur die Situation an unserem Ort vor Augen hat? Ökumenisches Handeln erfordert jedenfalls Sensibilität im Umgang miteinander. Viele Probleme in der ökumenischen Praxis liegen darin begründet, dass es genau daran mangelt. Zwischen den Konfessionen ist diese mangelnde Sensibilität oft in einer konfessionellen Selbstgenügsamkeit begründet, die keine Rücksicht auf das Selbstverständnis der anderen Konfessionen nimmt. Besonders ausgeprägt ist diese Selbstgenügsamkeit bei den beiden „großen" Kirchen in Deutschland – was oft zu Lasten der „kleineren" Kirchen geht. Zur Sensibilität in der Ökumene gehört es daher auch, nicht nur über Möglichkeiten katholisch-evangelischer Zusammenarbeit nachzudenken, sondern auch über die Kooperation mit Orthodoxen und Freikirchen.

Mangelnde ökumenische Sensibilität lässt sich auch innerhalb der Kirchen beobachten. Diese äußert sich z. B. darin, dass die Handelnden auf den verschiedenen Ebenen oft kaum darüber nachdenken, wie sich ihr Verhalten auf die übrigen Akteure in der Ökumene auswirkt. Im Blick auf die ökumenische Praxis hört man immer wieder die These, die sogenannte Basis sei schon viel weiter als die Hierarchie, die Ökumene wachse „von unten" und werde „von oben" gebremst. Eine solche These führt zu einer unfruchtbaren Gegenüberstellung von Gläubigen und Kirchenleitung, die das Voranschreiten auf dem Weg zur Einheit nicht erleichtert, sondern erschwert. Wir werden in der Ökumene nur dann vorankommen, wenn alle, die in diesem Bereich zu den Handelnden zählen (Kirchenleitungen, Gläubige, Theologen), sich gemeinsam für das Voranschreiten auf dem Weg zur Einheit der Kirche engagieren. Dabei wird es sicherlich vorkommen, dass die eine Gruppe einmal schneller voranschreitet als die anderen. Es ist jedoch keineswegs ausgemacht, dass dies immer die kirchliche Basis ist. Vor dem Zweiten Vatikanischen Konzil waren es vor allem einzelne Theologen, die innerhalb der katholischen Kirche dafür sorgten, dass die anderen Christen allmählich als „Brüder (und Schwestern) im Glauben" wahrgenommen wurden. Auf dem Konzil nahmen dann die Bischöfe den Impuls der ökumenischen Bewegung auf und sorgten durch die Verabschiedung des Ökumenismus-Dekrets dafür, dass der ökumenische Gedanke auch in der katholischen Kirche Wurzeln schlug. An der Basis war die Ökumene zu diesem Zeitpunkt noch nicht sehr weit gediehen und weitgehend die Sache einzelner Vorkämpfer. Ohne den entscheidenden Impuls von Seiten der Kirchenleitung hätte es nach dem Konzil nicht jene Entwicklung in der Ökumene gegeben, die wir in den vorhergehenden Kapiteln nachzeichnen konnten.

Nach dem Konzil kam es dann sowohl auf der Ebene der Gemeinden als auch auf der Ebene der Theologie zu einer intensiven Zusammenarbeit, die zu bemerkenswerten Annäherungen sowohl in der ökumenischen Theologie als auch in der ökumenischen Praxis führte. Doch diese Fortschritte fanden bislang nur wenig Resonanz auf der Ebene der Kirchenleitungen. Ökumenisch engagierte Theologen klagen, dass die Ergebnisse der ökumenischen Dialoge der vergangenen vier Jahrzehnte von vielen Bischöfen ignoriert werden und sie in ihren Stellungnahmen zu ökumenischen Fragen bis heute so argumentieren, als befänden wir uns noch im Jahr 1964, in dem das Ökumenismus-Dekret verabschiedet wurde. Allerdings lassen sich auch diesbezüglich erfreuliche Ausnahmen konstatieren: Die Unterzeichnung der „Gemeinsamen Erklärung zur Rechtfertigungslehre" wäre ohne die nachhaltige Unterstützung von kirchenleitender Seite wohl

nicht zustande gekommen (der damalige Präfekt der Glaubenskongregation Joseph Ratzinger und jetzige Papst Benedikt XVI.
hat sich hier persönlich engagiert). Umgekehrt ist die „Gemeinsame Erklärung" aber auch ein Beispiel dafür, dass Schritte der
Kirchenleitungen im Bereich der Ökumene wirkungslos bleiben,
wenn sie von den anderen handelnden Gruppen nicht rezipiert
werden, wie es auf evangelischer Seite durch den Protest weiter
Kreise der Professorenschaft an den Theologischen Fakultäten
der Fall ist.

Die genannten Beispiele verdeutlichen, dass wir in der Ökumene nur dann vorankommen werden, wenn alle Handelnden
„an einem Strang ziehen". Eine Polarisierung zwischen den
Gläubigen und der Hierarchie, wie sie in der Gegenüberstellung
von „oben" und „unten" zum Ausdruck kommt, führt nicht weiter. Nur wenn Gemeinden, Theologen und Bischöfe sich gemeinsam für die Einheit der Christen engagieren, werden wir in der
Ökumene substanzielle Fortschritte erzielen können. Schon das
Ökumenismus-Dekret verweist auf das notwendige Miteinander
in diesem Bereich: „Die Sorge um die Wiederherstellung der
Einheit geht die ganze Kirche an, sowohl die Gläubigen als auch
die Hirten, und betrifft jeden einzelnen, je nach der ihm eigenen
Fähigkeit, sei es im täglichen christlichen Leben oder bei theologischen und historischen Untersuchungen" (UR 5). Ökumene ist
eine Aufgabe der ganzen Kirche. Die Chancen ökumenischer
Zusammenarbeit werden wir daher nur dann nutzen können,
wenn es gelingt, die ganze Kirche in das ökumenische Handeln
einzubeziehen.

Ökumene ist aber nicht nur eine Aufgabe der ganzen Kirche, sondern auch ein Auftrag, der die Kirche ganz, d. h. alle
ihre Lebensvollzüge, betrifft. Daran erinnerte Papst Johannes
Paul II. in seiner Ökumene-Enzyklika, in der er schrieb, dass
„der Ökumenismus, die Bewegung für die Einheit der Christen,
nicht bloß irgendein ‚Anhängsel' ist, das der traditionellen Tätigkeit der Kirche angefügt wird", sondern „er gehört organisch zu
ihrem Leben und zu ihrem Wirken" (UUS 20). Wird die ökumenische Praxis in unseren Gemeinden diesem hohen Anspruch

gerecht? Ist es nicht häufig so, dass die Pfarrer oder auch die Mitglieder des Pfarrgemeinderates darüber klagen, sie müssten sich „auch noch" um die Ökumene kümmern, wo sie doch schon so viel mit Gottesdiensten und Religionsunterricht, Erstkommunion- und Firmkatechese, Ministranten- und Jugendarbeit, Vereinsabenden und Seniorennachmittagen zu tun haben? Solche Äußerungen lassen darauf schließen, dass die Ökumene als eine Zusatzaufgabe betrachtet wird, die über „das Übliche" hinausgeht und daher als eine zusätzliche Belastung wahrgenommen wird.

Eine solche Betrachtungsweise verkennt die Chancen, die in der ökumenischen Zusammenarbeit liegen. Ökumene muss nicht zur Belastung werden, sondern kann zur Entlastung beitragen, wenn sie als eine durchgängige Dimension kirchlichen Handelns, als ein ganzheitlicher Auftrag betrachtet wird. Das bedeutet konkret, dass wir uns nicht fragen sollten, welche „ökumenischen" Aktivitäten wir zusätzlich zu den „eigenen" Veranstaltungen der Gemeinde organisieren können, sondern vielmehr darüber nachdenken müssten, welche „eigenen" Projekte und Handlungsfelder dazu geeignet wären, von vornherein „ökumenisch", also in Verbindung mit Gemeinden anderer Konfessionen geplant und durchgeführt zu werden. Von Jugendgruppen über Familienkreise bis hin zur Seniorenarbeit gibt es viele Möglichkeiten der Zusammenarbeit, die weder aus theologischer Sicht bedenklich sind noch von den Kirchenleitungen genehmigt werden müssten. Wir müssen daher in der ökumenischen Praxis nach einem Wechsel der Perspektive streben: Nicht das gemeinsame Handeln ist begründungspflichtig, sondern das getrennte Handeln bedarf einer Begründung. Erst wenn es uns gelingt, diesen Perspektivwechsel zu vollziehen, nehmen wir die Ökumene als einen ganzheitlichen Auftrag ernst, der alle Bereiche des kirchlichen Lebens betrifft. Dabei müssen wir uns immer wieder bewusst machen: „Es gibt vieles, was wir sofort könnten und was nicht verboten ist", wie Kardinal Lehmann in seinem Grundsatzvortrag zur ökumenischen Situation auf dem Katholikentag in Osnabrück 2008 unterstrich.[95] Und er fuhr fort: „Warum nutzen wir nicht das, was sofort und ohne Konflikt angepackt werden kann? Ökumene ist nichts Extravagantes, sondern muss intensiv den Alltag beherrschen."

Konfessionsverbindende Ehen als „Werkstätten der Einheit"

Ein Ort, an dem die Ökumene wie von selbst den Alltag intensiv prägt, sind konfessionsverschiedene Ehen. Deren Zahl ist in Deutschland deutlich gewachsen, seit durch die Ansiedlung von Vertriebenen nach 1945 evangelische Christen in Regionen kamen, die zuvor fast rein katholisch waren, und umgekehrt. Der gemeinsame Lebensraum führte nach und nach zu einer ökumenischen Annäherung zwischen den Gläubigen der verschiedenen Konfessionen. Überkommene Vorurteile erwiesen sich in der alltäglichen Begegnung als unbegründet und durch die zunehmende Zahl von Ehen zwischen katholischen und evangelischen Christen gab es in den Gemeinden einen Personenkreis, der ein persönliches Interesse an der weiteren Annäherung zwischen den Kirchen hatte. Nach der Anwerbung der „Gastarbeiter" wuchs auch die Zahl konfessionsverschiedener Ehen, in denen einer der Partner der orthodoxen Kirche angehört. In solchen Ehen stellen neben den konfessionellen auch die kulturellen Unterschiede häufig eine zusätzliche Herausforderung dar.

Am Beispiel der konfessionsverschiedenen Ehen lässt sich die Entwicklung der ökumenischen Beziehungen in den letzten Jahrzehnten sehr gut veranschaulichen. Bis zum Zweiten Vatikanischen Konzil wurden solche Ehen als „Mischehen" bezeichnet, wobei schon die Wortwahl andeutete, dass dort etwas „vermischt" wurde, was eigentlich nicht zusammengehört. Nach dem Konzil sprach man dann – sachlich korrekt und sprachlich „neutral" – von bekenntnis- bzw. konfessionsverschiedenen Ehen. Erst seit Mitte der 1980er-Jahre setzte sich zunehmend die Bezeichnung „konfessions*verbindende* Ehen" durch, um auf diese

Weise die positive Rolle zu unterstreichen, die konfessionsverschiedene Paare und Familien für das Zusammenwachsen der christlichen Kirchen spielen können. Dies kann allerdings nur dann gelingen, wenn beide Partner ihren zunächst konfessionell geprägten Glauben bewusst in ein gemeinsames Glaubensleben in der Ehe einbringen. Dass dies längst nicht immer der Fall ist, zeigt die große Zahl konfessionsverschiedener Paare, die sich – teils aufgrund bereits zuvor bestehender Entfremdung von der Kirche, teils aufgrund mangelnder Sensibilität auf Seiten der Kirchen gegenüber ihrer besonderen Situation – vom kirchlichen Leben völlig distanziert haben. Daher ist die pastorale Sorge für konfessionsverbindende Ehen eine Herausforderung, der sich die Kirchen nach wie vor stellen müssen.

Erste Schritte in diese Richtung erfolgten zu Beginn der 1970er-Jahre. 1971 publizierten die Deutsche Bischofskonferenz und die Evangelische Kirche in Deutschland (EKD) erstmals eine Gottesdienstordnung für die „Gemeinsame kirchliche Trauung" unter Beteiligung eines katholischen und eines evangelischen Pfarrers. Auch wenn diese gemeinsamen Feiern im Sprachgebrauch der Gemeinden rasch als „Ökumenische Trauungen" bezeichnet wurden, handelt es sich formal um konfessionelle Eheschließungsformen, an denen der Pfarrer der jeweils anderen Kirche mitwirkt. Seit 1995 liegt eine neue Fassung der liturgischen Formulare für die Trauung konfessionsverschiedener Paare vor.[96] Die Gemeinsame Synode der deutschen Bistümer in Würzburg würdigte in ihrem 1974 verabschiedeten Beschluss zum Thema „Pastorale Zusammenarbeit der Kirchen im Dienst an der christlichen Einheit" die positive Rolle der konfessionsverschiedenen Ehen für das ökumenische Miteinander und plädierte nicht nur für weitere Erleichterungen bei der Ehevorbereitung, sondern auch für eine ehebegleitende Seelsorge speziell für diesen Personenkreis.[97] Wie diese Empfehlung der Synode in der pastoralen Praxis umgesetzt werden kann, beschreibt das Dokument „Gemeinsame kirchliche Empfehlungen für die Seelsorge an konfessionsverschiedenen Ehen und Familien", das die Deutsche Bischofskonferenz und die EKD 1981 publizierten.[98] Auch das Plädoyer der Würzburger Synode, die Konfessionsverschiedenheit kirchenrechtlich nicht mehr als „Ehehindernis" zu bezeichnen, fand auf weltkirchlicher Ebene eine entsprechende Resonanz, insofern das 1983 veröffentlichte neue kirchliche Gesetzbuch die Konfessionsverschiedenheit nicht mehr formal zu den Ehehindernissen zählt. Allerdings bedarf der katholische Partner weiterhin einer Erlaubnis zum Abschluss einer solchen Ehe, die in Deutschland aber durchweg vom zuständigen Pfarrer erteilt werden kann. Inzwischen liegen auch eigene Dokumente mit Hinweisen zur Vorbereitung und pastoralen Begleitung katholisch-orthodoxer und evangelisch-orthodoxer Ehen vor.[99]

Auch wenn damit noch längst nicht alle Probleme konfessionsverschiedener Ehen (beispielsweise im Blick auf den gemeinsamen sonntäglichen Gottesdienstbesuch oder die religiöse Erziehung der Kinder) beseitigt sind, zeichnet sich in der skizzierten Entwicklung doch ein grundsätzlicher Stimmungswandel ab, demzufolge konfessionsverschiedene Ehen heute nicht mehr als eine Gefahr, sondern als eine Chance für die Einheit der Kirche betrachtet werden. Nach den Worten von Papst Johannes Paul II. weisen konfessionsverschiedene Ehen „zahlreiche Elemente auf, die es zu schätzen und zu entfalten gilt, sei es wegen ihres inneren Wertes, sei es wegen des Beitrags, den sie in die ökumenische Bewegung einbringen können".[100] Papst Benedikt XVI. hat die konfessionsverbindende Ehe als „praktische Werkstätte der Einheit" (a practical laboratory of unity) gewürdigt und „gemeinsame Programme pastoraler Sorge für solche Ehen" gefordert.[101] Konfessionsverbindende Ehen brauchen „die helfende Unterstützung ihrer Seelsorger und entsprechende Angebote, die die Gemeinden in ökumenischen Gottesdiensten, ökumenischen Gesprächskreisen, gemeinsamer Bibelarbeit und anderen Veranstaltungen machen".[102] Auch wenn in den vergangenen vier Jahrzehnten schon viel erreicht wurde, bleibt noch manches zu tun, damit konfessionsverbindende Familien sich in unseren Gemeinden wirklich beheimatet fühlen und dadurch zu lebendigen Brücken zwischen den Konfessionen werden können.

Die Bedeutung des „geistlichen Ökumenismus"

Wenn Ökumene alle Bereiche kirchlichen Lebens durchdringen soll, so gilt das auch und in erster Linie für das Gebet – sei es das persönliche Gebet des Einzelnen, sei es das gemeinsame Gebet im Gottesdienst der Kirche. Das Ökumenismus-Dekret bezeichnet das private und öffentliche Gebet für die Einheit der Christen als „Seele der ganzen ökumenischen Bewegung" (UR 8). Die Konzilsväter unterstreichen mit dieser Formulierung die Bedeutung des „geistlichen Ökumenismus", der neben dem Gebet noch die „Bekehrung des Herzens" und die „Heiligkeit des Lebens" umfasst (vgl. ebd.). Durch diese beiden ergänzenden Aspekte wird deutlich, dass es beim geistlichen Ökumenismus nicht um eine Beschränkung der Ökumene auf die geistliche Dimension geht, bei der das konkrete Handeln aus dem Blick geraten könnte, sondern um die Entwicklung und Pflege einer Spiritualität, die bewusst den geistlichen Reichtum anderer Kirchen wahrnimmt und sich dadurch herausgefordert fühlt zur „Bekehrung", d. h. zur Wahrnehmung eigener Defizite, und zur „Heiligkeit", d. h. zur Vervollkommnung des eigenen Christseins. Der geistliche Ökumenismus zielt auf eine „Spiritualität der Gemeinschaft", die im anderen vor allem das Positive sieht, seine Freuden und seine Leiden teilt, seine Wünsche erahnt und sich seiner Bedürfnisse annimmt.[103] Damit ist deutlich, dass der geistliche Ökumenismus zwar im Gebet und im Gottesdienst der Kirche verwurzelt ist, jedoch Auswirkungen weit über den Bereich der Liturgie hinaus hat, sodass er in der Tat als „Seele der ganzen ökumenischen Bewegung" bezeichnet werden kann.

Zu den ältesten Initiativen im Bereich des geistlichen Ökumenismus zählt die *Gebetswoche für die Einheit der Christen*. Eine Woche, die speziell dem Gebet für die Einheit der Christen gewidmet ist, wurde zunächst von der „Evangelischen Allianz" (gegr. 1846) eingeführt. Sie wird bis heute als „Allianzgebetswoche" jährlich in der zweiten Januarwoche fortgeführt. Auf katholischer Seite empfahl Papst Leo XIII. (1878–1903), in der

Zeit zwischen Christi Himmelfahrt und Pfingsten eine „Novene" (Neun-Tage-Gebet) für die Einheit der Christen zu beten. Papst Benedikt XV. (1914–22) griff schließlich eine Anregung von anglikanischer Seite auf und ordnete an, eine Gebetswoche für die Einheit der Christen zwischen dem 18. Januar (damals Fest der „Cathedra Petri") und dem 25. Januar (damals Fest der „Bekehrung Pauli") zu feiern. Vor allem dem französischen Priester Paul Couturier (1881–1953) ist es zu verdanken, dass sich der Gedanke einer ökumenischen Gebetswoche in der Folgezeit rasch verbreitete. Seit 1966 werden die Texte für die Gebetswoche von einer Gemeinsamen Kommission des Päpstlichen Einheitsrates und des ÖRK vorbereitet; die deutsche Fassung wird von der Ökumenischen Centrale der ACK herausgegeben. Die Gebetswoche wird meist zwischen dem 18. und 25. Januar begangen, in manchen Regionen aber auch vor Pfingsten.

Einen festen Termin gibt es dagegen für den *Weltgebetstag der Frauen*, der jeweils am ersten Freitag im März begangen wird. Ausgehend von einer Initiative amerikanischer Frauenmissionswerke wird der Weltgebetstag seit 1927 international gefeiert. Seit den 1970er-Jahren gibt es in Deutschland ein Ökumenisches Komitee zur Vorbereitung des Weltgebetstags der Frauen, der in vielen Gemeinden zu den feststehenden ökumenischen Terminen im Kirchenjahr zählt.[104]

Ebenfalls zu einem festen Termin im Kirchenjahr findet der *Ökumenische Jugendkreuzweg* statt. Jeweils am Freitag vor Palmsonntag kommen in vielen Städten und Gemeinden junge Menschen aus verschiedenen Kirchen zusammen, um gemeinsam eine Wegstrecke zu gehen und an verschiedenen Stationen zu beten. Der Jugendkreuzweg wird in Deutschland seit 1958 gefeiert und gemeinsam von den katholischen und evangelischen Jugendverbänden vorbereitet.[105] Jährlich wechselnde Bilder zeitgenössischer Künstler und meditative Texte versuchen, den jungen Menschen die Bedeutung von Sterben, Tod und Auferstehung Jesu Christi zu erschließen.

Eine besondere Bedeutung hat für viele Gläubige in den letzten Jahren die Ökumenische Gemeinschaft von Taizé gewonnen.[106] Jahr für Jahr pilgern Tausende junger (und inzwischen auch älterer) Menschen aus ganz Europa in das kleine französische Dorf, in dem sich 1940 Frère Roger Schutz, der Gründer der Gemeinschaft von Taizé, niederließ. Dreimal am Tag kommen die Brüder mit ihren Gästen zum gemeinsamen Gebet zusammen. Dabei haben sie eine eigene, meditative Form des Gebets entwickelt, die als *Taizé-Gebet* bekannt geworden ist. Die beliebten Gesänge von Taizé und die schlichte, aber ansprechende Gestaltung der Gottesdienste haben dazu geführt, dass Taizé-Gebete heute zu den besonders häufig praktizierten Formen ökumenischer Gottesdienste zählen.

Die bislang genannten Beispiele gehören in vielen Gemeinden zu den regelmäßig wiederkehrenden Ereignissen im Bereich des geistlichen Ökumenismus. Dort, wo sie noch nicht fester Bestandteil des Terminkalenders sind, lohnt es sich, auf diese „Traditionen" aufmerksam zu machen und zur Mitfeier zu ermuntern, zumal die Vorbereitung durch die vorhandenen Materialien nicht besonders arbeitsintensiv ist. Darüber hinaus gibt es durchaus noch andere Anlässe für *ökumenische Gottesdienste im Laufe des Kirchenjahres*: die Adventszeit oder die Fasten- bzw. Passionszeit, staatliche Feiertage wie der 1. Mai oder der 3. Oktober, Gottesdienste zum Jahresbeginn oder zum Jahresschluss wie auch zum Schuljahresbeginn oder Schuljahresabschluss, Gottesdienste zu Erntedank oder zum Reformationsfest (31. Oktober), das zugleich als Jahrestag der Unterzeichnung der „Gemeinsamen Erklärung zur Rechtfertigungslehre" begangen werden kann.[107] Auch wenn je nach den örtlichen Gegebenheiten unterschiedliche Termine ausgewählt werden, sollte es zumindest einmal im Quartal einen ökumenischen Gottesdienst geben, um der Forderung der deutschen Bischöfe gerecht zu werden, dass ein „Grundbestand ökumenischer Gottesdienste" zum festen Bestandteil der Gottesdienstordnung jeder katholischen Gemeinde gehören sollte.[108] Die regelmäßige gemeinsame

Feier eines Gottesdienstes bietet die Chance, sich mit den liturgischen Traditionen anderer Kirchen vertraut zu machen und einander besser kennenzulernen.

Ein Problem, mit dem sich viele Pfarrer konfrontiert sehen, besteht darin, dass in manchen Gemeinden der Wunsch entsteht, *ökumenische Gottesdienste an Sonn- und Feiertagen* zu feiern. Hier haben die deutschen Bischöfe jedoch enge Grenzen gesetzt, weil sie befürchten, dass die Feier ökumenischer Gottesdienste an Sonn- und Feiertagen dazu führt, dass die katholischen Gläubigen nicht mehr an der sonntäglichen Eucharistiefeier teilnehmen, die nach katholischem Verständnis zum unverzichtbaren Kern des liturgischen Lebens jeder Gemeinde zählt. Daher muss für ökumenische Gottesdienste an Sonntagen und kirchlichen Feiertagen grundsätzlich vorab eine Ausnahmegenehmigung beim zuständigen Generalvikariat bzw. Ordinariat beantragt werden, die in der Regel erteilt wird, wenn der ökumenische Gottesdienst nicht parallel zu den üblichen Gottesdienstzeiten stattfindet. Hier bestehen Grenzen in der ökumenischen Praxis, die es um der Glaubwürdigkeit der eigenen Liturgie willen zu beachten gilt. Die Gründe für diese Grenzen wird nur derjenige nachvollziehen können, der um die zentrale Bedeutung der sonntäglichen Eucharistiefeier für das katholische Glaubensverständnis weiß.

Solange es aufgrund noch bestehender Unterschiede im Glauben nicht möglich ist, gemeinsam Eucharistie zu feiern, werden ökumenische Gottesdienste in der Regel als Wortgottesdienste gestaltet. Allerdings gibt es auch hier durchaus eine *Vielfalt von Gottesdienstformen*, die variable Gestaltungsmöglichkeiten eröffnen.[109] Der Weltgebetstag der Frauen oder der Ökumenische Jugendkreuzweg haben hier bereits eigene Traditionen entwickelt. Daneben bietet die alte Tradition des Stundengebets viele Anknüpfungspunkte für die Gestaltung ökumenischer Gottesdienste – beispielsweise als „Ökumenisches Morgenlob" (Laudes) oder als „Ökumenische Abendandacht"

(Vesper). In Gemeinden, in denen es aufgrund des Priestermangels keine tägliche Eucharistiefeier mehr gibt, bieten sich solche Formen an, um dennoch regelmäßig einen Gottesdienst an Werktagen zu feiern und dabei zugleich die ökumenische Verbundenheit mit den Nachbargemeinden zu pflegen. Eine andere Form, die in den letzten Jahren zunehmend Verbreitung findet, ist das „Ökumenische Taufgedächtnis", das in der Regel mit einer Zeichenhandlung (gegenseitiges Bekreuzigen mit Wasser) verbunden ist, die an die Taufe als das alle Christen verbindende „Sakrament der Einheit" erinnert.[110] Auch das Gebet für die Bewahrung der Schöpfung, das auf eine Anregung von orthodoxer Seite zurückgeht und von der Dritten Europäischen Versammlung allen Christen in Europa empfohlen wurde, bietet einen Anlass, um am 1. September oder in der Zeit von Anfang September bis zum Erntedankfest zu einem ökumenischen Gottesdienst zusammenzukommen.[111]

Der geistliche Ökumenismus kann jedoch nicht nur durch gemeinsame ökumenische Gottesdienste gepflegt werden, sondern sollte seinen Platz auch im „normalen" Gemeindegottesdienst haben – beispielsweise durch Fürbitten, in denen für die anderen Gemeinden oder für die Einheit der Christen gebetet wird. Ein Gebet, das sich hierfür eignet, wurde 2008 auf dem Katholikentag in Osnabrück vorgestellt und allen Gemeinden zur Verwendung empfohlen. Der Text dieses Gebets lautet:

„Wir beten für die eine Christenheit:
D a s s wir unser Herz den Schwestern und Brüdern
    in unseren christlichen Nachbargemeinden öffnen,
dass wir a l l e gemeinsam
    Jesus Christus suchen und bekennen,
dass wir e i n s s e i e n
    im Gebet und in der Liebe,
    im Zeugnis und im Dienst."[112]

Zu besonderen Anlässen kann die geistliche Gemeinschaft auch durch gegenseitige Besuche in den Gemeindegottesdiensten vertieft werden – so zum Beispiel durch die Überreichung der brennenden Osterkerze in der Osternacht. Es gibt viele Möglichkeiten, durch das Gebet füreinander und miteinander den geistlichen Ökumenismus zu pflegen und dadurch das Bewusstsein für die bereits bestehende, wenn auch „noch nicht vollkommene Gemeinschaft" (vgl. UR 3) zu vertiefen. Diese Möglichkeiten gilt es in Zukunft noch stärker zu nutzen, um den Weg zur „vollkommenen Gemeinschaft" zu bereiten, wie sie in der gemeinsamen Feier der Eucharistie zum Ausdruck kommt.

Das ersehnte Ziel: Eucharistiegemeinschaft

Alle christlichen Kirchen sind sich darin einig, dass die Gemeinschaft in der Eucharistie bzw. im Abendmahl das Ziel unseres Strebens nach „sichtbarer Einheit" und damit Ausdruck bestehender Kirchengemeinschaft ist. Neben der Taufe ist die Feier der Eucharistie eines der grundlegenden Merkmale des Christentums, das die Christen nach dem Zeugnis der Bibel schon in frühester Zeit von ihren jüdischen Glaubensbrüdern unterschied. Zugleich verdeutlicht die Praxis der frühen Kirche, dass die gemeinsame Feier der Eucharistie auf dem gemeinsamen Glauben basiert. Der christliche Glaube ist aber kein „individueller" Glaube, der nur auf einer „persönlichen Beziehung" des Gläubigen mit Christus beruht, sondern ein Glaube, der zugleich eine Gemeinschaft zwischen den Gläubigen begründet, die durch die Taufe in den Leib Christi aufgenommen werden und damit auch untereinander verbunden sind. Glaubensgemeinschaft führt somit zu Kirchengemeinschaft. Aus diesem Grund hängen Glaubens-, Eucharistie- und Kirchengemeinschaft aufs Engste zusammen.

Bis in die Mitte des 20. Jahrhunderts hinein galt in allen christlichen Kirchen das Prinzip, dass Glaubens- und Kirchengemeinschaft die Voraussetzung für Eucharistiegemeinschaft sind. Auch die Reformatoren hielten an diesem Prinzip fest, wie die nach dem gescheiterten Verständigungsversuch zwischen Luther und Zwingli bis ins 20. Jahrhundert hinein bestehende Trennung von Lutheranern und Reformierten zeigt. Selbst nach den ersten lutherisch-reformierten „Kirchenunionen" im 19. Jahrhundert, die im Wesentlichen nur Unionen der jeweiligen Kirchenverwaltungen waren, blieb es bei getrennten Abendmahlsfeiern von Lutheranern und Reformierten. Erst mit der Leuenberger Konkordie von 1973 änderte sich diese Praxis: Die unterzeichnenden Kirchen „gewähren einander Kanzel- und Abendmahlsgemeinschaft" aufgrund der erzielten Übereinstimmung im Verständnis des Evangeliums. Damit ist zwar eine grundlegende Glaubensgemeinschaft gegeben, aber die beteiligten Kirchen halten an ihrem eigenen Bekenntnis fest. Die Leuenberger Konkordie begründet somit eine „Kirchengemeinschaft bekenntnisverschiedener Kirchen". Damit wird etwas verbunden, was aus katholischer Sicht nur schwer miteinander vereinbar ist: Wenn das „Bekenntnis" verbindlicher Ausdruck des eigenen Glaubens ist, dann hat das Fortbestehen verschiedener Bekenntnisse zur Folge, dass es letztlich doch keine volle Übereinstimmung im Glauben gibt und es damit – zumindest aus katholischer, aber auch aus orthodoxer und anglikanischer Sicht – auch keine Kirchengemeinschaft geben kann. Eine „Übereinstimmung im Verständnis der Evangeliums" ist auf Dauer nicht tragfähig, wenn sie nicht in einem gemeinsamen Bekenntnis zum Ausdruck gebracht werden kann. Daher reicht aus Sicht der katholischen Kirche ein „Grundkonsens", wie er beispielsweise in der „Gemeinsamen Erklärung zur Rechtfertigungslehre" formuliert ist, nicht aus, um gemeinsam Eucharistie feiern zu können. Eucharistiegemeinschaft setzt vielmehr volle Glaubensgemeinschaft und damit auch bereits realisierte (nicht erst zu verwirklichende) Kirchengemeinschaft voraus.

Dieser Argumentation wird von evangelischer Seite entgegengehalten, dass mit der Forderung nach voller Glaubens- und Kirchengemeinschaft unzulässige „Bedingungen" für den Zutritt zur Eucharistiefeier aufgestellt würden. Letztlich sei es doch Jesus Christus selbst, der zum Abendmahl einlade. Sein Leben und Wirken, insbesondere die von ihm auch Sündern gewährte Mahlgemeinschaft, zeige, dass man keine zusätzlichen „Hürden" für die Teilnahme an der Eucharistie schaffen dürfe. Eine

solche Argumentation übersieht, dass sich die Feier des Herrenmahls nicht von der täglichen Mahlpraxis Jesu herleitet, sondern
von seinem Letzten Abendmahl, das er nur im Kreis der zwölf
Apostel gefeiert hat. Dieses Mahl war ein Paschamahl, das nach
jüdischer Tradition nicht öffentlich, sondern im Kreis der Familie
gefeiert wird. Die Zwölf bilden als Repräsentanten des „neuen
Israel" die Familie Jesu Christi. Sie stehen exemplarisch für das
neue Volk Gottes und sind damit Keimzelle der Kirche Christi.
Daher gibt es von Beginn an einen engen Zusammenhang zwischen Kirchen- und Eucharistiegemeinschaft. Auch der Apostel
Paulus legt Wert darauf, dass das Herrenmahl deutlich vom
Sättigungsmahl und damit vom weltlichen Gastmahl unterschieden wird (vgl. 1 Kor 11).

Wenn somit die Frage, wer zur Eucharistie zugelassen werden darf, nicht von der Mahlgemeinschaft Jesu mit den Sündern
abgeleitet werden kann, so ist dennoch die Aussage, dass Jesus
Christus der Einladende ist, im Grundsatz richtig. Denn letztlich
ist es natürlich Christus, der in jeder Eucharistiefeier alle, die an
ihn glauben und ihn als den auferstandenen Herrn bekennen,
zum Empfang von Brot und Wein und damit zur Teilhabe an seinem Leib und seinem Blut einlädt. Allerdings lädt er nicht unmittelbar dazu ein, sondern durch die Menschen, die der Feier der
Eucharistie bzw. des Abendmahls vorstehen. Und diese Menschen – sei es der katholische Priester oder der evangelische Pastor – sprechen diese Einladung nicht als Privatperson aus, sondern
im Auftrag ihrer Kirche. Damit ist aber wiederum die Kirche im
Spiel: Christus lädt ein durch die Kirche und daher gibt es keine
Eucharistiefeier außerhalb der Kirche (sonst wäre ja auch ein auf
der Theaterbühne gespieltes Abendmahl eine Eucharistiefeier).
Die These vom unlösbaren Zusammenhang von Eucharistie- und
Kirchengemeinschaft ist somit keine von der katholischen Dog-
matik aufgestellte Hürde gegen die Teilnahme nichtkatholischer
Christen an der katholischen Eucharistiefeier, sondern eine im
urchristlichen Verständnis des Herrenmahls begründete Glaubensüberzeugung. Wenn aber Eucharistiegemeinschaft Kirchengemeinschaft voraussetzt, dann kann es nach Überzeugung der

katholischen Kirche weder eine „ökumenische", kirchen- und konfessionsübergreifende Eucharistiefeier geben, die von Amtsträgern verschiedener Kirchen gemeinsam geleitet wird („Interzelebration"), noch eine gegenseitige Einladung zum Empfang der Eucharistie über Kirchen- und Konfessionsgrenzen hinweg („Interkommunion").

Das Ökumenismus-Dekret des Zweiten Vatikanischen Konzils benennt zwei Grundprinzipien im Blick auf die Zulassung nichtkatholischer Christen zur Eucharistie: „Die Bezeugung der Einheit verbietet in den meisten Fällen die Gottesdienstgemeinschaft, die Sorge um die Gnade empfiehlt sie indessen in manchen Fällen" (UR 8). Leider wird in ökumenischen Debatten oft nur auf die erste Hälfte dieses Satzes Bezug genommen. Die Konzilsväter unterstreichen zwar, dass die Eucharistie in der Regel Ausdruck bestehender Kirchengemeinschaft („Bezeugung der Einheit") ist. Sie betonen aber zugleich, dass sie auch ein Heilsmittel ist, das den Gläubigen nicht ohne schwerwiegenden Grund verweigert werden darf („Sorge um die Gnade"). Daher gibt es auch aus katholischer Sicht die Möglichkeit, Gläubige anderer Kirchen in begründeten Ausnahmefällen zur Eucharistie zuzulassen („eucharistische Gastfreundschaft"). Die Möglichkeiten und Grenzen eucharistischer Gastfreundschaft sind im Laufe der vergangenen Jahrzehnte viel diskutiert worden. In Anlehnung an die entsprechenden Bestimmungen des Kirchenrechts[113] sind die Möglichkeiten zur Gewährung eucharistischer Gastfreundschaft in Deutschland in der Regel sehr eng ausgelegt worden. Demnach ist es zwar orthodoxen Christen erlaubt, die Eucharistie von einem katholischen Priester zu empfangen, wenn sie keinen Amtsträger der eigenen Kirche erreichen können, evangelischen Christen jedoch nur „in Todesgefahr" oder „einer anderen schweren Notlage". Die Frage, was unter einer „schweren Notlage" (lat. *„gravis necessitas"*) zu verstehen ist, wurde unter Fachleuten viel diskutiert. Die Deutsche Bischofskonferenz hat – im Gegensatz zu anderen Bischofskonferenzen in Ländern mit gemischt-konfessioneller Bevölkerung (Großbritannien, Kanada, Südafrika) – bisher nicht die vom Kirchenrecht vorgesehene Möglichkeit genutzt, dies durch eigene Bestimmungen zu konkretisieren. Wenn nicht nur von evangelischer Seite, sondern auch innerkatholisch immer wieder die Forderung erhoben wird, dass zumindest für konfessionsverbindende Familien eine offizielle „Ausnahmeregelung" erlassen werden sollte, muss man bedenken, dass die Festschreibung eines solchen Ausnahmefalls zugleich dazu führen würde, dass alle anderen Gläubigen (jene, die nicht in konfessionsverschiedenen Ehen leben) damit der Möglichkeit beraubt wären, die genannte Klausel für sich in Anspruch nehmen zu können. Eine kasuistische Festlegung, wem eucharistische Gastfreundschaft gewährt werden sollte, dürfte für die ökumenische Praxis vor Ort daher kaum hilfreich sein.

Da die Frage einer möglichen Zulassung nichtkatholischer Christen zur Eucharistie eigentlich nur im Blick auf den Einzelfall entschieden werden kann, läge es nahe, die Entscheidung darüber an den örtlichen Pfarrer zu delegieren. Eine entsprechende Empfehlung findet sich auch in einem Brief des Sekretärs der Ökumene-Kommission der Deutschen Bischofskonferenz aus dem Jahr 1997, dessen Verbindlichkeit allerdings umstritten ist. In seinem ökumenischen Grundsatzvortrag auf dem Katholikentag in Ulm im Jahr 2004 unterstützte Walter Kardinal Kasper, der Präsident des Päpstlichen Einheitsrates, diese Empfehlung: „Ich habe das Zutrauen, dass unsere Priester genügend pastorales und geistliches Feingespür besitzen, um in Übereinstimmung mit ihrem Bischof und auf der vom Papst vorgegebenen Linie Lösungen zu finden, welche der jeweiligen persönlichen Situation und der Vielfalt des Lebens gerecht werden."[115] Die „vom Papst vorgegebene Linie" ist dabei weit weniger restriktiv, als dies in Deutschland oft wahrgenommen wird. In seiner Ökumene-Enzyklika von 1995 leitet Papst Johannes Paul II. den entsprechenden Abschnitt mit den Worten ein: „Ein Grund zur Freude ist in diesem Zusammenhang, daran zu erinnern, dass die katholischen Priester in bestimmten Einzelfällen die Sakramente der Eucharistie, der Buße und der Krankensalbung anderen Christen spenden können …" (UUS 46). Der Papst würde wohl kaum von einem „Grund zur Freude" sprechen, wenn er diese Möglichkeit besonders eng ausgelegt wissen möchte. In seiner Eucharistie-Enzyklika aus dem Jahr 2003 zitiert Papst Johannes Paul II. den o. g. Passus wörtlich, was darauf hindeutet, dass es sich dabei um eine Grundlinie seiner ökumenischen Einstellung handelt. Die im Kirchenrecht genannte *„gravis necessitas"* wird von ihm in der Eucharistie-Enzyklika als *„gravis spiritualis necessitas"*, als „schwerwiegendes geistliches Bedürfnis"[114] gedeutet, womit der Gedanke gestützt wird, die Frage der eucharistischen Gastfreundschaft vor allem in pastoraler Perspektive anzugehen.

Die bisherigen Ausführungen zur eucharistischen Gastfreundschaft betrafen ausschließlich die Teilnahme nichtkatholischer Christen an der katholischen Eucharistiefeier. Was umgekehrt die Teilnahme katholischer Christen an den Eucharistie- bzw. Abendmahlsfeiern anderer Kirchen betrifft, stellt sich die Lage komplizierter dar. Ein katholischer Christ darf die Eucharistie nur von einem Amtsträger empfangen, der nach katholischer Auffassung „gültig geweiht" ist. Das ist bei orthodoxen Priestern der Fall, bei evangelischen Pastoren dagegen nicht. Deshalb gibt es für Katholiken nach geltendem Recht keine Möglichkeit (auch nicht in Ausnahmefällen), am evangelischen Abendmahl teilzunehmen. Da dies in der Praxis dennoch vorkommt, hat sich die Würzburger Synode mit diesem Problem auseinandergesetzt und stellt, nachdem sie betont hat, dass sie „zum gegenwärtigen Zeitpunkt die Teilnahme eines katholischen Christen am evangelischen Abendmahl nicht gutheißen" kann, fest: „Es kann jedoch nicht ausgeschlossen werden, dass ein katholischer Christ – seinem persönlichen Gewissensspruch folgend – in seiner besonderen Lage Gründe zu erkennen glaubt, die ihm seine Teilnahme am evangelischen Abendmahl innerlich notwendig erscheinen lassen."[116] Die katholische Kirche respektiert also auch hier die Gewissensentscheidung des Einzelnen. Allerdings darf daraus keine generelle Ausnahmeregelung abgeleitet werden, denn eine Gewissensentscheidung muss zum einen gut begründet sein (und das heißt: auch die Gegenargumente berücksichtigend) und beschränkt sich zum anderen jeweils auf den konkreten Einzelfall.

Insgesamt bleibt somit festzuhalten, dass Eucharistiegemeinschaft aus katholischer Sicht der Zielpunkt des ökumenischen Weges ist, nicht jedoch ein Mittel zur Wiederherstellung der zerbrochenen Gemeinschaft. Dennoch gibt es schon jetzt in begrenztem Maße Möglichkeiten, dem geistlichen Bedürfnis einzelner Gläubiger gerecht zu werden. Bei allen Diskussionen über Sinn und Grenzen eucharistischer Gastfreundschaft sollten wir nicht vergessen, dass es – wie oben aufgezeigt – vielfältige gottesdienstliche Formen gibt, die uns schon jetzt die Erfahrung geistlicher Gemeinschaft ermöglichen. Wenn wir diese Möglichkeiten regelmäßiger nutzen würden, könnte auf diese Weise allmählich eine „Spiritualität der Gemeinschaft" wachsen, die uns dem ersehnten Ziel der vollen Gemeinschaft in der gemeinsamen Teilhabe an der Eucharistie ein gutes Stück näher bringen würde.

Gelebte Ökumene vor Ort

Der Erfolg oder Misserfolg unserer ökumenischen Bemühungen entscheidet sich nicht daran, wie rasch wir das Ziel der Eucharistiegemeinschaft erreichen. Daher müssen wir in unseren Gemeinden die Fixierung der öffentlichen Debatte auf dieses Thema zu durchbrechen versuchen, indem wir daran erinnern, dass die Ökumene als ganzheitlicher Auftrag alle Bereiche des kirchlichen Lebens durchdringen soll (vgl. S. 146 f.). In der „Charta Oecumenica", die von führenden Repräsentanten der europäischen Kirchen im Jahr 2001 verabschiedet und beim Ökumenischen Kirchentag in Berlin 2003 auch von den Vertretern der christlichen Kirchen in Deutschland unterzeichnet wurde, haben die Kirchen eine Reihe von „Leitlinien" ökumenischer Zusammenarbeit vereinbart. Eine der darin enthaltenen Verpflichtungen lautet: „Wir verpflichten uns, auf allen Ebenen des kirchlichen Lebens gemeinsam zu handeln, wo die Voraussetzungen dafür gegeben sind und nicht Gründe des Glaubens oder größere Zweckmäßigkeit dem entgegenstehen." Wenn diese Selbstverpflichtung mit Leben erfüllt werden soll, dann darf sich unsere ökumenische Zusammenarbeit nicht auf gelegentliche ökumenische Gottesdienste oder gemeinsame Bibelabende beschränken, sondern muss auch die anderen Bereiche des kirchlichen Lebens einbeziehen. Konkret gäbe es Möglichkeiten zur Intensivierung der ökumenischen Zusammenarbeit in folgenden Bereichen:

1. **Im Bereich des gottesdienstlichen Lebens** (vgl. Seite 151–156)

2. **Im Bereich der Seelsorge:**
   - Begleitung konfessionsverbindender Ehen und Familien
   - Ökumenischer Besuchsdienst für Neuzugezogene
   - Ökumenische „Citypastoral"
   - Ökumenische Notfallseelsorge
   - Ökumenische Hospizgruppen
   - Koordination der Seelsorge in Krankenhäusern, Alten- und Pflegeheimen

3. **In der Katechese und im schulischen Bereich:**
   - Ökumenische Ehevorbereitungskurse für konfessionsverbindende Paare
   - Ökumenische Themen im Firm- und Konfirmandenunterricht
   - Ökumenische Projekttage in der Schule
   - Gemeinsame Veranstaltung von „Tagen religiöser Orientierung"
   - Zeitweiliges „Team-Teaching" in bestimmten Unterrichtsreihen
   - Ökumenische Schulgottesdienste

4. **Im Bereich von Diakonie und Caritas:**
   - Ökumenische Telefonseelsorge
   - Ökumenische Bahnhofsmission
   - Ökumenische Sozialstation
   - Ökumenische „Tafeln" mit Nahrungsmitteln für Bedürftige
   - Ökumenische Umwelt- oder Friedensgruppen
   - Gemeinsame Projekte zur Unterstützung der kirchlichen Hilfswerke

5. Im Bereich der pastoralen Arbeit:
- Ökumenische Bibelabende
- Regelmäßige ökumenische Vortragsabende
- Gemeinsame Kinderbibelwochen
- Ökumenischer Martinsumzug; gemeinsames Sternsingen
- Zusammenarbeit im Bereich der Kinder- und Jugendarbeit
- Gemeinsame Frauen-, Männer- und Seniorenarbeit
- Ökumenische Familienkreise und Familienwochenenden
- Ökumenisches Gemeindefest oder Ökumenischer Stadtkirchentag
- gegenseitige Einladung zu Gemeindefesten und anderen Veranstaltungen
- wechselseitige Grußworte zu besonderen Anlässen (aus Anlass der Firmung bzw. der Konfirmation, bei der Einführung eines neuen Pfarrers, etc.)
- Vereinbarung einer „Ökumenischen Zeit" (eine Woche im Jahr machen die Gemeinden bewusst alles zusammen, was möglich ist)

6. Bei der Koordination ökumenischer Aktivitäten:
- Benennung eines Ökumenebeauftragten
- Gründung eines Ökumenischen Arbeitskreises
- Gemeinsame Sitzungen von Pfarrgemeinderat und Presbyterium (halbjährlich)
- Ökumenischer Pfarrerkonvent (vierteljährlich)
- „Gastseiten" im Pfarrbrief zur Information über Aktivitäten der anderen Gemeinden
- Vereinbarung und Unterzeichnung von Gemeindepartnerschaften (an Orten mit Gemeinden aus zwei Konfessionen)
- Gründung einer lokalen Arbeitsgemeinschaft Christlicher Kirchen (an Orten mit Gemeinden aus mehr als zwei Konfessionen)

Die genannten Beispiele verdeutlichen, dass in vielen Bereichen eine ökumenische Zusammenarbeit möglich wäre, in denen heute noch jede Gemeinde für sich agiert. Nicht in jeder Gemeinde werden sich alle Anregungen umsetzen lassen. Was jeweils machbar ist, muss vor Ort entschieden werden. Allerdings empfiehlt es sich, zumindest ein oder zwei Punkte aus jedem der sechs genannten Bereiche auszuwählen, damit der ökumenische Gedanke wirklich in allen Bereichen des kirchlichen Lebens verankert wird. Die hier vorgestellte Liste möglicher Aktivitäten ist dabei keineswegs erschöpfend. Einige Diözesen haben Arbeitshilfen für die ökumenische Praxis erstellt, die noch eine Fülle weiterer Anregungen enthalten.[117] Auch im Internet gibt es inzwischen entsprechende Ideenbörsen (z.B. www.oekumene-ideenboerse.de, www.bayern-oekumenisch.de), die zum einen die Chance bieten, für eigene Initiativen in diesem Bereich zu werben, zum anderen aber auch die Möglichkeit, Anregungen aus anderen Orten zu erhalten.

Möglichkeiten und Impulse zur ökumenischen Zusammenarbeit gibt es also reichlich. Es hängt von den einzelnen Gemeinden, von den Seelsorgern, aber auch von engagierten Laien ab, was davon vor Ort umgesetzt wird. Ein wichtiges Hilfsmittel sind dabei regelmäßige Begegnungen mit den Pfarrern und pastoralen Mitarbeitern der anderen christlichen Kirchen vor Ort. „Ein freundschaftliches und geschwisterliches Verhältnis zwischen Seelsorgerinnen und Seelsorgern verschiedener Traditionen ist Grundvoraussetzung, um eine Spiritualität der Gemeinschaft zu fördern. Das gelebte Beispiel, das die Seelsorger geben, ist die überzeugendste Unterweisung, die die Gläubigen im Blick auf die Einheit der Christen empfangen können."[118] Ob das im Rahmen eines „Ökumenischen Konveniats" oder in anderer Form geschieht, ist sekundär. Wichtig ist jedoch, solche Kontakte zu institutionalisieren, d.h. einen regelmäßigen Rhythmus zu vereinbaren, damit nicht jedes Mal mühsam nach neuen Terminen gesucht werden muss. Das Lebenselixier der Ökumene sind persönliche Begegnungen. Das verdeutlichen konfessionsverschiedene Ehen Tag für Tag, das erleben die Frauen beim Weltgebetstag Jahr für Jahr.

In der ökumenischen Praxis gibt es, wie dieses Kapitel hoffentlich verdeutlicht hat, viele Chancen zur Zusammenarbeit über Konfessionsgrenzen hinweg. Das soll nicht darüber hinwegtäuschen, dass es auch Probleme gibt. Doch wenn wir uns von den Problemen zu sehr gefangen nehmen lassen, bleiben viele Chancen ungenutzt. Ökumene wächst nicht allein „im Kopf", sondern bedarf einer Verankerung „im Herzen". Die Einheit der Christen lässt sich nicht herbeireden, sondern muss im Leben unserer Gemeinden erfahrbar werden. Daher müssen wir uns bemühen, Ökumene zu leben, d. h. ökumenisch zu denken und zu handeln. Nur so werden wir dem „ökumenischen Imperativ" gerecht, von dem in Kapitel 1 die Rede war. Dass dieser ökumenische Auftrag zutiefst im Wesen der katholischen Kirche verwurzelt ist, hat das Zentralkomitee der deutschen Katholiken in einer Erklärung im Vorfeld des Ökumenischen Kirchentags in Berlin mit folgenden Worten zusammengefasst: „Katholisch sein bedeutet immer auch ökumenisch sein. Diese Grundüberzeugung zieht sich wie ein roter Faden durch die verschiedenen Dokumente des Konzils und gipfelt im Ökumenismusdekret, das bis heute nichts an Gültigkeit eingebüßt hat. Ökumene ist demnach keine neue, zusätzlich hinzugekommene Aufgabe, sondern ein Wesensmerkmal der Kirche, ohne welches das ganze Leben und Dasein der katholischen Kirche nicht denkbar ist. Ökumene ist nicht mehr ausschließlich Sache einzelner Spezialisten, sondern eine Aufgabe, die alle Glieder der Kirche in die Pflicht nimmt. Ökumene ist nicht ein Luxus, den wir uns heute im Zeitalter der Toleranz als Zeichen unserer Großzügigkeit leisten, sondern sie ist Verwirklichung der Katholizität."[119] In diesem Bewusstsein sollten wir weitere Schritte auf dem Weg der Ökumene wagen.

Weiterführende Literatur

Walter Schöpsdau, Konfessionsverschiedene Ehe. Ein Handbuch (Bensheimer Hefte, Nr. 61), Göttingen ²1987 *[aus ev. Sicht]*.

Peter Neuner, Geeint im Leben – getrennt im Bekenntnis? Die konfessionsverschiedene Ehe, Düsseldorf 1989 *[aus kath. Sicht]*.

Beate Beyer / Jörg Beyer (Hg.), Konfessionsverbindende Ehe. Impulse für Paare und Seelsorger (Topos Taschenbücher, Bd. 205), Mainz 1991 *[aus Sicht eines konfessionsverb. Paares]*.

Gemeinsam feiern. Ökumenische Gottesdienste im Kirchenjahr, hg. v. Laurentius Klein u. Hans-Georg Link, Zürich / Neukirchen-Vluyn 1993 *[ökum. Autorenschaft]*.

Christa D. Hunzinger, Ökumene erfahren und erleben, Gütersloh 2001 *[aus ev. Sicht]*.

„… damit alle eins sind". Arbeitshilfe für die Ökumene in den Gemeinden, hg. v. der Ökumenekommission der Erzdiözese Bamberg, Bamberg 2002 (zu beziehen über das Ökumenereferat der Erzdiözese Bamberg, Jakobsplatz 5, 96049 Bamberg).

Ermutigung für die ökumenische Arbeit vor Ort. Teil I: Grundlagen, Teil II: Modelle, hg. v. Bischof von Münster, Münster 2003 (zu beziehen über das Ökumenereferat der Diözese Münster, Domplatz 27, 48143 Münster).

Ökumenische Gottesdienste. Anlässe, Modelle und Hinweise für die Praxis, hg. v. Deutschen Liturgischen Institut und dem Gottesdienst-Institut der Ev.-Luth. Landeskirche in Bayern, Gütersloh / Freiburg i. Br. 2003 *[ökum. Autorenschaft]*.

Paul-Werner Scheele, Ein Leib – ein Geist. Einführung in den geistlichen Ökumenismus (Thema Ökumene, Bd. 4), Paderborn 2006 *[aus kath. Sicht]*.

Arbeitsbuch Ökumenische Veranstaltungen. Gottesdienste, Predigten, Modelle und Projekte, hg. v. Erhard Domay u. Wolfhart Koeppen (GottesdienstPraxis, Serie B), Gütersloh 2005 *[aus ev. Sicht]*.

Walter Kardinal Kasper, Wegweiser Ökumene und Spiritualität, Freiburg i. Br. 2007 *[aus kath. Sicht]*.

8. Erstrebte Einheit –

Ökumenische Zielvorstellungen

Bislang sind wir wie selbstverständlich davon ausgegangen, dass das Ziel der Ökumene die Wiederherstellung der Einheit der Kirche ist. Doch schon bei der Frage, ob man von Einheit der Kirche (im Singular) sprechen muss oder ob nicht vielmehr eine Einheit zwischen Kirchen (im Plural) das Ziel der Ökumene sein müsse, scheiden sich die Geister. Erst recht erheben protestantische und freikirchliche Theologen Widerspruch, wenn Katholiken und Orthodoxe unreflektiert von der „Wiederherstellung" der Einheit sprechen, weil dies aus ihrer Sicht darauf hindeutet, dass es letztlich um eine Wiedereingliederung der „getrennten Brüder und Schwestern" in die katholische bzw. die orthodoxe Kirche gehe. Diese beiden Beispiele mögen genügen, um zu verdeutlichen, wie wichtig es ist, sich über die ökumenischen Zielvorstellungen zu verständigen und sich bewusst zu machen, welche Einheit wir in der Ökumene anstreben. Um diese Frage beantworten zu können, müssen wir zunächst einen Blick auf das Verständnis von Einheit in den verschiedenen Konfessionen werfen, bevor wir verschiedene Einigungsmodelle in den Blick nehmen können. Abschließend soll das Grundproblem der rechten Bestimmung des Verhältnisses von Einheit und Vielfalt erörtert werden.

Das Verständnis von Einheit:
Spiegel des Kirchenverständnisses

Die „Wiederherstellung der Einheit aller Christen" ist nach den Worten des Ökumenismus-Dekrets des Zweiten Vatikanischen Konzils das Ziel der ökumenischen Bewegung. In dieser Formulierung spiegelt sich die Überzeugung der katholischen

Kirche wider, dass die „Einheit der einen und einzigen Kirche …
unverlierbar in der katholischen Kirche besteht" (UR 4). Die
anderen christlichen Kirchen haben sich im Laufe der Geschichte
von der katholischen Kirche „abgespalten", auch wenn das Konzil unterstreicht, dass die „Trennung recht großer Gemeinschaften von der vollen Gemeinschaft der katholischen Kirche …
nicht ohne Schuld der Menschen auf beiden Seiten" entstanden
ist (UR 3). Aufgrund dieser Sichtweise spricht das Konzil von
den „getrennten Kirchen und Gemeinschaften" und den
„getrennten Brüdern". Die nichtkatholischen Christen werden
seit dem Zweiten Vatikanischen Konzil nicht mehr als von der
Kirche Christi abgefallene Glieder betrachtet, sondern als Brüder
und Schwestern im Glauben, die durch die Taufe bereits „in
einer gewissen, wenn auch nicht vollkommenen Gemeinschaft
mit der katholischen Kirche" (UR 3) stehen. Ausdrücklich erkennt
das Konzil an, dass es auch außerhalb der katholischen Kirche
ein „Leben der Gnade" und andere „Gaben des Heiligen Geistes" gibt, die den nichtkatholischen Christen „den Zutritt zur
Gemeinschaft des Heiles" ermöglichen, und bezeichnet die
getrennten Kirchen und Gemeinschaften sogar als „Mittel des
Heils" (ebd.). Um der Bedeutung der anderen Kirchen in der
Vermittlung des Heils gerecht zu werden, entschieden sich die
Konzilsväter nach längerer Diskussion über den Artikel 8 der
Kirchenkonstitution „Lumen gentium", das Verhältnis zwischen
der Kirche Jesu Christi und der katholischen Kirche nicht mit
dem im Textentwurf enthaltenen Begriff „est" (Die katholische
Kirche „ist" die Kirche Jesu Christi), sondern mit dem Verb „subsistit in" (Die Kirche Christi „ist verwirklicht in" der katholischen Kirche) zu umschreiben. Damit hält das Konzil an der
Identifizierung der katholischen Kirche mit der Kirche Christi
fest, verwirft jedoch die Vorstellung einer völligen Deckungs-
gleichheit von katholischer Kirche und Kirche Jesu Christi. Nach
dem Willen der Konzilsväter sollte die Formulierung „subsistit
in" die Möglichkeit zur Anerkennung ekklesialer Realität außerhalb der katholischen Kirche eröffnen. Obwohl bestimmte Theo-
logenkreise die mit dem „subsistit in" verbundene ekklesiologi-

sche Horizonterweiterung in den letzten Jahren infrage gestellt haben, hält die Glaubenskongregation in ihren 2007 publizierten Klarstellungen zur Ekklesiologie trotz einiger einschränkender Formulierungen grundsätzlich an der offeneren, die Heilsbedeutung der anderen Kirchen würdigenden Interpretation fest.[120]

Das Selbstverständnis der katholischen Kirche hat sich mit dem Zweiten Vatikanischen Konzil nicht völlig verändert, aber doch zweifellos eine Reform erfahren.[121] Die neuen Akzente in der Beschreibung des Selbstverständnisses der katholischen Kirche zeigen sich beispielsweise in der Ergänzung des Bildes von der Kirche als dem Leib Christi durch das Bild von der Kirche als dem pilgernden Volk Gottes. Der Wandel im Selbstverständnis blieb nicht ohne Rückwirkungen auf das katholische Verständnis von Einheit der Kirche. Prägend für das Kirchenverständnis der katholischen Kirche seit dem Zweiten Vatikanischen Konzil wurde die sogenannte „Communio-Ekklesiologie": Kirche als Gemeinschaft (latein. *communio*), die in der Gemeinschaft des dreieinen Gottes gründet und sich in der Gemeinschaft des Volkes Gottes realisiert. Wodurch diese Gemeinschaft und damit die Einheit der Kirche gekennzeichnet ist, bringt das Ökumenismus-Dekret mit folgenden Worten zum Ausdruck: „Jesus Christus will, dass sein Volk durch die getreue Predigt des Evangeliums und die Verwaltung der Sakramente durch die Apostel und ihre Nachfolger, nämlich die Bischöfe zusammen mit dem Nachfolger des Petrus als Haupt, sowie durch ihre Lenkung in Liebe mit dem Wirken des Heiligen Geistes wachse, und er vollendet seine Gemeinschaft in der Einheit: im Bekenntnis des einen Glaubens, in der gemeinsamen Feier des Gottesdienstes sowie in der brüderlichen Eintracht der Familie Gottes" (UR 2). Dieser Text enthält die drei „sichtbaren Bande der Gemeinschaft", auf die schon im Kapitel über das Verständnis von Kirche im ökumenischen Dialog (vgl. Seite 95 f.) hingewiesen wurde. Die Verkündigung des Evangeliums, die Verwaltung der Sakramente und die Leitung durch die Bischöfe gehören aus katholischer Sicht zu den konstitutiven Elementen der Kirche. Deren Anerkennung ist daher eine unverzichtbare Voraussetzung für die Einheit der Kirche.

Hierin besteht eine grundlegende Übereinstimmung des katholischen Einheitsverständnisses mit dem Verständnis von Einheit der Kirche in der Orthodoxen Kirche. Dieses unterscheidet sich vom katholischen vor allem dadurch, dass aus orthodoxer Sicht der Bischof von Rom nicht das „Haupt des Bischofskollegiums" ist, sondern in einer wiedervereinigten Kirche höchstens als „Erster unter Gleichen" (latein. *primus inter pares*) einen Ehrenvorrang haben könnte. Im Hintergrund dieser Vorstellung steht die Tradition der Alten Kirche, die nach Überzeugung vieler orthodoxer Theologen einzig in der Orthodoxen Kirche unverändert bewahrt worden ist. Dementsprechend brachte die Dritte Vorkonziliare Panorthodoxe Konferenz 1986 ihre Überzeugung zum Ausdruck, dass „Gott alle Christen zur Einheit im Glauben aufruft, wie sie in der Orthodoxen Kirche in den Sakramenten und der Tradition gelebt wird".[122] Diese Formulierung klingt zunächst so, als ob die Orthodoxen für eine „Rückkehr-Ökumene" plädieren würden, d. h. eine Wiedereingliederung der getrennten Brüder und Schwestern in die Orthodoxe Kirche. Jedoch geht es aus orthodoxer Sicht nicht um eine Eingliederung in die bestehende Struktur der Orthodoxen Kirche, sondern um eine Rückkehr zu den gemeinsamen Ursprüngen, wie sie im Glauben der Apostel und der Lehre der Kirchenväter grundgelegt sind. „Wenn wir die anderen auffordern, auf die ersten Jahrhunderte zurückzugehen, so heißt das nicht unbedingt, dass wir von ihnen forderten, ihre eigene Tradition zu verleugnen, und auch nicht, dass wir das Wirken des Heiligen Geistes bei ihnen völlig in Abrede stellten", unterstreicht der griechische orthodoxe Metropolit Damaskinos (Papandreou).[123] Das orthodoxe Verständnis von Einheit der Kirche deckt sich mit dem, was wir heute über die Einheit in den ersten Jahrhunderten der Christenheit wissen: eine Gemeinschaft selbstständiger Ortskirchen, die sich aufgrund des gemeinsamen Glaubens als legitime Manifestation der einen Kirche Jesu Christi anerkennen und daher untereinander in eucharistischer Gemeinschaft stehen. Die liturgische Gemeinschaft ist dabei aus orthodoxer Sicht von besonderer Bedeutung, weil sich in ihr die Verbindung zwischen der irdischen und der himmlischen Kirche manifestiert. Ziel der Ökumene ist daher nach orthodoxem Verständnis nicht eine strukturelle Vereinigung der Kirchen, sondern eine Gemeinschaft im Glauben, die ihren Ausdruck findet in der gemeinschaftlichen Feier des Gottesdienstes und im gemeinsamen Dienst an den Menschen.

Dem katholischen und orthodoxen Einheitsverständnis vergleichsweise nahe steht das Verständnis von Einheit in der Anglikanischen Kirche. Für die Anglikanische Kirchengemeinschaft spielt neben den „39 Glaubensartikeln", die in der Reformationszeit verfasst wurden, vor allem die gemeinsame Liturgie und die gemeinsame episkopale (bischöfliche) Verfassung eine wichtige Rolle. Noch vor Beginn der modernen ökumenischen Bewegung hat die Lambeth-Konferenz, die Versammlung aller anglikanischen Bischöfe, 1888 vier Elemente benannt, die aus anglikanischer Sicht die Basis für eine Wiedervereinigung der Kirchen bilden: „a) die Heilige Schrift Alten und Neuen Testaments als ‚alles zum Heil Notwendige enthaltend' und als Regel und letzte Richtschnur des Glaubens; b) das Apostolische Glaubensbekenntnis als Taufsymbol und das Nizänische Bekenntnis als ausreichende Erklärung des Glaubens; c) die beiden von Christus selbst eingesetzten Sakramente – Taufe und Abendmahl – verwaltet unter unverfälschter Verwendung der Einsetzungsworte Christi und der von ihm verordneten Elemente; d) das Historische Bischofsamt, in den Formen seiner Amtsausübung den verschiedenen Erfordernissen der von Gott zur Einheit seiner Kirche berufenen Nationen und Völker angepasst"[124]. Zu den beiden bereits bekannten Elementen Glaube und Sakramente werden in dieser Definition (in der Fachliteratur „Chicago-Lambeth-Quadrilateral" genannt) noch die Heilige Schrift als absolute Glaubensnorm und das historische Bischofsamt als einheitsbewahrende Institution genannt. Die ausdrückliche Nennung des Bischofsamtes, das durch das Adjektiv „historisch" als in geschichtlicher Sukzession zum Amt der Apostel stehend verstanden wird, schafft eine Nähe des anglikanischen Einheitsverständnisses zur katholischen und orthodoxen Sichtweise und unterscheidet sie von den übrigen reformatorischen Kirchen, für die eine bestimmte Gestalt des kirchlichen Amtes nicht zu den kirchenkonstitutiven Elementen zählt.

Den reformatorischen Kirchen kommt das Verdienst zu, dass sie in der Theologiegeschichte die ersten waren, die kirchliche Lehraussagen über die Einheit der Kirche verfasst haben. Für die lutherische Seite ist dabei Art. 7 der Confessio Augustana von 1530 von entscheidender Bedeutung. Darin heißt es: „Denn es genügt zur wahren Einheit der christlichen Kirche, dass das Evangelium einträchtig im reinen Verständnis gepredigt und die Sakramente dem göttlichen Wort gemäß gereicht werden" (CA 7). Die Verkündigung des Evangeliums und die Spendung der Sakramente sind somit aus lutherischer Sicht die beiden entscheidenden Elemente, auf denen die Einheit der Kirche basiert. Auch die reformierte Tradition hebt diese beiden Elemente hervor, wie beispielsweise die „Confessio Helvetica posterior" von 1566 verdeutlicht: „Deshalb sagen wir, die wahre Einheit der Kirche bestehe in den Glaubenslehren, in der wahren und einmütigen Verkündigung des Evangeliums Christi sowie in den vom Herrn selbst ausdrücklich überlieferten gottesdienstlichen Gebräuchen."[125] Letztere Formulierung verweist auf Taufe und Abendmahl, die auch in der reformierten Tradition bewahrt wurden, obwohl man stärker als die Lutheraner die Bedeutung der Verkündigung des Wortes Gottes hervorgehoben hat. Im Vergleich zu den bisher genannten Einheitsvorstellungen auf katholischer, orthodoxer und anglikanischer Seite fehlt bei Lutheranern und Reformierten eine ausdrückliche Erwähnung des kirchlichen Amtes. Die Predigt des Evangeliums und die Verwaltung der Sakramente setzen zwar die Existenz eines solchen Amtes voraus, doch gehört seine Ausgestaltung zu den historisch wandelbaren Elementen in der Kirche. Damit verdeutlichen Lutheraner und Reformierte, dass das Amt als Dienst an Wort und Sakrament nicht auf derselben Ebene wie das Evangelium und die Sakramente steht, sondern ihnen untergeordnet ist.

Eine noch geringere Bedeutung haben Amtsträger und Kirchenstrukturen in den meisten evangelischen Freikirchen. In ihnen spielt der persönliche Glaube des einzelnen Christen eine zentrale Rolle, der sich oft durch ein besonderes Bekehrungserlebnis in die Nachfolge Jesu gerufen weiß. Der Gedanke des Priestertums aller Gläubigen findet dementsprechend in den Freikirchen eine besonders starke Ausprägung. Daher gibt es auch kein Gegenüber von Amt und Gemeinde, vielmehr gelten alle Gläubigen als mit dem Heiligen Geist Begabte, die dem Aufbau der Gemeinde und dem gemeinschaftlichen Leben dienen. Die Gemeinschaft der Kirche zeigt sich konkret in der örtlichen Versammlung der Gemeinde, die als sichtbare Manifestation des Leibes Christi betrachtet wird. Jede Ortsgemeinde ist autonom und ordnet ihr Leben selbst. Übergemeindliche Zusammenschlüsse gelten nicht als Kirche, sondern als „Bund" von Ortsgemeinden. Ziel der Ökumene aus freikirchlicher Sicht ist daher vor allem die gegenseitige Anerkennung als Christen, die sich persönlich in die Nachfolge Jesu Christi berufen wissen. Fragen der kirchlichen Strukturen und des theologischen Konsenses haben demgegenüber eine sekundäre Bedeutung.

Dieser Überblick über das Verständnis von Einheit in den verschiedenen Konfessionen hat verdeutlicht, dass das Einheitsverständnis in aller Regel ein getreues Spiegelbild des Kirchenverständnisses der jeweiligen Konfession ist. Daran wird deutlich, dass eine Verständigung über das Ziel der Ökumene nur auf der Grundlage einer Übereinstimmung im Verständnis von Kirche möglich sein wird, das noch zu den umstrittensten Themen im ökumenischen Dialog zählt.

Modelle der Einigung: Abbild des Einheitsverständnisses

Wenn wir nun in einem zweiten Schritt einen Blick auf verschiedene Einigungsmodelle werfen, müssen wir uns bewusst machen, dass es bei diesen Einigungsmodellen in der Regel darum geht, ein bestimmtes Verständnis von Einheit der Kirche in die Praxis umzusetzen, d. h. zu überlegen, auf welchem Weg das angestrebte Ziel am besten erreicht werden kann. Damit ist klar, dass es eine grundlegende Korrespondenz zwischen dem Einheitsverständnis und den Einigungsmodellen gibt. Die ökumenische Diskussion der vergangenen Jahrzehnte hat jedoch gezeigt, dass ein bestimmtes, meist konfessionell geprägtes Einheitsverständnis dennoch offen sein kann für verschiedene Modelle der Einigung. Weil es auf die Frage, wie die Einheit der Kirche realisiert werden kann, keine eindeutige, für alle Zeiten und an allen Orten gültige Antwort geben kann, lässt sich hier eine Entwicklung in der ökumenischen Diskussion beobachten, bei der es zu Abgrenzungen, aber auch zu gegenseitiger Beeinflussung zwischen unterschiedlichen Einigungsmodellen gekommen ist.

Im Wesentlichen lassen sich – in Anlehnung an eine von Harding Meyer vorgenommene Typologisierung[126] – drei Grundmodelle voneinander unterscheiden: das kooperativ-föderative Modell, das Modell gegenseitiger Anerkennung und das Modell der (Wieder)Vereinigung.

Das kooperativ-föderative Modell	Das Modell gegenseitiger Anerkennung	Das Modell der (Wieder)Vereinigung
↓	↓	↓
Gemeinschaft im Handeln	Einheit in versöhnter Verschiedenheit	Organische Union (Unionskirchen)
↓	↓	↓
Gemeinsames „Zeugnis"	Kirchengemeinschaft (Leuenberg, Porvoo)	Konziliare Gemeinschaft („Schwesterkirchen")
↓		
Konziliarer Prozess		
↓	↘	↙
Gemeinsame Sendung / „Mission" der Kirche	sichtbare Einheit / volle Gemeinschaft „K O I N O N I A"	

Das **kooperativ-föderative Modell** ist ausgerichtet auf die praktische Zusammenarbeit der Kirchen, d. h. die Gemeinschaft im Handeln und im gemeinsamen Zeugnis bei Wahrung der kirchlichen Eigenständigkeit und der konfessionellen Besonderheiten. Häufig werden solche kooperativ-föderativen Zusammenschlüsse als Vorformen der kirchlichen Einigung betrachtet, wie es beispielsweise bei den meisten nationalen Kirchenräten und Arbeitsgemeinschaften Christlicher Kirchen der Fall ist. Es gibt aber auch Varianten dieses Modells, die sich trotz föderativer Strukturen als volle Verwirklichung kirchlicher Einheit betrachten, wie zum Beispiel die konfessionellen Weltbünde (Lutherischer Weltbund, Reformierter Weltbund, etc.). Als eine Variante des kooperativ-föderativen Modells kann der „Konziliare Prozess für Gerechtigkeit, Frieden und Bewahrung der Schöpfung" gelten, bei dem es ebenfalls um die Gemeinschaft im Handeln, das gemeinsame Zeugnis der Christen geht. Zugleich wird dadurch noch einmal deutlich, dass bei diesem Grundmodell nicht die strukturelle Einheit der Kirche, sondern ihre gemeinsame Sendung, ihre „Mission" im Vordergrund steht.

Das **Modell der gegenseitigen Anerkennung** ist heute das Einigungsmodell, das von den meisten Mitgliedskirchen des Ökumenischen Rates der Kirchen befürwortet wird. Seine Grundlagen finden sich im reformatorischen Einheitsverständnis, das eine Einheit in den Grundelementen des Glaubens (Verkündigung des Evangeliums und Verwaltung der Sakramente) fordert, jedoch eine legitime Verschiedenheit in den „von Menschen eingesetzten Zeremonien" anerkennt (vgl. CA 7). Im Wesentlichen geht es bei diesem Modell darum, dass sich die verschiedenen Kirchen gegenseitig als legitime Ausformungen der einen Kirche Jesu Christi anerkennen. Das bedeutet, dass bestehende Kirchenstrukturen nicht aufgelöst werden müssen, sondern sich auf dem Wege gegenseitiger Anerkennung miteinander versöhnen. Im Laufe der 1970er-Jahre wurde dieses Modell daher mit dem Schlagwort „Einheit in versöhnter Verschiedenheit" umschrieben. Eine konkrete Umsetzung erfuhr dieses Modell in der „Leuenberger Kirchengemeinschaft", mit der lutherische, reformierte und aus diesen hervorgegangene unierte Kirchen – später auch methodistische Kirchen – einander aufgrund eines gemeinsamen Verständnisses des Evangeliums

Kanzel- und Abendmahlsgemeinschaft gewährten. Nach der Definition der „Leuenberger Konkordie" (1973), der Gründungsurkunde dieser Gemeinschaft, bedeutet Kirchengemeinschaft, „dass Kirchen verschiedenen Bekenntnisstandes aufgrund der gewonnenen Übereinstimmung im Verständnis des Evangeliums einander Gemeinschaft an Wort und Sakrament gewähren und eine möglichst große Gemeinsamkeit in Zeugnis und Dienst an der Welt erstreben"[127]. Diese Formulierung deutet bereits an, dass in der Konkordie zwischen der „Erklärung der Kirchengemeinschaft" (aufgrund der Übereinstimmung im Verständnis des Evangeliums) und der „Verwirklichung der Kirchengemeinschaft" (durch die noch zu vertiefende Gemeinschaft in Zeugnis und Dienst) unterschieden wird. Verbunden mit der Erklärung von Kanzel- und Abendmahlsgemeinschaft ist die gegenseitige Anerkennung der Ordination und die Ermöglichung der Interzelebration, nicht jedoch eine strukturelle Vereinigung der Kirchen. Die Frage nach dem Verständnis von Amt und Ordination wird in der Leuenberger Konkordie ausdrücklich zu den Fragen gezählt, in denen es noch Unterschiede in der Lehre gibt, die in künftigen Lehrgesprächen erörtert werden müssen.

Diese und andere Formulierungen deuten darauf hin, dass die Leuenberger Konkordie ursprünglich nicht als Endpunkt der innerreformatorischen Einigungsbemühungen verstanden wurde. 30 Jahre nach Verabschiedung der Konkordie hat sich diese Sichtweise auf evangelischer Seite jedoch so grundlegend gewandelt, dass das Modell der Leuenberger Konkordie häufig als das einzig legitime Einigungsmodell betrachtet wird. Dabei wird gerade bei der ökumenischen Debatte in Deutschland oft missachtet, dass es auch noch andere Modelle von Kirchengemeinschaft gibt. Zu den wichtigsten dürfte das Modell von Porvoo gehören, das sich vom Leuenberger Modell vor allem dadurch unterscheidet, dass es ausdrücklich die Frage des Amtes thematisiert und dabei die Bedeutung des Bischofsamtes für die Bewahrung der Apostolizität der Kirche unterstreicht.[128] Die deutliche Betonung der apostolischen Sukzession hängt mit den Gesprächspartnern zusammen, die diese Erklärung im Oktober

1992 im finnischen Porvoo unterzeichneten: Es handelt sich um eine Vereinbarung zwischen den lutherischen Kirchen in Skandinavien und im Baltikum auf der einen sowie den anglikanischen Kirchen in Großbritannien und Irland auf der anderen Seite. Aufgrund der Hochschätzung des historischen Bischofsamtes in den anglikanischen Kirchen und der Bewahrung der apostolischen Sukzession im Bischofsamt in den skandinavischen lutherischen Kirchen konnten die Gesprächspartner hier leichter zu einer Übereinstimmung finden, als dies im kontinentalen Protestantismus der Fall war. Durch die Betonung des Bischofsamtes bietet das Modell von Porvoo Anknüpfungspunkte, die es auch für das Gespräch mit Katholiken und Orthodoxen fruchtbar werden lassen könnten.

Das dritte Grundmodell ist das **Modell der (Wieder)Vereinigung**, das eng mit dem anglikanischen, katholischen und orthodoxen Verständnis von Einheit verbunden ist. In der Anfangsphase der ökumenischen Bewegung zählte das *Modell der „organischen Union"* zu den am weitesten verbreiteten Varianten dieses Modells, das bis in die 1970er-Jahre hinein von vielen Beteiligten favorisiert wurde. Bei diesem Modell geht es darum, ehemals getrennte Kirchen aufgrund der erkannten Übereinstimmung im Glauben auch institutionell und verfassungsmäßig zu vereinigen. Hinter diesem Modell steht der Wunsch nach Einheit aller Christen an einem Ort. Das Modell der organischen Union strebt also danach, eine vorher nicht bestehende Einheit zu schaffen bzw. in Regionen, die bereits seit frühester Zeit christlich waren, die verlorengegangene Einheit wiederherzustellen. Im Laufe des 20. Jahrhunderts kam es zu einer ganzen Reihe von Kirchenunionen nach dem Modell der organischen Union. Als erste gilt die „Vereinigte Kirche von Kanada" (1925), am bekanntesten ist die Union in Südindien (1947), doch auch später kam es noch zu vergleichbaren Unionsabschlüssen (beispielsweise 1970 in Pakistan und im Kongo). Charakteristisch ist, dass sich vor allem reformierte, methodistische und kongregationalistische Kirchen an solchen Unionen beteiligt haben. Anglikaner und Lutheraner haben sich – trotz der grundsätzlichen Bejahung dieses Einigungsmodells – nur selten an Kirchenunionen beteiligt.

Da das Modell der organischen Union vor allem auf die Einheit der Ortskirche zielt, lässt es sich nicht ohne Weiteres auf die Weltebene übertragen, auf der eine strukturelle Einheit nur schwer zu realisieren wäre. Daher wurde das Modell der organischen Union im Laufe der 1970er-Jahre fortgeschrieben im *Modell der „Konziliaren Gemeinschaft"*. Dieses zielt auf eine Gemeinschaft von Ortskirchen, die zwar in sich geeint sind, jedoch keine strukturelle Einheit auf universalkirchlicher Ebene anstreben. Das einzige Strukturelement auf universaler Ebene wäre ein Konzil, auf dem die beteiligten Kirchen sich über Grundfragen des Glaubens verständigen könnten. Dieses Modell steht dem orthodoxen Verständnis von Einheit sehr nahe. Auch auf katholischer Seite gibt es eine Offenheit für dieses Modell einer gegenseitigen Anerkennung von „Schwesterkirchen", wobei jedoch die besondere Rolle der Kirche und des Bischofs von Rom eine noch ungelöste Frage darstellt.

Was bleibt am Ende dieses Überblicks über die verschiedenen Einigungsmodelle festzuhalten? Während das kooperativ-föderative Modell das Fortbestehen paralleler Kirchenstrukturen sanktioniert und eine Einigung auf das gemeinsame Auftreten nach außen (das „Zeugnis vor der Welt") beschränkt, sind sowohl das Modell der gegenseitigen Anerkennung als auch das Modell der organischen Union ausgerichtet auf die Realisierung „sichtbarer Einheit" (so die Satzung des ÖRK) bzw. „voller Gemeinschaft" (so das Ökumenismus-Dekret des Zweiten Vatikanischen Konzils). Im Laufe des 20. Jahrhunderts zeichnet sich eine zunehmende Annäherung zwischen den beiden letztgenannten Modellen ab: Gegenseitige Anerkennung bedeutet mehr als „versöhnte Verschiedenheit" und muss zu einer Kirchengemeinschaft führen, während „organische Union" nicht zu einem Verschmelzen von Kirchen führen muss, bei dem eine neue, uniforme Kirche entsteht, in der unterschiedliche theologische Konzeptionen, Frömmigkeitsformen und Handlungsoptionen unmöglich wären.

Im letzten Jahrzehnt hat sich vor allem der biblische Begriff der Koinonia, der nicht nur auf die Gemeinschaft der Kirchen untereinander, sondern auch auf ihre Teilhabe an der göttlichen Gemeinschaft verweist, als ein von vielen Seiten akzeptierter Begriff zur Umschreibung dessen, wonach wir in der Ökumene streben, durchgesetzt. Allerdings ist damit noch nicht das Problem gelöst, dass sich mit einem solchen Schlagwort durchaus unterschiedliche Vorstellungen verbinden können, wodurch diese „Koinonia" sich auszeichnet. Aus diesem Grund müssen wir abschließend noch ein grundlegendes Problem erörtern, das in der Debatte über die ökumenischen Zielvorstellungen immer wieder zutage tritt.

Die offene Frage:
Das rechte Verhältnis von Einheit und Vielfalt

Alle christlichen Kirchen teilen die Überzeugung, dass Jesus Christus nur eine Kirche gegründet hat. Daher gehört die Einheit zu den vier Wesensmerkmalen der Kirche, die im Glaubensbekenntnis von Nizäa-Konstantinopel benannt werden. Dennoch ist die gesamte Kirchengeschichte davon gekennzeichnet, dass es vielfältige Formen kirchlichen Lebens gibt, was darauf hindeutet, dass die im Glaubensbekenntnis bezeugte Einheit der Kirche nicht mit einer Einheitlichkeit der Strukturen, Riten und Lehraussagen verwechselt werden darf. Schon die neutestamentlichen Schriften zeugen von einer Vielfalt im Urchristentum, die sich u. a. im Nebeneinander von juden- und heidenchristlichen Gemeinden zeigt. „Das im Kanon des Neuen Testaments vereinigte apostolische Zeugnis ist Ausdruck einer mehrstimmigen Einheit in Vielfalt. Von Anfang an ist die Kirche eine Gemeinschaft, in der Unterschiede miteinander verbunden sind."[129] In der Alten Kirche bildeten sich verschiedene Patriarchate, in denen Lehre und Liturgie der Kirche unterschiedliche Ausprägungen fanden. Bei den christologischen Auseinandersetzungen des 5. Jahrhunderts traten unterschiedliche Auffassungen der Theologenschulen in Alexandrien und Antiochien zutage. Auch in der abendländischen Kirche gab es im 1. Jahrtausend noch eine größere Vielfalt, als uns heute bewusst ist. So gab es beispielsweise in der Liturgie neben dem römischen (lateinischen) Ritus noch weitere, von diesem deutlich unterschiedene Riten wie den keltischen oder den altgallischen Ritus, den altspanischen (mozarabischen) oder den mailändischen (ambrosianischen) Ritus. Das Ökumenismus-Dekret des Zweiten Vatikanischen Konzils konstatiert daher: „Das von den Aposteln überlieferte Erbe aber wurde in verschiedenen Formen und auf verschiedene Weise übernommen und daher schon von Anfang an in der Kirche hier und dort verschieden ausgelegt, wobei auch die Verschiedenheit der Mentalität und der Lebensverhältnisse eine Rolle spielten" (UR 14).

In den östlichen Kirchen blieb diese Vielfalt aufgrund der Existenz mehrerer Patriarchate auch über die Wende vom 1. zum 2. Jahrtausend hinaus erhalten. Im Westen dagegen, wo es nur ein Patriarchat (Rom) gab und sich das Papsttum als eigenständige Größe gegenüber dem Kaisertum zu etablieren versuchte, kam es zu stärkeren Zentralisierungstendenzen und damit zu einem Streben nach Vereinheitlichung, was sich beispielsweise darin äußerte, dass die übrigen altkirchlichen Riten vom lateinischen Ritus allmählich verdrängt wurden. Mit der Reformation erhob sich auch im Abendland Protest gegen die Vorherrschaft der römischen Kirche. Nicht ohne Grund unterstreicht die bereits mehrfach zitierte Definition des lutherischen Kirchenverständnisses in Artikel 7 der Confessio Augustana, dass es zur Einheit der Kirche nicht nötig sei, „dass überall die gleichen, von den Menschen eingesetzten Zeremonien eingehalten werden" (CA 7). Der Protest der Reformatoren richtete sich dabei nicht nur gegen die gottesdienstliche, sondern auch gegen die rechtliche Ordnung der Kirche. Dass es diesbezüglich auch auf katholischer Seite einen größeren Spielraum gab, als die Bemühungen der Gegenreformation um eine Festigung des katholischen Glaubens vermuten lassen, zeigen verschiedene, im 16. bis 18. Jahrhundert unterzeichnete Unionsabschlüsse mit östlichen Kirchen. Den mit Rom unierten Ostkirchen wurden dabei zahlreiche Privilegien gewährt wie beispielsweise die Beibehaltung des byzantinischen Ritus und anderer östlicher Riten oder die Erlaubnis, verheiratete Männer zu Priestern zu weihen. Diese Tatsachen unterstreichen, dass es aus katholischer Sicht eine legitime Vielfalt der Riten und Rechtsvorschriften gibt, was nach Überzeugung des Zweiten Vatikanischen Konzils Ausdruck der „wahren Katholizität und Apostolizität der Kirche" ist: „Alle in der Kirche sollen unter Wahrung der Einheit im Notwendigen je nach der Aufgabe eines jeden in den verschiedenen Formen des geistlichen Lebens und der äußeren Lebensgestaltung, in der Verschiedenheit der liturgischen Riten sowie der theologischen Ausarbeitung der Offenbarungswahrheit die gebührende Freiheit walten lassen, in allem aber die Liebe üben" (UR 4).

Mit dieser Aufforderung greift das Konzil einen Grundsatz auf, der im reformatorischen Bereich bereits im 18. und 19. Jahrhundert als ein Grundprinzip des ökumenischen Dialogs propagiert wurde: „In necessariis unitas, in dubiis libertas, in omnibus caritas" – zu Deutsch: „In notwendigen Dingen Einheit, in Zweifelsfragen Freiheit, in allem die Liebe". Wenn dieser Grundsatz für den ökumenischen Dialog maßgeblich sein soll, dann ist klar, dass das Ziel des Dialogs kein „Totalkonsens" sein kann, sondern nur ein „differenzierter Konsens", der Unterschiede in theologischen Formeln nicht als Gegensätze versteht, sondern als einander ergänzende, „komplementäre" Formulierungen der einen Glaubenswahrheit betrachtet. Das Ökumenismus-Dekret unterstreicht, „dass bestimmte Gesichtspunkte des geoffenbarten Mysteriums bisweilen von dem einen angemessener erfasst und in ein besseres Licht gestellt werden als vom anderen, so dass man dann sagen muss, dass jene vielfältigen theologischen Formulierungen sich nicht selten eher untereinander ergänzen, als dass sie einander entgegengesetzt sind" (UR 17). Wenn man diese Aussage ernst nimmt, geht es in der Ökumene nicht darum, die Defizite des anderen aufzudecken, sondern vielmehr nach seinen Stärken zu fragen und zu überlegen, wie diese das eigene Glaubensleben bereichern können.

Wenn nach Überzeugung des Zweiten Vatikanischen Konzils „eine gewisse Verschiedenheit der Sitten und Bräuche ... der Einheit der Kirche keineswegs entgegensteht" (UR 16), dann ist das Ziel der Ökumene nicht eine Uniformität, eine einheitliche Struktur und ein einheitlicher Ritus, sondern eine Vielfalt, durch die es erst möglich wird, dass das Evangelium den Menschen in verschiedenen Kontexten und Kulturen nahe gebracht werden kann. Umstritten ist im ökumenischen Dialog heute nur noch, wie „das zur Einheit Notwendige" definiert werden kann, mit anderen Worten: wo die Grenzen der Vielfalt liegen. Hier hat das Ökumenismus-Dekret mit seinem Hinweis darauf, dass es eine „Hierarchie der Wahrheiten" gibt (vgl. UR 11), einen wichtigen methodischen Schlüssel für die Suche nach einer Antwort auf diese Frage geliefert. Allerdings gibt es bis heute keine von allen christlichen Traditionen akzeptierte Antwort, sodass wir damit auf eine offene, bis heute unbeantwortete Frage stoßen. Immerhin wird heute allgemein anerkannt, dass das Ziel der Ökumene letztlich eine Einheit in der Vielfalt ist, weil nur ein solches Einheitsverständnis dem trinitarischen Wesen Gottes entspricht, das die Kirche in ihren irdischen Strukturen widerspiegeln soll.

Weiterführende Literatur

Harding Meyer, Ökumenische Zielvorstellungen (Bensheimer Hefte Nr. 78), Göttingen 1996 *[aus ev. Sicht]*.

Georg Hintzen / Wolfgang Thönissen, Kirchengemeinschaft möglich? Einheitsverständnis und Einheitskonzepte in der Diskussion (Thema Ökumene, Bd. 1), Paderborn 2001 *[aus kath. Sicht]*.

Johannes Oeldemann, Orthodoxe Kirchen im ökumenischen Dialog. Positionen, Probleme, Perspektiven (Thema Ökumene, Bd. 3), Paderborn 2004, 147–175.

Michael Kappes, Ökumene – wohin? Einheitsvorstellungen und Modelle der Einigung, in: ders. u. a., Trennung überwinden. Ökumene als Aufgabe der Theologie (Theologische Module, Bd. 2), Freiburg i. Br. 2007, 106–137 *[aus kath. Sicht]*.

9. Erhoffte Einheit –

Rückblick und Ausblick

Kehren wir am Ende dieser Einführung in die Ökumene noch einmal zurück zum Ausgangspunkt unserer Überlegungen und damit zur Frage, ob wir im Blick auf die derzeitige Situation in der Ökumene zu Recht von Hoffnung sprechen können. Der Überblick über die Geschichte der ökumenischen Bewegung und die Resultate der ökumenischen Dialoge, über die vielfältigen Formen des gemeinsamen Zeugnisses und der ökumenischen Zusammenarbeit vor Ort hat gezeigt, dass es viele hoffnungsvolle Ansätze gegeben hat und weiterhin gibt. Manche Formen der Zusammenarbeit und Methoden des Dialogs aus der Anfangszeit der ökumenischen Bewegung haben sich zwar inzwischen erschöpft, dafür entstehen aber auch neue Felder ökumenischer Kooperation und theologischer Reflexion. Trotz mancher bislang nicht überwundener Differenzen in der Theologie, vor allem im Kirchen- und Amtsverständnis, sowie der Unterschiede im Blick auf die ökumenischen Zielvorstellungen ergibt sich damit insgesamt das Bild einer Ökumene, die keineswegs erstarrt ist (wie es die Rede von der „ökumenischen Eiszeit" unterstellt), sondern die sich in einem lebendigen Reifungsprozess befindet. Auf den „ökumenischen Frühling" in der Zeit nach dem Zweiten Vatikanischen Konzil folgt nicht sogleich der Herbst, in dem die Ernte eingefahren werden kann, sondern zunächst die Sommerzeit, in der die Früchte – trotz mancher „Durststrecken" in trockenen Perioden und einiger heftiger Gewitter, in denen sich die atmosphärischen Spannungen entladen – wachsen und heranreifen.

Wenn die Einheit der Christen, wie im Blick auf die biblischen Grundlagen deutlich wurde, nicht ein Werk von Menschen, sondern letztlich eine Gabe Gottes ist, dann gilt auch für die Ökumene das, was Jesus im Gleichnis vom Wachsen der Saat zum Ausdruck gebracht hat: „Mit dem Reich Gottes ist es so, wie wenn ein Mann Samen auf seinen Acker sät; dann schläft er und steht wieder auf, es wird Nacht und wird Tag, der Samen keimt und wächst, und der Mann weiß nicht wie. Die Erde bringt von selbst ihre Frucht, zuerst den Halm, dann die Ähre, dann das volle Korn in der Ähre" (Mk 4,26–28). Der Samen der Ökumene, so können wir festhalten, ist ausgesät und auf fruchtbaren Boden gefallen. Die Halme sind bereits herangewachsen und an manchen Stellen sind auch schon die Ähren sichtbar. Aber das volle Korn muss noch heranreifen, bevor die Zeit der Ernte da ist. Wenn wir dieses Gleichnis aufgreifen, dann verbinden wir unwillkürlich die Einheit der Christen mit der Vorstellung vom Reich Gottes – durchaus zu Recht, denn unsere Hoffnung auf die Einheit aller, die an Christus glauben, gründet in der Hoffnung auf das Reich Gottes.

Die Einheit der Christen steht – ähnlich wie das Reich Gottes – in der bleibenden Spannung zwischen dem „Schon" und dem „Noch nicht": So wie das Reich Gottes in Jesus Christus bereits gegenwärtig geworden ist, aber dennoch nicht mit der irdischen Kirche gleichgesetzt werden kann, so ist auch die Einheit der Christen in Jesus Christus „schon" grundgelegt, aber in den gegenwärtigen Strukturen der Kirche „noch nicht" realisiert. Die Hoffnung auf Einheit ist damit eine konkrete Hoffnung, die einen Anhaltspunkt in der Hl. Schrift hat. Welche Konsequenzen ein christliches Leben aus der Hoffnung hat, das hat die „Würzburger Synode", die Gemeinsame Synode der deutschen Bistümer, die sich am Anfang der 1970er-Jahre um eine Umsetzung der Impulse des Zweiten Vatikanischen Konzils im deutschen Kontext bemühte, in ihrem Synodenbeschluss „Unsere Hoffnung" zum Ausdruck gebracht. Darin finden sich unter der Überschrift „Gemeinschaft der Kirche" folgende Aussagen über den Zusammenhang von Hoffnung und Gemeinschaft: „Die Lebendigkeit dieses Volkes und der in ihm eingeräumten Erfahrungen von Gemeinschaft hängt freilich am Leben dieser Hoffnung selbst. Keiner hofft ja für sich allein. Denn die Hoffnung, die wir bekennen, ist nicht vage schweifende Zuversicht, ist nicht angeborener Daseinsoptimismus; sie ist so radikal und so anspruchsvoll, dass keiner sie für sich allein und nur im Blick auf sich selber hoffen könnte. [...] Gottes Reich zu hoffen wagen – das heißt immer, es im Blick auf die anderen zu hoffen und darin für uns selbst. Erst wo unsere Hoffnung für die anderen mithofft, wo sie also unversehens die Gestalt und die Bewegung der Liebe und der Communio annimmt, hört sie auf, klein und ängstlich zu sein und verheißungslos unseren Egoismus zu spiegeln. [...] So können sich aus gelebter Hoffnung immer wieder lebendige Formen kirchlicher Gemeinschaft entfalten, und andererseits kann erfahrene kirchliche Gemeinschaft stets neu zum Ort werden, an dem lebendige Hoffnung reift, an dem sie miteinander gelernt und gefeiert werden kann."[130] Was die Synode hier im Blick auf die Erfahrung von Gemeinschaft innerhalb der eigenen Kirche sagt, das gilt in einem übertragenen Sinn auch für die zwischenkirchliche Gemeinschaft: Aus gelebter Hoffnung wird lebendige Hoffnung, entstehen lebendige Formen kirchlicher Gemeinschaft. So kann auch eine lebendige Ökumene nur aus gelebter Ökumene entstehen, können lebendige Formen zwischenkirchlicher Gemeinschaft nur wachsen, wenn das Miteinander auch im kirchlichen Alltag gesucht und gelebt wird. Kardinal Kasper hat dies mit dem Begriff der „Ökumene des Lebens" zu umschreiben versucht.[131] Damit will er zum Ausdruck bringen: „Ökumene ist ein Wachstumsprozess des Lebens. Auf diesem Weg des Wachsens und Reifens sind viele Zwischenschritte nötig, die in die Gemeinschaft in der Eucharistie, dem Sakrament der Einheit, einmünden sollen."[132]

Eine lebendige Ökumene hat Kopf und Fuß, Hand und Herz. Ökumene braucht einen festen Standpunkt – Menschen, die mit beiden Füßen auf dem Boden ihrer eigenen Kirche stehen und von dort aus das Gespräch mit den anderen suchen. Ökumene braucht den Kopf, den Verstand des Menschen, damit sie nicht „kopflos" agiert, sondern verantwortlich und theologisch reflektiert. Ökumene braucht die Hände, um durch gemeinsames Handeln Gemeinschaft wachsen zu lassen und im praktischen Miteinander die bereits bestehende Gemeinschaft zu leben.

Ökumene braucht das Herz, denn nur der, dem die Einheit der Christen ein echtes Herzensanliegen ist, wird mit echter Herzenswärme auf die anderen Christen zugehen und die Gemeinschaft mit ihnen auch im Spirituellen suchen. Theologische Reflexion und praktisches Tun, Bewahrung der Identität und Offenheit in der Spiritualität müssen zusammenkommen, wenn wir weitere Schritte auf dem Weg zur Einheit der Christen tun wollen. Denjenigen, die fürchten, die Ökumene würde zum Verlust ihrer eigenen Identität führen, zu einer Einigung auf dem „kleinsten gemeinsamen Nenner" und damit zu einem Aufgeben dessen, was ihren Glauben prägt, gilt es entgegenzuhalten: In der Ökumene geht es nicht um Einheitlichkeit, sondern um Einmütigkeit.

Um diese Einmütigkeit zu erreichen, ist die geistliche Ökumene, das Gebet um die Einheit, eine wichtige Voraussetzung des gemeinsamen Handelns. Papst Benedikt XVI. hat in seiner Enzyklika über die christliche Hoffnung „Spe salvi" (2007) das Gebet als eine „Schule der Hoffnung" bezeichnet, weil das Gebet eine „Übung der Sehnsucht" ist.[133] Durch das Gebet „werden wir der großen Hoffnung fähig, und so werden wir Diener der Hoffnung für die anderen: Hoffnung im christlichen Sinn ist immer auch Hoffnung für die anderen".[134] In diesen Worten zeigen sich deutliche Parallelen im Verständnis der christlichen Hoffnung zwischen dem oben zitierten, mehr als 30 Jahre alten Synodenbeschluss und der vor kurzem publizierten Enzyklika Papst Benedikts. Beide Texte verweisen darauf, dass „die anderen" aus christlicher Perspektive nie ein Fremdkörper sind, sondern mit hineingenommen sind in die Hoffnung der Christen auf die Vollendung des Lebens in der Gemeinschaft mit Gott.

Diese Hoffnung der Christen hat ihren Grund in Jesus Christus und lebt aus der von ihm verkündeten Rechtfertigung des Sünders vor Gott. Zugleich hält die Hoffnung die Erinnerung an die noch unabgegoltenen Verheißungen Gottes wach, auf deren Erfüllung der Mensch zugeht. Das von Jesus Christus verheißene Kommen des Reiches Gottes kann der Mensch zwar nicht von sich aus herbeiführen, aber die christliche Hoffnung ermutigt zum Engagement im Blick auf die innerweltliche Zukunft und damit auch im Blick auf die ökumenische Zusammenarbeit zwischen den Kirchen. Christliche Hoffnung, so zeigt uns ein Blick auf die Botschaft der Bibel, bedeutet keineswegs Vertröstung auf das Jenseits, sondern ist Ansporn zum Dienst an den Menschen. So ist auch die Hoffnung auf Einheit Ansporn zum Dienst an der Ökumene.

Dennoch ist die Einheit der Christen nicht etwas, das sich automatisch einstellen wird, wenn wir uns nur genügend darum bemühen. Sie ist und bleibt eine Gabe Gottes, wie aus der biblischen Begründung in Kapitel 2 deutlich wurde. Die Einheit der Christen ist damit letztlich ein Geschenk, das Menschen nicht von sich aus erreichen können. Insofern verhält es sich mit der Einheit der Christen wie mit dem Geschehen der Rechtfertigung, das zu Recht als Grundmuster der Beziehung zwischen Gott und Mensch aus christlicher Sicht gilt: Gott rechtfertigt den Menschen aus Gnade, nicht aufgrund menschlichen Verdienstes. So schenkt Gott auch die Einheit aus Gnade, nicht aufgrund menschlicher Bemühungen. Aber so wie die Rechtfertigung Frucht bringt in den guten Werken des Menschen, so muss auch die Überzeugung, dass die Einheit der Christen eine Gabe Gottes ist, zum Handeln im Sinne dieser Einheit führen. Die im Titel dieses Buches gestellte Frage, ob die Einheit der Christen ein Wunsch oder eine Wirklichkeit ist, formuliert damit nicht zwei sich ausschließende Alternativen, sondern will bewusst machen, dass es ein tiefe Beziehung zwischen dem Wunsch nach Einheit und der Wirklichkeit von Einheit gibt. Die Einheit der Christen ist von Gott her bereits Wirklichkeit, sie kann aber nur sichtbar und erfahrbar werden, wenn wir den Wunsch nach Einheit wach halten und aus diesem Wunsch heraus versuchen, die von Gott gegebene Einheit in der Gemeinschaft der Christen lebendig werden zu lassen.

Ökumenische Empfindlichkeit, wie sie in den letzten Jahren in manchen öffentlichen Äußerungen zum Ausdruck kam, hilft dabei nicht weiter. Wir brauchen in der Ökumene weniger Empfindlichkeit und mehr Empfindsamkeit. Wenn unser Herz nicht nach der Einheit verlangt, dann werden wir sie auch mit unserem Kopf (im theologischen Gespräch) nicht erreichen. Wenn unsere Füße sich nicht bewegen und wir auf unserem Standpunkt beharren, dann werden wir die Einheit der Christen auch mit unseren Händen (in der praktischen Zusammenarbeit) nicht wiederherstellen können. Deshalb müssen wir den Wunsch, besser noch: die Sehnsucht nach Einheit wieder lebendig werden lassen. Nur eine erhoffte und ersehnte Einheit kann zur Realität werden – vielleicht noch nicht morgen oder übermorgen, aber doch in unserem persönlichen Lebenshorizont.

Dass so etwas möglich ist, zeigt die Erinnerung an ein Ereignis, das gerade einmal zwanzig Jahre zurückliegt. Im Kapitel über den „Konziliaren Prozess" war bereits von dem Ökumenischen Pilgerweg im Drei-Länder-Eck die Rede, der die Teilnehmerinnen und Teilnehmer der Ersten Europäischen Ökumenischen Versammlung in Basel über offene Grenzen von der Schweiz nach Frankreich und Deutschland und wieder zurück in die Schweiz führte. Viele Gläubige aus Osteuropa konnten das zum damaligen Zeitpunkt, als noch ein „Eiserner Vorhang" Europa durchschnitt, kaum fassen. Mit Tränen in den Augen gingen sie Hand in Hand über die Grenze und stimmten in die Gebete und Lieder ein, in denen um die Einheit Europas und der Christen gebetet wurde. Niemand hat damals ernsthaft damit gerechnet, dass nur sechs Monate später die Berliner Mauer fallen würde. Und doch wurde die Hoffnung der Pilger in Basel zur Realität. Vielleicht verhält es sich ähnlich mit der Einheit der Christen: Niemand rechnet momentan damit, dass wir dieses Ziel in absehbarer Zeit erreichen könnten. Und doch können wir nicht ausschließen, dass unser Wunsch plötzlich und unerwartet Wirklichkeit wird. Auf dem weiteren Weg der Ökumene sollten wir uns daher das Motto zu eigen machen, das Franz von Assisi seinen ersten Mitbrüdern mit auf den Weg gegeben hat: „Tu erst das Notwendige, dann das Mögliche, und plötzlich schaffst du das Unmögliche."

So wie Franz von Assisi uns mit diesen Worten ermuntert, mutig und entschlossen auf dem Weg der Ökumene weiterzugehen, so stellt ein Gebet von Abbé Paul Couturier unsere ökumenischen Bemühungen in den weiten Horizont der Hoffnung. Am Ende dieses Buches möchte ich die Leserinnen und Leser daher einladen, in dieses Gebet einzustimmen:

„Herr Jesus Christus,
du hast gebetet, dass alle eins seien.
Wir bitten dich um die Einheit der Christen,
so wie du sie willst
und auf die Art und Weise, wie du sie willst.
Dein Geist schenke uns,
den Schmerz der Trennung zu erleiden,
unsere Schuld zu erkennen
und über jede Hoffnung hinaus zu hoffen."[1135]

Anmerkungen

1 Zweites Vatikanisches Konzil, Dekret über den Ökumenismus „Unitatis redinteg-ratio" (= UR), Nr. 4.

2 Enzyklika „Ut unum sint" (= UUS) von Papst Johannes Paul II. über den Einsatz für die Ökumene (Verlautbarungen des Apostolischen Stuhls Nr. 121), Bonn 1995, Nr. 3.

3 Eins in Christus – Kirchen unterwegs zu mehr Gemeinschaft. Kundgebung der 9. Synode der Evangelischen Kirche in Deutschland (2000), in: EKD-Texte Nr. 69, Hannover 2001, 16.

4 Papst Benedikt XVI. / Joseph Ratzinger, Predigten und Ansprachen April/Mai 2005 (Verlautbarungen des Apostolischen Stuhls Nr. 168), Bonn 2005, 24 f.

5 Martin Luther hatte das griechische Wort „katholikē" mit „allgemein christlich" übersetzt. In dieser Tradition sprechen die evangelischen Christen in Deutschland an dieser Stelle von der „christlichen" Kirche. Wenn Lutheraner in den USA dage-gen das Glaubensbekenntnis beten, sprechen sie ganz selbstverständlich von der „catholic church". Auch für Katholiken bezeichnet das Wort „katholisch" in diesem Kontext nicht die eigene Konfession, sondern die weltumspannende und allumfassende Bedeutung der Kirche Jesu Christi.

6 Päpstlicher Rat zur Förderung der Einheit der Christen, Direktorium zur Ausfüh-rung der Prinzipien und Normen über den Ökumenismus (= Verlautbarungen des Apostolischen Stuhls Nr. 110), Bonn 1993.

7 Enzyklika „Ut unum sint" von Papst Johannes Paul II. über den Einsatz für die Ökumene (= Verlautbarungen des Apostolischen Stuhls Nr. 121), Bonn 1995.

8 Die vom „Ökumenischen Arbeitskreis" erarbeiteten Dokumente werden seit 1982 in der Reihe „Dialog der Kirchen" (Verlage Herder und Vandenhoeck & Ruprecht) veröffentlicht. Die jüngste Studie befasst sich mit dem Thema „Das kirchliche Amt in apostolischer Nachfolge" (Dialog der Kirchen, Bde. 12–14).

9 Zu den bekanntesten Dokumenten der Gruppe von Dombes zählt das Buch „Für die Umkehr der Kirchen. Identität und Wandel im Vollzug der Kirchengemein-schaft" (1994).

10 Dokumente wachsender Übereinstimmung. Sämtliche Berichte und Konsenstexte interkonfessioneller Gespräche auf Weltebene, hg. v. Harding Meyer, Damaskinos Papandreou, Hans Jörg Urban, Lukas Vischer, 3 Bde., Paderborn / Frankfurt a. M. 1983–2003; im Folgenden abgekürzt: DwÜ.

11 Vgl. Montreal 1963. Bericht der vierten Weltkonferenz für Glauben und Kirchen-verfassung, hg. v. P.C. Rodger u. L. Vischer, Genf 1963, 42–53.

12 Bilaterale Arbeitsgruppe der Deutschen Bischofskonferenz und der Kirchenleitung der Vereinigten Evangelisch-Lutherischen Kirche Deutschlands, Communio Sanc-torum. Die Kirche als Gemeinschaft der Heiligen, Paderborn / Frankfurt a. M. 2000; im Folgenden abgekürzt: CS.

13 „Die historisch-kritische Erforschung der Heiligen Schrift hat die Einsicht in die Vielfalt des biblischen Zeugnisses und in innerbiblische Spannungen verstärkt, die zu der Frage Anlass geben, ob das reformatorische ‚sola-scriptura'-Prinzip unter den damit gegebenen Bedingungen noch praktizierbar ist." (U. Kühn, Zum evan-gelisch-katholischen Dialog, Leipzig 2005, 38).

14 Vgl. Internationale luth.-kath. Kommission, Kirche und Rechtfertigung (1993), in: DwÜ, Bd. 3, 317–419, darin bes. Nr. 205–222.

15 Ökumenischer Arbeitskreis evangelischer und katholischer Theologen, Schriftverständnis und Schriftgebrauch (1998), Nr. 241, in: Th. Schneider / W. Pannenberg (Hg.), Verbindliches Zeugnis III: Schriftverständnis und Schriftgebrauch, Freiburg i. Br. / Göttingen 1998, 386. Wer sich eingehender mit dieser Thematik befassen will, findet in den drei Bänden zum Thema „Verbindliches Zeugnis" (Dialog der Kirchen, Bde. 7, 9 und 10) reiches Material.

16 Zitiert nach: D. Winkler, Ökumenischer Neubeginn. Der Dialog zwischen der katholischen Kirche und den orientalisch-orthodoxen Kirchen, in: Catholica 58 (2004) 22–39, hier 25.

17 Die griechische und die lateinische Überlieferung über den Ausgang des Heiligen Geistes. Eine Klarstellung in Verantwortung des Päpstlichen Rates zur Förderung der Einheit der Christen, in: Una Sancta 50 (1995) 316–324.

18 Internationale orth.-kath. Kommission, Dokument von München (1982), Nr. 3, in: DwÜ, Bd. 2, 532.

19 Ob Luther damit Paulus richtig interpretiert hat, wird derzeit in der Bibelwissenschaft kontrovers diskutiert. Die neuere Paulus-Forschung betont, dass es Paulus vor allem um das Verhältnis von Juden- und Heidenchristen gegangen sei, weshalb mit den „Werken des Gesetzes" nur die kultischen Vorschriften der Juden gemeint seien.

20 Entsprechende Textnachweise finden sich in den „Quellen zur Gemeinsamen Erklärung zur Rechtfertigungslehre", in: DwÜ, Bd. 3, 430–437.

21 Lutherischer Weltbund / Päpstlicher Rat zur Förderung der Einheit der Christen, Gemeinsame Erklärung zur Rechtfertigungslehre, Frankfurt a. M. / Paderborn 1999. Der Text ist auch dokumentiert in: DwÜ, Bd. 3, 419–430.

22 Bilaterale Arbeitsgruppe der Dt. Bischofskonferenz und der Kirchenleitung der Vereinigten Ev.-Luth. Kirche Deutschlands, Kirchengemeinschaft in Wort und Sakrament (1984), Nr. 20; im Folgenden abgekürzt: KWS.

23 „Alles, was ihr auf Erden binden werdet, das wird auch im Himmel gebunden sein, und alles, was ihr auf Erden lösen werdet, das wird auch im Himmel gelöst sein" (Mt 18,18; vgl. Mt 16,19; Joh 20,23).

24 KWS, Nr. 43.

25 Wechselseitige Taufanerkennung (Magdeburg, 29. April 2007), in: Ökumenische Rundschau 56 (2007) 257.

26 Entsprechende Annäherungen gibt es sowohl im Gespräch zwischen Baptisten und Katholiken (vgl. W. Klaiber / W. Thönissen [Hg.], Glaube und Taufe in freikirchlicher und römisch-katholischer Sicht, Paderborn / Stuttgart 2005) als auch zwischen Baptisten und evangelischen Landeskirchen (vgl. Voneinander lernen – miteinander glauben. Konvergenzdokument der Bayerischen Lutherisch-Baptistischen Arbeitsgruppe, 2009).

27 Vgl. Kommission für Glauben und Kirchenverfassung, Taufe, Eucharistie und Amt (Lima-Dokumente, 1982), Konvergenzerklärung zur Eucharistie, Kap. II: Die Bedeutung der Eucharistie, in: DwÜ, Bd. 1, 558–564.

28 Ebd. (Lima-Dokument zur Eucharistie), Nr. 4, in: DwÜ, Bd. 1, 559.

29 Internationale luth.-kath. Kommission, Das Herrenmahl (1978), Nr. 60, in: DwÜ, Bd. 1, 289.

30 Ebd. (Das Herrenmahl, 1978), Nr. 48, in: DwÜ, Bd. 1, 286.

31 Internationale reformiert-katholische Kommission, Die Gegenwart Christi in Kirche und Welt (1977), Nr. 83, in: DwÜ, Bd. 1, 506.

32 Die Liturgiekonstitution des Zweiten Vatikanischen Konzils hat „mit Nachdruck" empfohlen, dass die Gläubigen bei der Kommunion den Leib des Herrn „aus derselben Opferfeier" empfangen sollen (SC 55).

33 Vgl. Faith and Order Commission, The Nature and Mission of the Church (Faith and Order Paper 198), Geneva 2005, 13–28.

34 Nicht im konfessionellen Sinne, sondern in der Bedeutung von „allumfassend" (vgl. Anmerkung 5).

35 Leuenberger Kirchengemeinschaft, Die Kirche Jesu Christi. Der reformatorische Beitrag zum ökumenischen Dialog über die kirchliche Einheit, hg. von W. Hüffmeier (Leuenberger Texte 1), Frankfurt a. M. 1995, 25.

36 Kongregation für die Glaubenslehre, Erklärung „Dominus Iesus" über die Einzigkeit und die Heilsuniversalität Jesu Christi und der Kirche / Antworten auf Fragen zu einigen Aspekten bezüglich der Lehre über die Kirche (Verlautbarungen des Apostolischen Stuhls Nr. 148), 4. Auflage, Bonn 2007, 32 u. 54.

37 Kongregation für die Glaubenslehre, Kommentar zu den „Antworten auf Fragen zu einigen Aspekten bezüglich der Lehre über die Kirche, in: KNA-ÖKI, Dokumentation Nr. 13 (17. 07. 2007) 6–11, hier 9.

38 Internationale luth.-kath. Kommission, Kirche und Rechtfertigung (1993), Nr. 123, in: DwÜ, Bd. 3, 361.

39 Ebd. Nr. 126, in: DwÜ, Bd. 3, 362.

40 Vgl. Kommission für Glauben und Kirchenverfassung, Taufe, Eucharistie und Amt (Lima-Dokumente, 1982), Konvergenzerklärung über das Amt, Kap. I: Die Berufung des ganzen Volkes Gottes, in: DwÜ, Bd. 1, 567–568.

41 Vgl. Internationale luth.-kath. Kommission, Das geistliche Amt in der Kirche (1981), Nr. 20, Anm. 23, in: DwÜ, Bd. 1, 336.

42 Ebd., Nr. 20, in: DwÜ, Bd. 1, 336.

43 Vereinigte Evangelisch-Lutherische Kirche Deutschlands (VELKD), „Ordnungsgemäß berufen". Eine Empfehlung der Bischofskonferenz der VELKD zur Berufung zu Wortverkündigung und Sakramentsverwaltung nach evangelischem Verständnis (Texte aus der VELKD, Nr. 136), Hannover 2006.

44 Kommission für Glauben und Kirchenverfassung, Taufe, Eucharistie und Amt (Lima-Dokumente, 1982), Konvergenzerklärung über das Amt, Nr. 35, in: DwÜ, Bd. 1, 579.

45 Vgl. z. B. die „Porvooer Gemeinsame Feststellung" zwischen den anglikanischen Kirchen Großbritanniens und Irlands und den lutherischen Kirchen in Skandinavien und im Baltikum, in: DwÜ, Bd. 3, 749–777, bes. 771–773.

46 Vgl. Die Apostolizität der Kirche. Studiendokument der Lutherisch/Römischkatholischen Kommission für die Einheit, Paderborn / Frankfurt a. M. 2009.

47 Die Apostolizität der Kirche, Nr. 293 (ebd., 145).

48 Ökumenischer Arbeitskreis evangelischer und katholischer Theologen (ÖAK), Das kirchliche Amt in apostolischer Nachfolge. Abschließender Bericht, in: Das kirchliche Amt in apostolischer Nachfolge, III. Verständigungen und Differenzen, hg. v. D. Sattler u. G. Wenz (Dialog der Kirchen, Bd. 14), Freiburg i. Br. / Göttingen 2008, 167–267.

49 ÖAK, Abschließender Bericht, Nr. 99 (ebd., 250).

50 ÖAK, Abschließender Bericht, Nr. 45 (ebd., 209).

51 Internationale luth.-kath. Kommission, Das geistliche Amt in der Kirche (1981), Nr. 49, in: DwÜ, Bd. 1, 346.

52 Internationale anglikan.-kath. Kommission, Autorität in der Kirche II (1981), Nr. 9, in: DwÜ, Bd. 1, 180.

53 Internationale luth.-kath. Kommission, Das Evangelium und die Kirche (1972), Nr. 66, in: DwÜ, Bd. 1, 266.

54 Vgl. hierzu auch: Bilaterale Arbeitsgruppe DBK-VELKD, Communio Sanctorum (2000), Nr. 153–200.

55 Konzil von Trient, Dekret über die Anrufung, die Verehrung und die Reliquien der Heiligen (1563), in: H. Denzinger, Kompendium der Glaubensbekenntnisse und kirchlichen Lehrentscheidungen, hg. v. P. Hünermann, 40. Auflage, Freiburg i. Br. 2005, 578f. (Nr. 1821).

56 Bilaterale Arbeitsgruppe DBK-VELKD, Communio Sanctorum (2000), Nr. 235.

57 Communio Sanctorum (2000), Nr. 267.

58 Anglikanisch/Römisch-katholische Internationale Kommission (ARCIC), Maria: Gnade und Hoffnung in Christus. Eine gemeinsame Stellungnahme, Paderborn / Frankfurt a. M. 2006, Nr. 60.

59 Vgl. Apostolisches Schreiben „Tertio millennio adveniente" von Papst Johannes Paul II. an die Bischöfe, Priester und Gläubigen zur Vorbereitung auf das Jubeljahr 2000 (Verlautbarungen des Apostolischen Stuhls Nr. 119), Bonn 1994, Nr. 37.

60 Papst Johannes Paul II., Enzyklika „Ut unum sint" (1995), Nr. 80.

61 Gottes Gaben – Unsere Aufgabe. Die Erklärung von Stuttgart (Arbeitshilfen Nr. 62), hg. v. Sekretariat der Deutschen Bischofskonferenz, Bonn 1988.

62 Ökumenische Versammlung für Gerechtigkeit, Frieden und Bewahrung der Schöpfung. Dresden – Magdeburg – Dresden. Eine Dokumentation, hg. v. Aktion Sühnezeichen/Friedensdienste, Berlin 1990. Zur historischen Einordnung und Bewertung vgl. K. Seifert, Glaube und Politik. Die Ökumenische Versammlung in der DDR 1988/89 (Erfurter Theologische Studien, Bd. 78), Leipzig 2000.

63 Ökumenische Versammlung, 19.

64 Vgl. Frieden in Gerechtigkeit. Dokumente der Europäischen Ökumenischen Versammlung, hg. v. KEK und CCEE, Basel / Zürich 1989. Die Dokumente der EÖV 1 sind auch publiziert in: Arbeitshilfen Nr. 70, hg. v. Sekretariat der Deutschen Bischofskonferenz, Bonn 1989.

65 Deutsche Übersetzung in: A. Basdekis (Hg.), Orthodoxe Kirche und Ökumenische Bewegung. Dokumente – Erklärungen – Berichte 1900–2006, Frankfurt a. M. / Paderborn 2006, 392–405.

66 Vgl. ebd., 512–514.

67 Dokument von Basel, Nr. 98.

68 Vgl. die Botschaft der II. Deutschen Ökumenischen Versammlung vom Juni 1996 in Erfurt, in: Ökumenische Rundschau 45 (1996) 347–349.

69 Vgl. Versöhnung. Gabe Gottes und Quelle neuen Lebens. Dokumente der Zweiten Europäischen Ökumenischen Versammlung in Graz, hg. v. KEK und CCEE, Graz 1998.

70 Vgl. ebd., 33–37.

71 Vgl. ebd., 37–52.

72 Vgl. ebd., 52–89.

73 Vgl. die Website der Dekade: www.gewaltueberwinden.org

74 Die „Freisinger Agenda" ist publiziert in: Gerechter Friede – Leben in einer gefährdeten Zukunft. Ökumenische Konsultation zur Halbzeit der „Dekade zur Überwindung von Gewalt" (= epd-Dokumentation Nr. 30–31/2005).

75 Weitere Informationen im Internet unter www.eea3.org (englischsprachig) und www.oekumene3.eu (deutschsprachig).

76 Die Botschaft von Sibiu ist u. a. publiziert in: Ökumenische Rundschau 56 (2007) 555–559. Im Internet ist sie u. a. abrufbar unter: www.eea3.org/documenti/final/FinalmessageDE.pdf

77 Versöhnung. Gabe Gottes und Quelle neuen Lebens. Dokumente der EÖV 2, Graz 1998, 53.

78 Der Text der Charta Oecumenica ist publiziert in: Ökumenische Rundschau 50 (2001) 506–514. Im Internet ist er u. a. zu finden auf der Website der ACK Deutschland unter www.oekumene-ack.de/uploads/media/charta-oecumenica.pdf

79 Das Faltblatt mit diesen Empfehlungen kann kostenlos bei der Ökumenischen Centrale, Ludolfusstr. 2–4, 60487 Frankfurt a. M. bezogen werden (Bestellmöglichkeit im Internet: www.oekumene-ack.de unter „Publikationen").

80 Vgl. Gott ist ein Freund des Lebens. Herausforderungen und Aufgaben beim Schutz des Lebens. Gemeinsame Erklärung des Rates der Evangelischen Kirche in Deutschland und der Deutschen Bischofskonferenz, Gütersloh 1989.

81 Vgl. www.woche-fuer-das-leben.de

82 Vgl. www.interkulturellewoche.de

83 Vgl. www.friedensdekade.de

84 Für eine Zukunft in Solidarität und Gerechtigkeit. Wort des Rates der Evangelischen Kirche in Deutschland und der Deutschen Bischofskonferenz zur wirtschaftlichen und sozialen Lage in Deutschland, hg. v. Kirchenamt der EKD u. Sekretariat der Deutschen Bischofskonferenz (Gemeinsame Texte 9), Hannover / Bonn 1997.

85 Vgl. www.sozialwort.at

86 Gemeinsame Arbeitsgruppe der Römisch-Katholischen Kirche und des Ökumenischen Rates der Kirchen, Der ökumenische Dialog über ethisch-moralische Fragen (1995), in: DwÜ, Bd. 3, 682–698.

87 Leipzig 1999. Bericht über die vierte Tagung der neunten Synode der EKD vom 7. bis 11. November 1999, Hannover 2000, 640.

88 Das Evangelium unter die Leute bringen. Zum missionarischen Dienst der Kirche in unserem Land (EKD-Texte Nr. 68), Hannover 2001.

89 Zeit zur Aussaat. Missionarisch Kirche sein (Die deutschen Bischöfe, Nr. 68), Bonn 2000.

90 Missionarisch Kirche sein. Offene Kirchen – Brennende Kerzen – Deutende Worte (Die deutschen Bischöfe, Nr. 72), Bonn 2003.

91 Unser gemeinsamer Auftrag: Mission und Evangelisation in Deutschland. Ein Wort der Arbeitsgemeinschaft Christlicher Kirchen in Deutschland (Texte aus der Ökumenischen Centrale, Nr. 6), Frankfurt a. M. 2003.

92 Ebd., 4.

93 Ebd., 5.

94 Ebd.

95 Karl Kardinal Lehmann, Auf dem Weg in die Weite. Perspektiven für die Ökumene im 21. Jahrhundert, in: KNA-Ökumenische Information, 3. Juni 2008, Dokumentation Nr. 5/2008, 9.

96 Deutsche Bischofskonferenz / Evangelische Kirche in Deutschland (Hg.), Gemeinsame Feier der kirchlichen Trauung. Ordnung der kirchlichen Trauung für konfessionsverschiedene Paare, Leipzig u. a. 1995.

97 Vgl. Würzburger Synode, Pastorale Zusammenarbeit der Kirchen im Dienst an der christlichen Einheit, 7. Konfessionsverschiedene Ehen, in: Gemeinsame Synode der Bistümer in der Bundesrepublik Deutschland, Beschlüsse der Vollversammlung. Offizielle Gesamtausgabe, Freiburg i. Br. 1976, 791–799.

98 Gemeinsame kirchliche Empfehlungen für die Seelsorge an konfessionsverschiedenen Ehen und Familien (Arbeitshilfen, Nr. 22), Bonn 1981.

99 Ehen zwischen orthodoxen und katholischen Christen, in: Die Sakramente (Mysterien) der Kirche und die Gemeinschaft der Heiligen. Dokumente der Gemeinsamen

Kommission der Griechisch-Orthodoxen Metropolie von Deutschland und der Deutschen Bischofskonferenz (Arbeitshilfen, Nr. 203), Bonn 2006, 59–70; Ehen zwischen evangelischen und orthodoxen Christen und Christinnen. Hinweise zum gemeinsamen seelsorgerlichen Handeln unserer Kirchen in Deutschland, in: Ökumenische Rundschau 51 (2002) 519–523.

100 Papst Johannes Paul II., Apostolisches Schreiben „Familiaris Consortio" über die Aufgaben der christlichen Familie in der Welt von heute (Verlautbarungen des Apostolischen Stuhls Nr. 33), Bonn 1981, Nr. 78.

101 Benedikt XVI., Ansprache bei der Ökumenischen Begegnung in Warschau am 25. Mai 2006, engl. Text in: Information Service, hg. v. Pontifical Council for Promoting Christian Unity Nr. 122 (2006/II) 41–43, hier 43.

102 Zur konfessionsverschiedenen Ehe. Gemeinsames Wort der Deutschen Bischofskonferenz und des Rates der Evangelischen Kirche in Deutschland, in: Una Sancta 40 (1985) 244–247, hier 247.

103 Vgl. Paul-Werner Scheele, Ein Leib – ein Geist. Einführung in den geistlichen Ökumenismus (Thema Ökumene, Bd. 4), Paderborn 2006, 10 f.

104 Vgl. www.weltgebetstag.de

105 Vgl. www.jugendkreuzweg-online.de

106 Vgl. www.taize.fr/de

107 Vgl. Gottes Gnade im Glauben empfangen. Handreichung für die Gemeinden zur liturgischen Gestaltung des Jahrestags der Unterzeichnung der GER, hg. v. Johann-Adam-Möhler-Institut, Paderborn 2004.

108 Richtlinien für die ökumenische Praxis, hg. v. Sekretariat der Deutschen Bischofskonferenz (Arbeitshilfen, Nr. 39), Bonn 1985, 10.

109 Vgl. u. a.: Ökumenische Gottesdienste. Anlässe, Modelle und Hinweise für die Praxis, hg. vom Deutschen Liturgischen Institut und dem Gottesdienst-Institut der Ev.-Luth. Landeskirche in Bayern, Gütersloh / Freiburg i. Br. 2003.

110 Vgl. u. a.: Taufgedächtnis und Glaubenserneuerung. Anregungen für gemeinsame Gottesdienste von Christinnen und Christen aus unterschiedlichen Tauftraditionen (Texte aus der Ökumenischen Centrale, Nr. 8), Frankfurt a. M. 2005.

111 Vgl. Gottes Schöpfung feiern. Schöpfungstag und Schöpfungszeit – 1. September bis Erntedank. Arbeitshilfe der ACK in Deutschland, hg. v. der Ökumenischen Centrale, Franfurt a. M. 2008.

112 Beten für die Einheit. Gebete aus der Ökumene, hg. v. der Ökumenischen Centrale, Frankfurt a. M. 2009, 35.

113 Vgl. Codex Iuris Canonici (CIC) – Codex des kanonischen Rechtes, can. 844.

114 Walter Kardinal Kasper, Sakrament der Einheit. Eucharistie und Kirche, Freiburg i. Br. 2004, 69 f.

115 Johannes Paul II., Enzyklika „Ecclesia de Eucharistia" (Verlautbarungen des Apostolischen Stuhls Nr. 159), Bonn 2003, Nr. 45.

116 Beschluss: Gottesdienst, Nr. 5.5, in: Gemeinsame Synode der Bistümer in der Bundesrepublik Deutschland, Beschlüsse der Vollversammlung. Offizielle Gesamtausgabe, Freiburg i. Br. 1976, 216.

117 Vgl. die Literaturhinweise am Ende dieses Kapitels.

118 Walter Kardinal Kasper, Wegweiser Ökumene und Spiritualität, Freiburg i. Br. 2007, 76.

119 Ermutigung zur Ökumene. Orientierung und Hoffnung auf dem Weg zum Ökumenischen Kirchentag in Berlin 2003. Erklärung der Vollversammlung des Zentralkomitees der deutschen Katholiken vom 23./24. November 2001, Bonn 2001, 6 f.

120 Die Glaubenskongregation begründet den Wechsel vom „est" zum „subsistit in" damit, dass der letztere Begriff die Existenz „vielfältiger Elemente der Heiligung und der Wahrheit" (LG 8) „klarer zum Ausdruck" bringe und zitiert wörtlich den Textpassus aus UR 3, in dem die „getrennten Kirchen und Gemeinschaften" als „Mittel des Heils" gewürdigt werden. Vgl. Kongregation für die Glaubenslehre, Erklärung „Dominus Iesus" über die Einzigkeit und die Heilsuniversalität Jesu Christi und der Kirche / Antworten auf Fragen zu einigen Aspekten bezüglich der Lehre über die Kirche (Verlautbarungen des Apostolischen Stuhls Nr. 148), 4. Auflage, Bonn 2007, 52.

121 Papst Benedikt hat sich in einer vielbeachteten Ansprache an das Kardinalskollegium zur richtigen Interpretation des Konzils geäußert. Dabei sprach er sich gegen eine „Hermeneutik der Diskontinuität" aus, setzte dem aber nicht eine „Hermeneutik der Kontinuität" entgegen (wie oft fälschlich behauptet wird), sondern eine „Hermeneutik der Reform", die in der „Verbindung von Treue und Dynamik" zum Ausdruck komme. Vgl. Ansprache von Papst Benedikt XVI. an das Kardinalskollegium und die Mitglieder der Römischen Kurie beim Weihnachtsempfang, 22. Dezember 2008 (Verlautbarungen des Apostolischen Stuhls Nr. 172), Bonn 2006, 12f.

122 Orthodoxe Kirche und ökumenische Bewegung. Beschluss der III. Vorkonziliaren Panorthodoxen Konferenz (Chambésy 1986), in: A. Basdekis (Hg.), Orthodoxe Kirche und Ökumenische Bewegung (vgl. Anm. 65).

123 Damaskinos Papandreou, Einheit der Kirche aus orthodoxer Sicht, in: Ökumenische Rundschau 20 (1971) 262–282, hier 279.

124 Zitiert nach: Harding Meyer, Ökumenische Zielvorstellungen (Bensheimer Hefte Nr. 78), Göttingen 1996, 32.

125 Zitiert nach: Reformierte Bekenntnisschriften. Eine Auswahl von den Anfängen bis zur Gegenwart, hg. v. Georg Plasger u. Matthias Freudenberg, Göttingen 2005, 220.

126 Vgl. Harding Meyer, Ökumenische Zielvorstellungen (Bensheimer Hefte Nr. 78), Göttingen 1996.

127 Leuenberger Konkordie, Nr. 29, in: DwÜ, Bd. 3, 729.

128 Vgl. die Porvooer Gemeinsame Feststellung, in: DwÜ, Bd. 3, 749–777.

129 Einheit als Gabe und Verpflichtung. Eine Studie des Deutschen Ökumenischen Studienausschusses (DÖSTA) zu Joh 17 Vers 21, hg. v. Wolfgang A. Bienert, Frankfurt a. M. / Paderborn 2002, 24.

130 Synodenbeschluss „Unsere Hoffnung" (1975), in: Gemeinsame Synode der Bistümer in der Bundesrepublik Deutschland, Beschlüsse der Vollversammlung. Offizielle Gesamtausgabe, Freiburg i. Br. 1976, 84–111, hier 99.

131 Vgl. Walter Kardinal Kasper, Ökumene des Lebens und Eucharistiegemeinschaft. Perspektiven für die Zukunft, in: ders., Sakrament der Einheit. Eucharistie und Kirche, Freiburg i. Br. 2004, 55–79.

132 Walter Kardinal Kasper, Sakrament der Einheit, 6.

133 Enzyklika SPE SALVI von Papst Benedikt XVI. an die Bischöfe, an die Priester und Diakone, an die gottgeweihten Personen und an alle Christgläubigen über die christliche Hoffnung (Verlautbarungen des Apostolischen Stuhls Nr. 179), Bonn 2007, Nr. 33.

134 Ebd., Nr. 34.

135 Zitiert nach: Walter Kardinal Kasper, Ökumene des Lebens, a.a.O., 78.

Abkürzungsverzeichnis

ACK	Arbeitsgemeinschaft Christlicher Kirchen
CA	*Confessio Augustana* (Augsburger Bekenntnis): Bekenntnisschrift der Lutheraner, verfasst von Philipp Melanchthon (1530)
CCEE	*Consilium Conferentiarum Episcoporum Europae*: Rat der Europäischen Bischofskonferenzen
CS	Communio Sanctorum: Studiendokument der Bilateralen Arbeitsgruppe der DBK und der Kirchenleitung der VELKD (2000)
DBK	Deutsche Bischofskonferenz
DV	*Dei Verbum*: Dogmatische Konstitution über die göttliche Offenbarung des Zweiten Vatikanischen Konzils (1965)
DwÜ	Dokumente wachsender Übereinstimmung, 3 Bde., 1983–2003.
EKD	Evangelische Kirche in Deutschland
EÖV	Europäische Ökumenische Versammlung
GER	Gemeinsame Erklärung zur Rechtfertigungslehre (1999)
KEK	Konferenz Europäischer Kirchen
KOKiD	Kommission der Orthodoxen Kirche in Deutschland
KWS	Kirchengemeinschaft in Wort und Sakrament: Studiendokument der Bilateralen Arbeitsgruppe der DBK und der Kirchenleitung der VELKD (1984)
LG	*Lumen gentium*: Dogmatische Konstitution über die Kirche des Zweiten Vatikanischen Konzils (1964)
ÖAK	Ökumenischer Arbeitskreis evangelischer und katholischer Theologen
ÖRK	Ökumenischer Rat der Kirchen
SC	*Sacrosanctum Concilium*: Konstitution über die heilige Liturgie des Zweiten Vatikanischen Konzils (1964)
UR	*Unitatis redintegratio*: Dekret über den Ökumenismus des Zweiten Vatikanischen Konzils (1964)
UUS	*Ut unum sint*: Enzyklika von Papst Johannes Paul II. über den Einsatz für die Ökumene (1995)
VELKD	Vereinigte Evangelisch-Lutherische Kirche Deutschlands

Der christliche Osten

JOHANNES OELDEMANN
Die Kirchen des
christlichen Ostens
*Orthodoxe, orientalische und mit
Rom unierte Ostkirchen*

topos taschenbücher

Johannes Oeldemann
**Die Kirchen des
christlichen Ostens**
**Orthodoxe, orientalische
und mit Rom unierte
Ostkirchen**

2., aktualisierte Auflage
224 Seiten, kartoniert
ISBN 978-3-8367-0577-6

Der Autor bietet einen soliden und hochinteressanten Einblick in
Geschichte, heutige Verbreitung, Strukturen, Glaubenslehren und
Riten der östlichen (orthodoxen, orientalischen und mit Rom
unierten) Kirchen. Als Orientierungshilfe werden die wichtigsten
Informationen zu den 30 vorgestellten Kirchen – Ritus, Liturgie-
sprache, Kirchenkalender, Anzahl der Gläubigen, Titel und Sitz
des Ersthierarchen, Anzahl der Diözesen und deren Präsenz in
Deutschland – in Schaukästen zusammengefasst.

*„Johannes Oeldemann, ein Kenner der Orthodoxie, hat ein dichtes
Kompendium geschichtlich-theologischer Fragen zur Vielfalt des
christlichen Ostens zusammengestellt – kompetent, detailreich,
überzeugend."* (Christ in der Gegenwart)

Verlag Friedrich Pustet **www.pustet.de**